JN440065

그대는 충분히
고뇌하고 방황했는가

그대는 충분히 고뇌하고 방황했는가

지은이 이덕희 | 펴낸이 김기창
표지디자인 정신영 | 편집디자인 최은경

초판 1쇄 펴낸날 2011년 5월 11일

도서출판 나비꿈
주 소 서울 종로구 명륜동 1가 51번지
트리플 빌딩 102호
전 화 02-741-7719
팩 스 0303-0300-7719
홈페이지 www.lihiphi.com
전자우편 bk010@naver.com
출판등록 제300-2010-4호
I S B N 978-89-963937-2-6

* 책값은 뒤표지에 있습니다.

그대는 충분히
고뇌하고 방황했는가

이덕희 에세이

나비꿈

·· 책머리에

이 산문집『그대는 충분히 고뇌하고 방황했는가』는 저자의 세 번째 산문집(1990, 초판)의 내용을 일부 제외하고(총 7편) 일부를 추가해서(총 여덟 편) 새로 엮은 것이다. 또한 제3 산문집은 제1, 제2 산문집의 내용을 일부 가려뽑은 것도 포함되었으므로 말하자면 저자의 여태까지의 산문집들을 집약한 것이라 할 수 있다. 따라서 시기적으로 보아 여기에 실린 글들은 까마득한 1964년(「여성과 술, 담배」)부터 2001년(「로시니의 위대한 단념」)에 이르기까지 실로 거의 반세기를 포괄하는 셈이다.

그리고 제1 산문집에 처음 실렸던 제 2부의「내면의 여로」에 포함된 세 편의 글들(각각 1969, 1970, 1974)을 제외하고는, 모두가 이미 신문, 잡지 등의 매체에 연재되거나 발표됐던 것들임을 밝혀둔다. 흔히 잡지나 신문에 발표되는 글들이 대부분 그렇듯이 항상 청탁하는 쪽의 주문에 따라 그것도 거의 언제나 마감날 임박해서야 밤을 새워 후딱후딱 쓰게 되는 결과 활자화된 것을 읽어보면 예외없이 불만족스럽기 마련이다. 아니 설사 신문, 잡지의 청탁에 의한 글이 아니더라도 이미 활자화된 자신의 글에 만족을 느끼는 작가가 대체 몇이나 될까?

그러나 글이란 이상한 것이어서 작가의 마음속에 있던 생명이 일단 활자화가 되고 나면 그 글을 쓴 사람의 의도와는 상관없이 독자적인 생명을 얻게 되어 미지의 독자들과의 만남을 위해 끝없는 순례를 계속하는 신비한 힘이 있음을 저자는 경험으로 알게 되었다.

게다가 저자의 수십 권 저서들 가운데 자신의 개인적 고백이나 자신에게만 의미가 있는 내면적 증언이 가장 많이 포함된 이 '산문집' 속에 아마도 나 자신의 가장 본질적인 부분이 되는 '원천'이 있는 것이라고 믿고 있기 때문에 오래 전에 절판된 이 산문집을 다시 살릴 결심을 하게 된 것이다.

그러나 〈나비꿈〉의 적극적인 권유가 없었던들 이미 서점가에서도 사라진 옛 산문집의 부활을 이렇듯 앞당길 수는 없었을 것이다. 뿐만 아니라 이미 절판된 '산문집'을 구하려고 며칠동안 헌 서점을 훑고 다니다 드디어 어느 허름한 서고의 한구석에서 단 한 권 남은 문제의 '산문집'을 발견했을 때의 '환희'를 열광적으로 써보낸 한 애독자의 편지와 멀리 태평양 건너 텍사스에서 가정도서실을 운영한다는(거기엔 저자의 거의 모든 저서가 다 비치돼 있다면서) 얼굴도 모르는 교포애독자(시인)가 '자신의 인생을 바꾸어놓은' 저자의 '산문집'을 '한 권은 머리맡에 두고 수시로 읽으며, 한 권은 도서실에 비치해뒀는데' 도서실의 '산문집'이 분실됐다면서 몇 년 전 어느 여름날 그 책을 구하기 위해 친구를 저자의 집으로 보냈던 깜짝 놀랄 사건(유감히도 저자에겐 서가에 꽂힌 단 한 권의 '산문집'밖에 없었기에 다른 책을 선물했다), 그리고 얼마 후 애틀란타 시에서 기적적으로 그 책을 입수했다는 편지를 보내왔을 때의 경이감 …… 이 모든 신묘한 사건들이 서로 얽혀 저자로 하여금 문제의 '산문집'을 반드시 '부활'시켜야겠다는 결심을 하도록 유도하는 원동력이 되었다는 사실을 꼭 밝혀두고 싶다.

이렇듯 한 권의 책이 탄생하거나 부활하는 데는 결코 우리가 알 수 없는 미지의 신비한 힘이 작용한다는 것을 다시 한 번 체험하게 되었다.

끝으로, 이 '산문집'에 관심을 갖고 가장 바람직한 방법으로 그 재생을 위해 전력을 기울여준 〈나비꿈〉의 대표 김기창사장을 비롯해 아름다운 표지와 내부 디자인을 위해 노심초사한 정신영선생과 최은경씨 그리고 원고의 전산화와 교정에 이르기까지 완벽을 기하기 위한 작업에 전념한 김미체군—이들 모두에게 진심으로 고마운 마음을 전한다. 유별나게 까다로운 저자의 모든 요구에 정성스레 응해준 이들의 노고가 헛되지 않기 위해서라도 미지의 독자들과 다시 살아난 이 '산문집'과의 아름다운 만남의 장章이 새롭게 창조되기를 빈다. 저자는 항상 미지의 열광적인 독자들과의 해후를 고대하고 있나니!

2011년 3월 5일
이덕희

차례

차례
:

차례
:

혼자 사는 삶

나는 왜
글을 쓰는가?

75세까지 장수한 리스트는 비교적 젊은 나이인 마흔아홉 살에 일종의 '예술적 증언'이라 할 「유언서」를 작성해 두었다. 또한 64세에 간암으로 타계한 브람스는 질병을 하나의 오점으로 여겼을 만큼 그때까지 한 번도 중병에 걸려본 적이 없었지만, 58세에 유언서를 작성해서 출판업자에게 맡겨놓았다.

그러나 이들처럼 역사의 한 페이지를 차지하는 위대한 천재가 못 되는 나로선 아직까지 유언장 같은 걸 만들어놓지는 않았지만, 그 대신 이들보다 훨씬 이른 시기에 자신의 삶을 정리하는 작업을 시작했다. 이를테면 일기장이나 편지 또는 미발표 원고 같은, 자신의 기록이나 자신과 관련된 기록들을 소각함으로써 가능한 한 이미 활자화된 저작물 이외의 '문자로 고정된' 자신의 흔적을 지워없애는 것이다. 일찍부터 여러 번 건강상의 절박한 위기를 겪었기 때문에 미처 주변정리를 하기도 전에 갑자기 죽게 될지도 모를 때를 대비해서 미리 준비해두자는 것이다. 자신이 이렇게 오래 살 수 있으리라고는 상상도 할 수 없었던 만큼 너무 일찍 요긴한 자료들을 소각해버린 것을 아쉽게 생각한 것도 사실이지만, 그렇다고 주기적으로 되풀이하는 이같은 작업을 중단할 수는 없을 것 같다.

최근에도 바로 이런 정리작업의 일환으로 서류 등속을 조사하던 중 낡은 스크랩북 속에서 나는 다음과 같은 글을 발견했다.

> 어느 날 베토벤은 말했었다. "왜 나는 작곡을 하는가? 내가 마음속에 지니고 있는 것이 밖으로 나와야만 하기 때문이다"라고. 아마도 그의 말은 옳았었다. 때때로 "나는 왜 글을 쓰는가?"하고 스스로에게 물어보는 순간 나에게 떠오르는 것은 언제나 이 말이었다. 자신의 작품이 문학사의 한 페이지를 차지하기 위한 명성을 위해서. 또한 '인기작가'라는 그 알량한 명단 속에 자신의 이름이 끼이기 위해서 땀을 흘리고 있는 어떤 종류의 기성작가들은 사실 우스꽝스럽다. 아, 물론 그들의 명성엔 때때로 경의를 표해야 할 테지만.
>
> 게다가 나는 아직 작가도 아니고(말하자면 나에게는 아직 레텔이 없는 것이다!), 그래서 나는 자유롭고 그것은 결국 나의 기쁨이다. 왜냐하면 나는 아직 정가定價가 매겨지지 않았으니까 말이다. 사실 나는 내가 '싸구려'가 될까봐 겁이 난다.
>
> 그런데 도대체 몇 사람의 독자들이 나의 작품을 읽었을까? 그들은 나의 작품을 '읽어주기나' 하는가 말이다. 나는 기대하지 않는다. 아무도 안 읽어준들 어떠랴. 누구에게 읽히기 위해서 쓰는 것이 아닌데. 쓴다

는 짓, 그것이 바로 내가 사는 방식이고—나의 삶을 사랑하고 그걸 표현하기 위한 유일한 방법으로 내가 택한 길이며, 일체의 부정 대신 삶에 대한 저 탄복할 만한 긍정을 가르쳐주는 확실한 수단인 것임에랴.

하지만 나는 결국 거짓말을 하고 있는 것 같다. 내가 이 세상에서 제일 싫어하는 거짓말을. 왜냐하면 어쨌든 나는 작품을 '발표'했으니까 말이다. 역시 나도 누군가 나의 작품을 읽어주고 거기에 공감해주고, 그래서 그들과 연결되기를 은근히 바라고 있었던 게 아닌가.

이것은 1963년, 내가 서울대학신문에 단편소설 「회심」을 연재했을 때 편집자의 요구에 따라 쓰게 된 「회심을 끝내면서」란 글의 전문이다. 이 글을 썼을 때 나는 스물여섯 살이었다.

그때부터 30년 이상의 세월이 흐른 지금 나는 다시 자문自問해본다. 나는 왜 글을 쓰는가? 그리고 그 대답은—30년 전의 그때와 크게 다르지 않을 것 같다. 평생을 나는 '글을 써서 먹고 살았으니', 글쓰기는 어쨌든 나의 직업이요 생업임엔 틀림없다. 그러나 이것은 어디까지나 결과이지 목적은 아니었다(만약에 먹고 살기 위해서라면 뭣 때문에 '글쓰기'처럼 수지 안 맞는 직업을 택했겠는가). 30년 이상을 글을 써오면서 나는 신문·잡지에 의해 나 자신의 의사와는 상관없이 작가, 소설가, 무용평론가, 수필가, 음악평론가, 번역문학가, 칼럼니스트, 자유기고가 등등의 다양한 칭호를 얻게 되었지만, 어떤 것은 부적절하기도 하거니와 어쨌든 나는 칭호 같은 덴 관심이 없다. 나는 언제나 '모든 것을 알고' 싶었지 한 번도 '무엇이 되려고' 열망한 적은 없었다. 나는 모든 것에 관심이 있었고 사물의 근저에 닿겠다는 일종의 광적인 욕망에 이끌려 이 대상에서 저 대상으로 탐구를 계속했을 뿐이다. 순수한 아마추어의 열정으로 온갖 시대의 온갖 개념을 섭렵하고, 온갖 형태의 온갖 아름다움에 매혹되고, 그리고 온갖 영역의 온갖 천재들의 삶에 빠져들어 그들과의 영적인 교감交感 속에서 상승과 하강을 되풀이하는 동안 어느덧 인생황혼의 문턱에 다다른 것이다.

생각건대 아득한 어린 시절, 자의식이 처음 눈뜨기 시작했을 무렵 일기를 쓰기 시작했던 바로 그때부터 나는 글쓰기를 내가 삶을 사는 방식으로 선택했던 것이며, 내가 단독으로 나의 '실존'과 마주할 때 언제나 언어를 그 중개자로 삼아왔음을 거듭 확인하게 된다. 화가에겐 그림이, 음악가에겐 음악이, 그리고 혁명가에겐 행동이 자기표현의 한 방식이듯이, 이를테면 글쓰기는 나에게 자기존재를 '증언'하는 방법의 하나였던 것이다. 그러므로 그 매개인 언어는 나에겐 숙명의 반려였다. 이브가 아담에게 묶여있듯이, 또한 세상의 모든 지어미가 지아비에게 묶여있는 것처럼, 어쩔 수 없이 나는 언어에 묶여있는 것이다.

삶의 이 시기 또는 저 시기에 언어는 얼마나 자주 내게 도움을 베풀었던가! 나의 혼란된 의식에 질서를 부여해주고, 나의 절망한 자아가 길을 잃었을 때 올바른 지표를 찾도록 조력해준 것은 다름 아닌 바로 글쓰기였다. 내가 절망을 기록하고 있었을 때조차도 지나고보면 결국 그것은 한 층 한 층 삶의 탑을 쌓고 있었던 작업임을 깨닫게 되는 것이었다. 온갖 끔찍한 영혼의 곤두박질 속에서도, 어떤 극단적인 감정의 분출에 자신을 맡길 때조차 그러한 상황의 성격을 규정하고 그걸 언어로써 분석, 정리해서 거기다 뚜렷한 명칭을 붙여 나의 '의식의 서랍' 속에 분류해넣는 작업은 오직 글쓰기에 의해서만 가능했던 것이다. 그리고 이같은 작업이 끝날 즈음엔 길이 막혔던 나는 거의 언제나 새로운 길을 뚫을 수 있었다. 이 정신의 작업을 도와준 것이 바로 언어였던 것이다.

그러나 만약 내가 건강하고 좀 더 오래 살 수 있다면 이젠 글쓰기의 직업을 그만두고 온갖 진기한 식물들로 들어찬 드넓은 정원에서 식물의 생태를 연구하며 여생을 보내고 싶다. 그래도 결국 내가 관찰한 것이나 느낀 것들을 나도 어쩔 수 없이 기록해두지 않고는 못 배길 것이니 아무래도 나와 언어는 숙명적인 인연으로 묶여 있음에 틀림없다.

나는 왜
결혼을 안했는가

내가 이른바 올드미스의 데드라인(한계)를 넘어선 지도 10년이 훨씬 지났건만 오늘날까지도 '결혼에 관한 질문'은 끈덕지게도 나를 따라다닌다. 내 생애에서 이 질문이 맨 처음 내게 도전해온 것은 대학 졸업 직후였는데 그때 나는 대학원에 재학중이었다.

그 당시 대학 은사 한 분께서 "이젠 덕희도 시집을 가야지?" 하고 말씀하신 것이 말하자면 결혼에 관한 질문 내지 권고의 제 1호였다. 그래서 나는 "어머! 선생님, 요즘은 데드라인이 스물아홉이라는 게 통설인데 뭘 그러세요!" 하고 대답했던 기억이 난다.

그런데 내가 29세가 지나도 결혼을 않고 있을 때 그 교수님을 다시 뵙게 될 기회가 있었는데, 교수님께선 용케도 내가 무심코 주장했던 '통설'을 끄집어내시며 주의를 환기시키는게 아닌가. "분명히 덕희가 말한 데드라인이 지난 것 같은데? ……" 하고 놀리시길래 "아무도 안 데려가니까" 식으로 얼버무림으로써 진정한 대답으로부터 회피할 수 있었던 것이다.

어쨌든 이 은사님의 질문을 스타트로 해서 그 후 결혼에 관한 질문 내지 권고는 온갖 사람들로부터 온갖 형태로 하도 오랫동안 나를 따라다녔기 때문에 이젠 숫제 불감증不感症이 돼버린 지도 오래다.

사회생활이란 그 자체가 하나의 커다란 질문과도 같아서 언제나 거기선 어떤 종류의 질문이 기다리고 있고, 우리는 싫든 좋든 그에 대한 대답을 해야 하는 것이다. 언제나, 어떤 형태로든 자기를 해명해야 하는 이 저주할 법칙이 영원히 우리를 옭아매고 있으니 그걸 거부하면 그는 배척되고 단죄斷罪받게 마련이지만, 허구많은 질문 중에서도 한없이 되풀이되는 이 '결혼에 관한' 질문만큼 나를 귀찮게 군 것도 없을 것이다.

이따금 우리가 천국이란 걸 꿈꿀 수 있다면 그것은 바로 '고독과 침묵'이라고 우리의 존경해 마지않는 작가 까뮈는 말했는데, 이 지상에서 그걸 영위한다는 것이 불가능할진댄 나도 어쨌든 사람들의 질문에 대답을 해야만 했던 것이다. 비록 한 번도 그것이 진정한 마음에서 우러난 답변은 아니었을망정. 반대로 나는 거의 언제나 되는대로 대답해 주었다는 게 옳다. 이를테면 그들의 "왜? ……"에 대해 "아, 올드미스 반액 대매출해도 안 팔린다는 거 모르세요?" 그러면 "요즘 왜 '몽땅세일'이라는 거 있잖아?"하고 한술 더 뜨는 친구도 있는가 하면, 좀 순진한 작자는 너무 눈이 높아서 그렇지, 데려갈 사람은 얼마든지 있을 거라고 제법 진지한 반응을 보여 나로 하여금 실소失笑를 금치 못하게 한다.

최근에는 '비아프라 문제'를 자주 써먹었다. 즉 바야흐로 인구 폭발로 식량난이 급증할 판인데 무엇 때문에 나까지 인구증식에 한 몫 참여해야 하느냐고. 그러면 "요즘 하나도 안 낳기 운동 모르시는군"하고 응수하는 축도 생겼다. 좌우간 10년 이상을 지겹게도 받아온 질문의 양태도 가지각색이라 그에 대한 내 대답도 자연 다양해지게 마련. 그들은 처음엔 "언제 국수 먹여주세요?"로 시작했다가 점차 혼인 적령기에서 멀어질수록 "대체 왜 결혼 안 하세요?"로 되더니 나중엔 "그래도 여자는 결혼을 해야죠"라는 제법 점잖은 충고로 낙착되는 것도 여러 번 보아왔다.

특히 이젠 이름조차 거의 기억나지 않는 여학교 동창생이나 때로는 대학 친구들을 길에서 우연히 마주칠 때면, 어쩌면 그들은 하나같이 똑같은 식으로 말하는지! "얘, 어쩜 너 같은 애가 결혼을 안 하니?" 마치 자기는 일찌감치 한 남자에게 선택되어(다행히도!) 어떤 남편의 여편네가 돼 있다는 행운을 새삼 확인하려는 듯이, 동정심마저 발휘하면서, "그래, 결혼하니 그렇게 좋든?" 하고 내가 짐짓 웃으며 반문할라치면(이 반문이 내포하는 역설을 눈치챘는지?) "그래도 여자는 결혼을 해야 …… 운운." 요컨대 결혼을 해보지 않고는 인생의 진미를 모른다는 것이다. 아, 그들이 이른바 인생의, '진미'라고 말할 때 그것이 의미하는 바가 무엇인지를 안다면!

맙소사! 어째서 사람들은 누구나 자기가 지닌 자[尺]로써만 남을 재[測]려는 것일까? 어째서 그들은 하나만 알고 둘은 모른단 말인가? 나는 그들에게 화가 난다기보다 차라리 동정심을 금할 수 없다.

물론 나는 가정이란 일종의 보호령領이 가져다주는 안정감, 따뜻한 결속감, 기쁨 …… 좌우간 사람들이 일반적으로 '행복'이라고 부르는 것을 정당하게 평가하고 싶은 사람이다.

그러나 가정이란 질서 속에는 그 반대의 것도 존재한다는 것, 우리는 모두 행복을 추구하지만 누구나 각자의 관점에서 그걸 평가한다는 것, 또한 우리는 누구나 이런저런 삶의 형태를 택할 수는 있으나 아무도 자신의 기준을 타인에게 적용하려고 해서는 안된다는 것 등을 내가 무엇 때문에 그들에게 진지하게 설명해야만 하겠는가? 그래서 그들의 하나같은 질문에 대한 내 답변은 당연히 빗나갈 수밖에 없었다. 그러면 그들은 마치 동물원에서 새로 수입한 진귀한 동물이라도 바라보는 시선으로 나를 멀거니 쳐다보곤 하는 것도 여러 번 경험했다.

그리고 마침내! 대 『여성동아』에서조차 "지금껏 결혼 안 하신 특별한 이유라도?" 질문의 화살을 쏘아왔으니 나도 이번에야말로 진정한 해명을 하지 않으면 안 되겠다고 생각한다. 내가 여태껏 수없이 받아왔고 앞으로도 받게 될 "왜? ……"에 대한 하나의 진정한 해명을 활자화시킴으로써 나 자신은 침묵을 향유할 수 있을 것이기에 말이다.

대한민국에 하고많은 노처녀 중에서, 그것도 허다한 저명인사들을 제쳐놓고 하필이면 내게다 이 야릇한 명예(?)를 수여하는 이유를 도저히 짐작할 수는 없지만 좌우간 그걸 흔쾌히 수락한 것은 바로 그 때문이다. 그렇다고 만천하 노처녀들을 대변하는 글을 쓰겠다는 것은 아니고, 그럴 수도 없고, 또 잡지사에서도 그걸 요구하는 것은 아니니까 오로지 나만의 뚜렷한 이유를 밝히련다. 나로선 '그만 혼기를 놓쳐서 ……'라든가 '이럭저럭하다' 결혼 못 했던 것은 아니기 때문이고, 그렇다는 것은 어떤 경우에도 "그만 어쩌다 그렇게 돼버렸다"는 일은 내 삶의 질서에는 없었기 때문이다.

나는 독신주의자는 아니다. 도대체 나는 주의主義 같은 걸 혐오하는 사람이다. 인간이 주의 때문에 결혼을 않는다면 그것처럼 어리석은 일은 없을 게다. 그것은 주의를 위해 삶을 희생시키는 것이기 때문이고 삶은 주의보다 강하기 때문이다(라고 나는 말할 수 있다).

무릇 모든 생물은 일정한 성숙기에 이르면 당연히 자웅雌雄이 결합하게끔 창조되어 있고, 인간도 예외는 아니어서 일정한 연령에 이르면 남녀는 짝을 맞아 부부로서 결합하게 되는 것이 말하자면 자연의 이치인 것이다. 따라서 이러한 자연성에 따르지 않을 때 그는 질서에서 벗어나는 것이라고 일반적으로 이해되고 있기 때문에 독신자가 항상 문제가 되는 것이 아닌가 싶다.

나는 일찍부터 "누구나 하니까 나도 ……" 라든가 "그러게끔 돼 있으니까 당연히 나도 ……" 식의 사고방식은 도저히 받아들일 수 없다고 생각했다. 다시 말하면 나는 내가 명백히 결혼하고 싶다든가 또는 그럴 필요가 있다고 뚜렷이 느꼈을 때가 아니면 결혼하지 않으리라고 작정했던 것이다. 이 두 요건 중 적어도 하나가 충족되었던들 지금쯤 나는 결혼해 있을 것이다. 물론 그러한 욕구가 전적으로 내 삶에 들어올 수 없었다고 한다면 그건 거짓말이 될 게다.

다만 엄밀히 말해서 그렇다는 것이다. 즉 문득문득 그러한 욕구가 나를 충동질했다 할지라도 언제나 그것은 순간적이었고 '지속'하지 않았다는 말이다. 내 마음을 사로잡는 것은 전혀 다른 것이었다.

젊은 한때, 나도 또 내 힘의 한계를 몰랐었다. 또한 삶의 이편 언덕에 무엇이 기다리고 있다는 것도. 어떤 의미로 나는 단순히 한 줌의 관념이었다. 온갖 가능성에 자기를 열어놓고 미지의 신비한 힘을 자기 속에 한없이 이끌어들이려는 저 청춘의 열기 속에서 나는 온갖 것의 뿌리에까지 가고 싶다는 터무니없는 욕망에 가슴을 태웠던 것이다. 온갖 것에, 온갖 대상에, 그것에의 사랑에, 고통에, 온갖 경험에, 그것에의 탐구에 (절망조차도, 공포조차도!). 마치 파스테르나크가 고백했던 것처럼 "인因에, 길의 탐구에, 마음의 혼돈상태에, 달려가는 날들의 핵核에까지, 그의 원인에까지, 근원에까지, 뿌리에까지, 골수에까지" 가고 싶었다. 그리하여 "언제나 운명과 사건의 실마리를 잡고, 살고 생각하고 느끼고 사랑하고 발견하고" 싶었던 것이다.

흡사 자신의 관념에 홀린 사람과도 같이 이같은 욕망에 넋을 태우고 있던 그 당시의 내게는 '결혼'이란 이러한 위대한 욕망을 죽이고 온갖 가능성 대신 단 한 개의 가능성에다 도장을 찍는 것이라고 느껴졌다 한들 조금도 이상할 게 없다. 무한한 발전이 약속돼있는데 결혼이란 카테고리 속에다 자신을 한정시켜버린다는 것은 용서할 수 없는 일이라고 생각했던 것이다. 드넓은 대양과 온갖 모험을 포기하고 가정이란 항구에 얌전히 닻을 내리고 참아야 한다니 —그것도 녹이 슬 때까지. 나는 이것이냐 저것이냐가 아니라 온갖 것이 다 되어보고 싶었었다. 설사 그것이 일종의 과대망상이란 걸 알고 있었다 할지라도, 이 안다는 것이 조금도 욕망을 식게 하지는 않는 것임에랴!

삶이란 우리가 원치 않더라도 선택할 것을 강요한다는 사실을 그 당시엔 인정하려 하지 않았던 것이다. 온갖 경험에의 탐욕스런 갈증이 나를 사로잡고 놓아주지 않았으므로. 그리고 나는 후에 그것 때문에 호되게 비싼 대가를 지불하지 않으면 안 되었다는 것도 고백하지 않을 수 없다.

그리하여 세월은 흘러갔고 나는 나이를 먹고 끝없는 모색과 시행착오를 거듭하면서 그 숱한 경험 뒤에 …… (아마도 이 점선이 수백 페이지나 계속된 뒤에) 훨씬 관대해지고 조금은 현명해져서 어느 정도 과장 없이 삶을 바라보게 되었지만 그렇다고 내 본질이 변한 것은 아니었다. 그리고 나는 대체로 '사랑'이 주는 대가가 어떻다는 것도 경험으로 알게 되었다. 그러나 곰곰이 생각해보면 사랑도 관대도 온갖 선행도 요컨대 자기를 재[測] 보는 것 이외에 아무것도 아니었던 것임을 이따금 뼈저리게 느낄 때가 있다.

나는 온갖 대상에 온갖 형태로 자기를 재보았었다. 그런데 그 자[尺]란 대체 무엇이었던가? 하고 나는 자문하지 않을 수가 없는데, 그것이야말로 다름아닌 바로 나의 '정신'이었던 것이다! 정신—언제나 이 삶을 직접적으로 즐기는 걸 방해하고 무엇이나 꼬치꼬치 따지고 분석하고 까다롭게 구는 귀찮은 놈. 그러나 한없이 높고 맑고 에테르처럼 높이높이 비상할 수도 있고, 별에까지 멀리멀리 도달할 수도 있는 저 신비한 불굴의 힘. 이 정신이란 것에 쫓겨본 사람이면 누구나 그것이 마치 시장기나 목마름과도 같이 현실적이고 절박감을 지닌 것임을 인정하리라. 또한 이 정신이란 것은 고독을 마치 공기처럼 필요로 하기 때문에 그것 없이는 조만간에 질식감을 느끼게 되리란 것도.

결혼생활이란 간단히 말해서 남녀 두 사람이 '터놓고' 사는 것을 의미한다. 이른바 합의에 의한 공동생활. 그런데 이 정신이란 놈은 도대체 어느 누구와도 터놓고 지내는 걸 용납하지 않는 것이다. 나는 안방, 건넌방 다 터놓고 지내는 것은 딱 질색이다. 언제나 후퇴할 수 있는 나만의 방을 고수하고 싶은 뿌리깊은 욕구는 어떤 존재도 내 생활 속으로 받아들이지 못하게 하는 것이다. 게다가 나는 내 생활의 고유한 리듬을 깨뜨리고 싶지 않거니와 '집안'에선 본질적으로 정신이 돼버리기 때문에 다른 존재를 도저히 참을 수가 없는 것이다. 내 방에 누가 함께 있어야 한다고 상상만 해도 질식할 것처럼 느껴지니 어쩌랴. 아무리 친한 친구라도 예고 없이 불쑥 집으로 찾아오면 어쩔 줄 모르게 되고 그가 빨리 돌아가지 않으면 점점 안절부절 못하게 되고마니 이 얼마나 불편한 본질인가.

그야 나도 바깥 세상에선 문제가 다르다. 이따금 사람들도 만나고 그들과 어울리기도 하거니와 농담도 하고 온갖 시시한 일상사를 지껄일 수도 있다. 때때로 누구에게 반하기도 하고, 이따금 믿을 수 없는 공감共感을 만나기도 할 뿐 아니라 평생에 몇 번은 신기루와도 같은 '영혼의 해후'를 경험하기도 했었다. 그러나 그 모든 것이

단속적으로만 가능한 것이고, 어떤 대상과도 함께 생활을 이룩해보고자 하는 욕망을 지속적으로 내게 불러일으키지는 못했던 것임을 뼈저리게 느낀다. 그렇다는 것은 자신이 언제나 손톱끝까지 혼자라는 의식은 감정으로선 도저히 견딜 수 없는 것이기 때문이고, 이 감정은 혼자이고자 하는 정신에 맹렬히 반발하기 때문이다.

누군들 저 따뜻한 교감交感, 달콤한 결속, 가정이란 유대 속에 견고히 자리잡은 안정감을 갈망하지 않으랴. 어떤 강렬하고 굉장한 삶의 형태도 그것이 가족에, 생활에 밀착된 것이 아닐진댄 마치 뿌리없는 나무와도 같은 것이고, 모든 존재는 결국 그 근원에―가족에로, 생활에로 돌아가려는 뿌리깊은 욕구를 지니는 법이다.

이따금 나도 모르게 이 잃어버린―이라기보다 차라리 한 번도 가져본 적이 없는 이러한 '유대와 안정감'에 대한 동경이 막연히 가슴을 채우는 때가 있었다(적어도 몇 년 전까지만 해도 그랬었다). 그러면 나는 내 고독이 무거운 짐처럼 느껴져 내 정신이 갈망해 마지않는 홀가분함과 자유를 헌 모자처럼 팽개쳐버리고 가정이란 질서 속으로 자신을 던져놓고 싶은 억제할 수 없는 충동을 받곤 했었다.

그러면 왜 나는 그렇게 안 했던가. 대체 왜? 또한 지금이라도 왜 하지 않는가? 이미 너무 늦었다고? 아니다. 어떤 경우에도 새로 시작하는 데에 너무 늦다는 법은 없다. 우리가 하고자 한다면. 그런데 나는 '하고자' 하지 않았던 것이다. 왜? 내 정신이 그걸 용납하지 않았으므로. 게다가 가정이란 견고한 토대도 결국은 모래 위에 세운 집처럼 진정한 안정감은 되지 못함을 알고 있었기 때문이다.

그리고 내가 설사 그렇게 행동했다고 하자. 그렇더라도 내가 대체 그걸 어디까지 견딜 수 있었을지가 의문이다. 온갖 내면의 작업을 방해하는 잡다한 일상성은 내 정신을 한없이 소모시켰을 것이고 결국 나는 그걸 견디지 못하고 뛰쳐 나왔을지 누가 알랴?

나는 나를 안다. 내가 그것에 적합하게끔 생겨먹지 않았다는 것을. 인간은 성격이 곧 그의 운명이란 확신이 점차 굳어진다. 그리고 내가 결혼 안 하기를 잘 했고 앞으로도 결코 하지 않으리란 것도. 게다가 나는 내 삶을 사랑한다. 그리고 나는 깊이 감사하는 마음을 바치고 싶은 심정이다. 이 삶에, 그리고 신神에게. 왜냐하면 삶이 내게 주지 않은 것이 어디 있었더란 말인가? 가난한 마음과 풍성한 꿈과 높은 것을 지향하는 정신, 그리고 온갖 아름다운 것들, 또한 그걸 감각할 수 있는 능력을. 모든 사람이 동경해 마지않는 명성, 부富, 건강 대신에.

그리고 음악! 그렇다, 내 생애에서 음악이 없었다면 인생은 그 얼마나 비참했을 것이며 책이 없었더라면 어떻게나 공허했을 것이랴. 온갖 세속의 끄나풀에서 거의 벗어나 있는 요즘의 내 생활은 마치 불필요한 찌꺼기가 여과된 순수액체처럼 추상화, 단순화되어가고 있음을 느낀다. 나는 이러한 내 생활을 사랑한다. 그 헐벗음을, 홀가분함을. 닳아서 너덜너덜해진 불필요한 레이스 조각들을 깡그리 떼어버리고난 것 같은 가뿐함. 건강이 허락할 때면 며칠이고 밤새워 일하는 맛. 꽉 찬 희열. 글을 쓸 때야말로 나는 진정으로 나 자신과 악수를 하는 순간이다.

그리고 새벽이 오면 보랏빛 미명未明 속에서 대기가 기지개를 켜는 소리—비로소 펜을 던지고 전등을 끄고선 어스름 빛 속에서 깊이 들이마시는 한 대의 담배, 목구멍을 태울 듯이 뜨거운 블랙 커피의 맛. 인기척 없는 텅 빈 새벽 거리를 혼자서 헤매는 기쁨. 안개 자욱한 새벽에 출발하는 여행. 그 설레임. 어스름 잿빛 황혼 속에서 하나씩, 둘씩 눈을 뜨는 빨강, 파랑, 노랑 불빛들. 마치 약속처럼 차례로 밝혀지는 삶의 신호들. 그리고 모차르트!

한 잔의 커피를 마시고 모차르트를 듣고 있으면—그렇다. 거기에 천국이 있다. 고독과 침묵 속에. 삶을 짓누르는 실존의 무게는 어느새 날아가고 이 선사된 순간에 나는 기적과도 같이 모든 것이 좋다고 느낀다. 내가 평소에 그것 없인 도저히 도달할 수 없는 그러한 경지에 어느덧 올라와 있는 것이다! 비록 한 순간에 그것이 사라진다 해도 그것은 또다시 맛볼 수 있는 것이다. 새벽처럼, 미소처럼, 첫사랑과도 같이.

삶은 얼마나 아름다운 것들로 가득 차 있는가를 모차르트는 내게 설복시키고 마는 것이다. "아름다움을 감각하는 능력이 바로 청춘"이라고 말한 사람은 카프카였지만, 내가 그의 말을 차용한다 해도 그는 오히려 기꺼이 내게 박수를 보내주리라. 왜냐하면 나는 그의 말을 이자까지 붙여서 몇 배나 더 풍성하게 불려 돌려줄 수 있을 것이기 때문에. 그러면 나는 바라겠다. 내가 영원히 청춘이기를. 아름다움을 감각하는 능력이 소멸된 삶이란 바로 죽음과 같을 것이므로. ㉾

나의 대학시절

대학을 졸업한 지 15년이 지난 오늘날까지 나는 한 번도 캠퍼스 주변을 아주 떠나본 적이 없다. 졸업 직후엔 내가 수없이 전전轉傳한 직장마다 어쩐 셈인지 모교를 자주 출입하지 않을 수 없는 일이 있었고, 그외 여러 가지 야릇한 이유로 해서 나는 노상 이른바 동숭동 대학가 주변을 빙빙 돌고 있는 셈인데, 덕분에 날로 변해가는 대학가의 분위기와, 캠퍼스 안에서 일고 있는 온갖 소용돌이며 면면히 이어져나오는 새로운 젊은 세대의 호흡을 나는 생생히 느끼면서 살고 있는 것이다.

그래서 이따금 현재의 캠퍼스 주인공들인 후배들과 더불어 얘기를 나누거나 그들의 갖가지 호소에 귀를 기울이고 있으면 나는 이제는 나의 것이 될 수 없는 잃어버린 '청춘'에 대해 통절한 그리움으로 추상하곤 한다. 그들의 젊음 속에서 나는 자신의 젊음을 상기하기 때문이고, 그러면서도 동시에 그들의 열망, 그들의 울분, 그들의 용기와 좌절감 …… 등등 온갖 이름으로 부를 수 있는 청춘의 감정들이 그렇게도 나의 것과 다른 것에 아연실색할 때가 있다.

아니 이렇게 말하는 것은 정당하지 못할지도 모른다. 나라는 한 개인은 접어두고 더 일반적으로 말해서 그 당시의 대학생들의 사고思考, 그들의 마음을 사로잡았던 것, 그들의 학구생활 태도와 지금의 대학생들을 지배하고 있는 전반적인 경향을 비교해볼 때 그렇다는 것이다.

요즘은 겉늙은 젊은이가 너무 많은 것 같다. 나중엔 싱싱한 대학 캠퍼스 속엔 얄팍한 처세주의와 값싼 시니시즘, 어설픈 허무의식에 청춘을 매도해버린 노회老獪한 젊은이들만 득실거리게 되지 않을까 겁이 날 정도로. 그것은 마치 엽록소 없는 잎사귀만 달린 잿빛 수목들이 가득찬 정원을 연상시킨다.

물론 이렇게 말하는 것은 너무 심할지도 모른다. 게다가 내가 본 것도 결국 그들의 엇비친 단면일 수도 있을 테니까. 어쨌든 내가 말하고 싶은 것은 이러한 현상 속에서 나는 혐오나 분격을 느끼기보다 오히려 한없는 슬픔과 연민을 맛본다는 사실이다. 실상 죄는 그들에게 있는 것이 아니고 그들이 속한 시대에 있는지도 모르고, 우리 모두가 이 시대의 병을 함께 앓고 있는 것임을 뼈저리게 의식하기 때문에 ……

그러나 젊은이는 영원히 젊은이라야 한다. 위대한 욕망에 가슴을 태우며 불타는 눈을 하고, 감히 좁은 자아 속에다 전우주를 포옹하려는 저 청춘의 무모한 열정과 눈부신 이상은 단순히 낭만주의시대의 산물이라고만은 할 수 없다. 그것은 청춘의 본질이고 이 본질이란 시대가 변한다고 해서 달라지는 것이 아니라고 나는 생각한다.

욕망이란 청춘의 딴 이름이고, 이 욕망은 또 정열을 부추기는 것이니 온갖 미지와 가능성에 자기를 열어놓고, 호기심과 탐구욕이 거센 정열을 타고 이상을 향해 앞으로 앞으로 내닫는 저 걷잡을 수 없는 힘, 이 힘을 상실한 젊은이란 이미 청년이 아닌 것이다.

나는 대학 4년 동안 이 청춘의 넋을 태우는 걷잡을 수 없는 힘이 한 번도 나를 저버린 적이 없었다는 사실을 고백할 수 있음을 기뻐한다. 진정으로 나는 젊었었고, 열심히 살았었다는 사실을.

회고컨대 그것은 괴로움에 찬 나날이었지만 흡사 팽팽히 당겨진 활시위인 양 긴장된 순간의 연속이었다. 마치 태양과 경주라도 하듯이 새벽같이 눈을 뜨면 아침은 귓전에서 속삭였던 것이다.

> 자, 여기 또 하나의
> 희망찬 날이 밝았다.
> 생각해 보라, 네 어찌 이 날을
> 헛되어 놓쳐 보내랴.
> — 토마스 칼라일

그렇다. 한순간인들 헛되이 놓쳐보낼 수는 없다. 이래서 항상 청춘은 서두르는 법이다. 자기가 왜 그렇게 서두는지를 진정으로 이해하지는 못하면서. 우리가 젊음을 정신없이 맛보고 있을 당시엔 흔히 그것의 귀중함을 깨닫지 못하는 법이다. 청춘이 비통하리만큼 아름다운 것도 바로 그 때문이다. 그러기에 우리는 흔히 젊을 때 스스로의 힘을 낭비하는 수가 많은 것이 아닌가 싶다. 아마도 그래서 앙드레 모로아는 20대代를 일러 '망은忘恩의 연령'이라 했던가?

그와 같이 나도 내 힘을 낭비했다는 게 옳다. 그러나 그것은 감히 축복받을 낭비였다고 말하고 싶다.

그 당시 나는 너무나 하고 싶은 일이 많았으므로 하루 24시간이란 시간이 안타깝게도 짧게 느껴졌던 나머지 자신의 힘을 절제해서 신중히 사용할 마음의 여유가 없었던 것이다. 나는 이것이냐 저것이냐가 아니고 무엇이나 다 되어보고 싶었었다. 이것도 하고 싶고 저것도 해야되고 요컨대 내가 원하는 것은 하나가 아니라 전부였던 것이다. 온갖 경험에의 탐욕스런 갈망 속에서 나는 언제나 성급히 서둘렀고 종종걸음치는 시간을 뒤따라잡으려고 초조할 수밖에 없었다. 이른바 파우스트의 고백—"어떠한 고통이라도 받아들여 전인류에게 부과된 바를 내 안에 있는 자기로 즐거이 마시려 하며 또 내 넋으로 가장 높고, 가장 깊은 것을 파악해서 인류의 즐거움도 슬픔도 함께 내 가슴에 쌓아 그것으로 내 고유의 자기를 인류의 자기에까지 확대시키겠다"는 거창한, 일종의 과대망상이라고도 할 욕망을 가슴에 품고 나는 매일처럼 집을 나섰다. '굉장한 경험'이 나를 기다리고 있을 것 같은 설레는 기대와 두려움 섞인 예감에 영혼의 전율을 속속들이 실감하면서 …… (비록 저녁이면 번번이 실망에, 피로에

맥이 빠져 돌아오기는 했을망정)

그와 같이 나는 매일처럼 미지의 대양을 꿈꾸며 거창한 항해에 돛을 달곤 했던 것이다. 한 손엔 그 항해에 필요한 책들이 팽팽히 들어차 있는 엄청나게 커다란 책가방을 들고서!

요즘은 여대생이 그런 종류의 큰 가방을 든 관경을 거의 볼 수 없지만 그 당시엔 소위 핸드백 같은 걸 들고 다니는 여대생은 적어도 우리 학교 주변에선 거의 없었다. 그 당시의 대학생들은 촌스럽다 할 정도로 검소했고, 화장한 여대생이란 상상조차 할 수 없었다. 명동 한가운데를 누비고 다니는 일류 멋쟁이를 뺨칠 정도의 요즘 여대생 옆에다 그 당시의 우리들의 모습을 나란히 세워본다면 웃음이 터지지 않을 수 없다.

게다가 국민소득 몇백 달러라 하는 우리나라 경제발전에 발맞추어 오락시설도 레퍼토리가 풍부해진 요즘과는 비교도 할 수 없었던 당시엔 기껏해야 영화관이나 음악감상실이 우리가 드나들 수 있는 유일한 별천지였으니 일러 무엇하랴. 학교 건물도 허술하고 도서관이나 기타 시설도 요즘과 비교하면 엉성하기 짝이 없었지만, 곰곰이 생각하면 그때가 한결 공부하기에 행복한 조건이 아니었나 싶다. 엄청나게 싼 등록금에 학생들은 극히 소수를 제외하고는 아르바이트 없이 공부를 할 수도 있었다(요즘은 3분의 1 이상이 아르바이트를 하고 있는 실정이지만). 그때가 자유당 말기였으니만큼 막바지로 향해가는 무언가 암담한 분위기에 어느 정도 흉흉한 조짐이 막연히 느껴지긴 했지만, 학생들은 요즘처럼 빈번한 데모에 휴교조처 같은 걸

겪지 않았으니 마음만 먹으면 얼마든지 열심히 공부에 전념할 수 있었던 것이다.

단 한 번 우리는 당시 이승만 박사의 양자로 들어간 이강석의 법대 입학(보결)을 반대하기 위해 사흘 동안 '동맹휴학'을 한 적이 있었지만 오히려 그것은 즐거운 추억으로 남아있다.

그리고 이른바 '학보병 제도'가 처음 실시된 것도 우리의 재학시절 이었는데 그때 갑작스레 동급생 중 몇십 명이나 되는 학생들이 학업을 중단하고 군에 입대하는 바람에 캠퍼스엔 굉장한 동요가 일었었다. 우리는 당시 학생과장이시던 김증한 교수님 인솔하에 아마 여학생 거의 전원을 포함한 상당수의 동급생들이 서울역까지 전송을 나가서는 저녁노을이 붉게 비낀 역 하늘에다 대고 서울대 교가랑 이별가를 소리높이 합창했던 것이다. 평소 때 서로 인사도 없이 지내던 동급생이었건만 그래도 무언가 공동의식을 절실하게 느끼고, 제법 장엄하게 시대의 슬픔을 공감했던 것도 바로 그때가 아닌가 싶다.

사실 요즘은 많이 달라졌지만 그 당시만 해도 동급생끼리 인사는커녕 서로 이름도, 얼굴조차 모르고 지내는 게 보통이었다. 법과대학의 경우 유독 개인주의가 심해서 누구나 독불장군격으로 도서관에 처박혀 육법전서 속에 코를 박고선 소위 '고시병'에 걸려 있다 졸업식장에서 비로소 코빼기를 맞대고 악수를 나누게 되는 경우는 흔히 볼 수 있는 광경이었다. 그러니 여학생과 남학생 사이는 말해서 무엇하랴. 나의 경우 졸업 후 길에서 동창생이 인사를 하면 아는 척했다가 집에 돌아와 앨범을 뒤져보고 비로소 이름을 알게 된 경험도 여러 번 있었으니까.

당시엔 요즘처럼 소위 '미팅' 같은 것도 없었고 고작해야 '학회 활동'에서(나는 당시 '국제법학회'에 속해 있었다) 세미나에 참석했던 동급생하고나 인사 정도 하고 지냈으니 남학생과 더불어 자연스럽게 다방에서 차 한 잔 나눌 기회도 또 그럴 마음도 없었다 해도 과언이 아니다.

하긴 법대 졸업생 중에도 동급생끼리 결혼한 부부까지 몇 쌍 있기는 하지만, 도대체 그 당시 나는 법대생들은 '고시병'에 걸린 정서적 불구자로 낙인 찍어 가장 매력없는 남학생으로 치부했으니 그들과 연애는커녕 데이트 한번 해본 경험이 없는 것이다. 어째서 나는 그렇게도 초연했던 것일까? 고소를 금할 수 없다.

실상 나는 높은 커트라인과 유치한 공명심에 이끌려 법과대학에 입학하긴 했으나 대학 4년을 줄곧 법률을 저주하면서 보냈다는 게 솔직한 고백이다. 매일매일의 강의는 내겐 권태롭고 무의미하게만 느껴졌으니 어쩌랴. 그야 기막힌 명강이 없는 것도 아니었다. '케인즈 경제학'을 처음 알게 해준 신태환 교수의 경제원론, 자유당 몰락을 신랄하게 암시하던 한태연 교수의 헌법학, 근본규범에 관해 밤새 생각게 하던 황산덕 교수의 법철학 등 ……

그러나 대체로 학과목 자체는 따분하기 짝이 없었고, 나는 강의가 시작되기 전 이른 아침, 혹은 휴강시간이나 강의가 끝난 저녁때 중앙도서관의 한 구석에 앉아 그때야 비로소 진정한 내 자신의 탐구를 시작하는 것이었다. 대영박물관의 3만 권 장서를 독파했다는 T. E. 로렌스처럼 이 세상의 온갖 서적들을 깡그리 집어삼키기라도 할 듯이. 법률학에 대한 끊임없는 혐오를 반추하면서 도스토예프스키와 까뮈, 니체와 키르케고르, 엘리어트와 보들레르 …… 그리고 이 모든 걸 넘어서 마침내 이 세계와 삶의 비밀의 베일을 벗겨보겠다는 열망으로 ……

생각하면 나의 진정한 대학시절은 바로 그곳에 있었다. 도서관의 높은 천정 아래, 창가 자리에. 그렇다. 지금도 문리대 안에 있는 (아, 이미 서울대는 관악구로 옮겨졌건만) 변함없는 중앙도서관 옆을 지날 때면 청계천(대학가 세느강)에 불빛을 던지고 있는 도서관의 희미한 가등을 보면서 문득 나는 어둠 속에서 나의 젊음이 서서히 몸을 일으키는 것을 느낀다. 순수하고 뜨겁게, 무섭게도 진실하게 '진리'를 찾아 인식에 온 넋을 바쳤었던 나의 젊음을.

그때 나는 인생의 이편 언덕에 무엇이 기다리고 있음을 예감했던가? 나는 자신의 관념에 홀려 너무나 성급하게 주위와 사물들을 넘어서 무턱대고 앞으로 앞으로만 치달렸던 게 아닌가? 내가 도달해야 할 곳이 어딘가를 확실히 파악하지도 못하면서 …… 그렇다. 오로지 전진해야 한다는 관념 자체에 사로잡혀 있었을 당시엔 실상 그 목표는 문제 밖이었기 때문이다.

그러나 다시 한번 말하거니와 나의 지나간 대학시절은 내 삶에서 '한 번 더 살아보고 싶은' 날들이었음을 가슴저린 그리움으로 고백하지 않을 수 없다. ㉠

나는 서울법대 4년에서 무얼 터득했는가

대학을 졸업하고 30년 이상의 세월이 흘렀지만 그동안 나는 매년 있는 동창회에 단 세 번밖에 나가지 않았다.

내가 졸업한 해인 1959년의 법대 총동창회는 대학원 입학식날에 있었는데, 마침 대학원에 진학(국제법 전공)했던 나는 지금은 미국 워싱턴 주에 살고 있는 동급생 마정숙(대학원에 진학한 여학생은 우리 둘 뿐이었다)과 함께 입학식을 마치고 호기심 반, 기대 반의 심정으로 동창회 장소인 함춘원含春苑(의과대학내에 있던 교수회관)으로 직행했다. 당시 동창회장은 고故 조용순 대법원장이었던 걸로 기억하는데, 우리 두 신출내기가 회장 안에 들어서니 과연 법조계의 원로들과 저명인사들은 다 모인 것 같은 어마어마한 분위기가 우리를 압도했다. 그런데 지금은 타계하신 황산덕 교수님이 한 손에 술잔을 든 채, 다소 쑥스런 자세로 들어서는 우리를 향해 활짝 웃으며 다가와선 "어! 이젠 자네들도 나와 동창이 됐으니 주저 말고 이리

오게"라고 환영해주시는 게 아닌가. 이어 여기저기서 다른 교수님들도 우리를 반기며 어깨를 두드려 주기도 하고 농담을 건네기도 하면서 격려해주시는 바람에 아주 자연스럽게 우리는 원로 선배님들과 어울릴 수 있었다. 고귀하신 대법원장과도 악수를 나누고 지면에서만 대할 수 있던 거물급 인사들을 바로 곁에서 관찰할 수 있었으니. 기실 서울법대 동창회 신입회원이 된 기분이 과히 나쁘지 않았다. 이렇게 해서 졸업 첫 해의 동창회는 지금도 내겐 즐거운 추억으로 남아있는 셈이다.

그러나 그 후 20년 이상을 나는 한 번도 동창회에 나가본 적이 없었다. 그럴 겨를도 없었거니와 워낙 '모임' 따위와는 담을 쌓고 지내는 성격 탓도 있었지만, 아마도 세월이 갈수록 법과대학 동창생들—특히나 사회 지도층에 있는—에 대해 느끼게 된 심한 환멸 때문이었을 것이다.

그러나 졸업한 지 24년 만에 어떤 연유로 해서 처음으로 '88동기회'에 두어 번 참석하게 되었다. 재학시절부터 콧대높은 엘리트 의식에 충만해서 야심만만한 출세욕에 불타던 왕년의 법학도들은 이제 대부분 사회명사가 돼있었다. 장·차관에서부터 판검사, 기업체의 장, 대학교수에 이르기까지 과연 동창회장은 기라성 같은 명사들의 전시장을 방불케 했다. 하긴 재학시절부터 세련된 미남은 보지 못했지만 모두들 배가 나오고 살이 뒤룩뒤룩 쪄서 몇 사람을 빼고는 도대체 누가 누군지 알아볼 수도 없을 지경이었다. 게다가 어쩌다 낯이 익은 얼굴을 발견해도 이름 석 자는 전혀 생각나지 않고 별명

(모르긴 해도 본인들은 알지도 못했을 여학생들끼리만 통용되던)만 불쑥불쑥 떠올랐다. 이를테면 '코주부', '거적눈', '다꾸앙' 등등…. 그러자 이 같은 별명과 결부되어 상기되는 에피소드로 인해 갑자기 웃음이 터지는 걸 참을 수가 없었던 걸 기억한다.

사실 요즘의 캠퍼스 풍경은 전에 비해 엄청나게 달라졌지만 그 당시만 해도 동급생들끼리 인사는커녕 서로 이름도 모르고 얼굴조차 알지 못한 채 지내는 게 보통이었다. 법과대학의 경우 유독 개인주의가 심해서 누구나 독불장군 격으로 도서관에 처박혀 육법전서 속에다 코를 박고선 소위 '고시병'에 걸려 있다 졸업식장에서 비로소 코빼기를 맞대고 악수를 나누게 되는 경우는 흔히 볼 수 있는 광경이었다.

그러니 여학생과 남학생 사이는 더 이상 말할 필요도 없다. 나의 경우 졸업 후 길에서 동창생이 인사를 하면 아는 척 했다가 집에 돌아와 앨범을 뒤져보고 비로소 이름을 알게 된 경험도 여러 번 있었으니까.

아마도 우리가 입학한 전후의 시기에 법대에 여학생이 제일 많지 않았나 싶다. 4학년은 네다섯 명뿐이었지만, 3학년과 2학년은 각각 거의 열다섯 명이나 되었고, 우리 학년도 10여 명 정도였으니 도합 40명은 족히 되었던 것이다. 그렇다고 해도 전체 학생수에 비하면 남학생의 10분의 1정도였지만, 이들 역시 남학생들 못지않게 최고로 높은 커트라인을 뚫고 들어왔다는 자긍심을 가지고 장차 명판검사가 되겠다는 야망을 지니고 있었다. 남학생보다 조금도 뒤떨어지지 않는 두뇌를 가지고 그들 못지않게 열심히 공부했으며 개중엔 산 속에까지 들어가 불굴의 의지로써 지난한 고시考試에 몇 번이나 도전한 열성파도 있었지만, 당시 재학생 가운데 오늘날 법조계에서 활약하고 있는 여성은 불행히도 한 사람도 없는 걸 보면 역시 어떤 '한계' 같은 걸 생각하게 된다.

그 당시엔 요새 흔해 빠진 이른바 '미팅' 같은 것도 없었고 남학생과 여학생 사이는 사실 요즘의 학생들 눈으로 본다면 촌스럽다 할 수 있을 만큼 소원한 상태였다. 적어도 나 자신의 경우 내가 속해 있던 '국제법학회'나 '카톨릭학생회'의 멤버들과 인사 정도나 나누는 게 고작이었으니, 특정한 남학생과 더불어 다방에서 자연스럽게 차 한 잔 나눌 기회도 또 그럴 마음도 없었다 해도 과언이 아니다. 하긴 법대 졸업생 가운데도 동급생끼리 결혼한 부부까지 몇 쌍 있기도 하지만, 도대체 그 당시 나는 법대생들을 '고시병'에 걸린 정서적 불구자로 낙인찍어 가장 매력 없는 남성으로 치부했으니, 그들과 연애는커녕 데이트 한 번 해본 경험이 없는 것이다. 4년 동안이나 한 캠퍼스에서 지내면서 그 많은 남학생들 가운데 어떻게 내게 '로맨틱한' 감정을 불러일으킨 대상이 한 사람도 없었을까를 생각하면 한편 신기하기도 하고 유감스럽기도 하다는 게 솔직한 고백이다.

사실 나는 재학 4년 동안 동급생이나 동창생에 대해 동료의식이나 공감 같은 걸 느껴보지 못했다. 아마도 나 자신 너무나 다른 세계에 살고 있었는지도 모른다. 단 한번 내게 그들과 더불어 진한 공동의식 같은 걸 느끼게 한 사건이 있었는데, 그것은 3학년 때 이른바 '학보병제도'가 처음 실시된 때였다. 6·25의 쓰라린 체험에 대한 기억이 아직도 생생한 우리 세대에 갑자기 단행된 재학생 징병은 캠퍼스 내에 굉장한 동요를 불러일으켰던 걸 기억한다. 아마 동급생들 중 거의 3분의 1 이상이 일시에 학업을 중단하고 군에 입대했는데, 지금은 고인이 되신 김증한(당시 학생과장) 교수님의 인솔하게 여학생 거의 전원을 포함한 상당수의 동급생들이 서울역까지 그들을 전송나갔다. 우리는 머리에 흰 띠를 두른 입대생들을 마주하고 저녁노을이 붉게 비낀 서울역 하늘 밑에서 서울대 교가랑 이별가를 소리높이 합창했다. 평소 땐 서로 인사도 없이 지내던 동급생들끼리 그 순간만은 진한 공동의식을 느끼고 제법 장엄하게 시대의 아픔을 공감했던 것이다.

회고컨대 나의 법과대학 4년은 적어도 법률이라는 학문에 관한 한 실패작이었다고 말할 수밖에 없다. 실상 나는 높은 커트라인과 유치한 공명심에 이끌려 법과대학에 입학하긴 했으나 대학 4년을 줄곧 법률을 저주하면서 보냈다는 게 옳다(내가 법률학의 진정한 매력을 발견한 것은 교과서와 시험에서 해방된 졸업 후의 일이었다). 매일 매일의 강의는 내겐 권태롭고 무의미하게만 느껴졌으니 어쩌랴. 물론 기막힌 명강이 전혀 없지는 않았다. '케인즈 경제학'을 처음 알게 해준 신태환 교수의 '경제원론', 자유당 몰락을 신랄하게 암시하던 한태연 교수의 '헌법학', '근본규범'에 관해 밤새 생각케 한 황산덕 교수의 '법철학' 등 ……

그러나 대체로 학과목 자체는 따분하기 짝이 없었고 오히려 강의가 시작되기 전 이른 아침 혹은 휴강시간이나 강의가 끝난 저녁 때 중앙도서관의 한 구석에 앉아 그때야 비로소 나는 진정한 나 자신의 '탐구'를 시작했던 것이다. 대영박물관의 3만 권 장서를 독파했다는 T. E. 로렌스처럼 이 세상의 온갖 서적들을 깡그리 집어삼키기라도 할 듯이. 법률학에 대한 끊임없는 혐오를 반추하면서 도스토예프스키와 까뮈, 니체와 키르케고르, 엘리어트와 보들레르 …… 그리고 이 모든 걸 넘어서 마침내 세계와 삶의 비밀의 베일을 벗겨 보겠다는 열망으로 ……

생각건대 나의 진정한 대학시절은 바로 거기에 있었다. 도서관의 높은 천정 아래 창가 자리에. 지금도 눈을 감으면 그 창가 구석진 자리에 못박힌 희미한 실루엣이 선연히 떠오른다. 마치 나의 영혼처럼. 순수하고 뜨겁게, 무섭도록 진실하게 '진리'를 찾아 인식에 온 넋을 바쳤던 나의 젊음이 바로 거기에 있다.

그때 나는 인생의 이편 언덕에 무엇이 기다리고 있다는 걸 감히 예감이라도 했었던가? 나는 자신의 관념에 홀려 너무나 성급하게 주위와 사물들을 넘어 무턱대고 앞으로 앞으로만 치달렸던 게 아닌가? 내가 도달해야 할 지점이 어디인가를 정확히 파악하지도 못한 채 …… 오로지 전진해야 한다는 관념 자체에 사로잡혀 있었을 당시엔 실상 그 목표는 문제 밖이었던 것이다.

그리하여 나는 몇 번이나 곤두박질을 거듭한 뒤 …… (이 점선이 몇 페이지나 계속된 뒤에) 과연 지금 나는 어느 지점에 와 있는가?

나는 다만 한 가지만 확실히 말할 수 있을 뿐이다. 즉 죽을 때까지 계속 전진을 멈추지 말아야 한다는 것을.*

* 「나의 대학시절」과 「나는 서울법대에서 무얼 터득했는가」는 다른 매체, 다른 시기에 비슷한 주제의 청탁을 받은 결과 내용상 중복된 것이 많으나 둘 중 하나를 버리기가 아까워 그냥 뒀음을 밝혀둔다.

나의 20대

만약에 나의 생애를 몇 토막내어 어느 시기를 여태까지 살아온 꼭같은 식으로 다시 반복하라고 한다면 나는 서슴지 않고 20대를 택할 것이다. 물론 그것은 일반적으로 사람들이 의미하는 '행복'이란 것과는 거리가 먼 시기였다. 반대로 나의 20대는 문자 그대로 고뇌와 절망으로 점철點綴된 폭풍같은 시기였다. 그러나 흡사 팽팽히 당겨진 활시위와도 같이 긴장된 나날 속에서 기쁨도 고통도 순수한 상태에서 최고절정까지 맛볼 수 있었다는 점에서 다시 한번 살아보고 싶다는 말이다. 고민을 해도 마치 세계고苦를 깡그리 혼자서 짊어진 것이나처럼 철저히, 정열적으로 괴로워하고, 절망에 빠졌을 때조차도 오히려 그러한 절망의 반동으로 삶의 중심에로 되튀어오를 만큼 정열적으로 절망했던, 문자 그대로 뜨겁고 충만한 삶이었던 것이다.

대체로 20대엔 누구나 자기 힘의 한계를 모르는 법이다—라기보다 그걸 인정하려고 하지 않는 것이다. 그러기에 우리는 흔히 젊었을 때 자신의 힘을 낭비하는 게 아닌가 싶다. 그와 같이 나도 또 내 힘을 낭비했다는 게 옳다. 나는 '어떤 것'이 아니라 '모든 것'을 알고 싶었고, 무엇이나 다 되어보고 싶었으며 또한 온갖 것을 다 사랑하고 싶었다. 무한한 가능성에 자기를 열어놓고 미지의 신비한 힘을 자기 속에 한없이 이끌어들이려는 저 청춘의 열기 속에서 나는 온갖 것의 뿌리에까지 가고 싶다는 터무니없는 욕망에 가슴을 태웠던 것이다. 온갖 것에, 온갖 대상에, 그것에의 사랑에, 고통에, 온갖 경험에, 그것에의 탐구에(절망조차도, 공포조차도!) "인因에, 길의 탐구에, 마음의 혼돈상태에. 달려가는 날들의 핵核에까지, 그의 원인에까지, 근원에까지, 뿌리에까지, 골수에까지." 그리하여 "언제나 운명과 사건의 실마리를 잡고, 살고, 생각하고, 느끼고, 사랑하고, 발견하고" 싶었던 것이다. 설사 그것은 불가능하고 과대망상이란 걸 알고 있었다 할지라도!

사실 젊은 한때 어느 누군들 자신의 좁은 자아 속에다 무한한 우주를 포괄하려는 저 어처구니 없는 과대망상에 한 번이라도 빠져보지 않은 적이 있을 것인가? (할 수만 있다면 나는 일생 동안 그럴 수 있기를 바란다) 흡사 그 속에 삶의 비밀이 적힌 암호가, 우주의 신비를 푸는 열쇠가 있기라도 한 것처럼 밥먹는 것, 잠자는 것도 잊은 채(아니 의식적으로 무시한 채) 서책書冊 속에 파묻혀 이른바 망자亡者들의 지혜와 더불어 황홀한 공감을 맛보았던 수많은 밤들. 갑자기 세계가 달라져 보이고 불시에 진리에 도달한 것 같던 저 '운명적인 해후'를 느꼈을 때의 영혼의 전율 ……

인식이야말로 삶의 목표이며, "인식을 위해 죽자!"고 일기장에 다 온 넋의 불길로 타는 듯이 또박또박 써두고는 매일처럼 비밀의 제단 앞에 향불 피워 예배드리듯 인식의 제단 앞에 무릎꿇기 시작한 것도 20대 때였고, 한때 삶의 푸른 나무를 찾아("온갖 이론은 회색이요, 푸른 것은 오로지 생의 황금나무로다"의 메피스토펠레스의 유혹에 좇아) 내 신성한 인식의 제단을 뒤엎어버린 후 이른바 파우스트의 환멸—"인식이란 오로지 우리가 아무것도 인식할 수 없다는 걸 알기 위해서만 필요할 뿐"이란 탄식을 일기장에 휘갈겨놓은 때도 바로 20대에 일어난 일이었다(물론 나는 그후 내가 저버렸던 인식의 세계로 다시 돌아왔지만). 말하자면 이런 식으로 나는 20대에 인생을 깡그리 다 '살아버린' 기분을 느꼈던 것이다. 그리고 그것은 다름아닌 나의 관념이 저지른 오류였다.

그때 나는 인생의 이편 언덕에 무엇이 기다리고 있다는 걸 도대체 예감이라도 했었던가? 나는 자신의 관념에 홀려(흡사 귀신들린 사람과도 같이) 너무나 성급하게 주위와 사물들을 넘어서 무턱대고 앞으로 앞으로만 치달렸던 게 아닌가? 내가 도달해야 할 지점이 어딘가를 정확히 알지도 못하면서 …… 그렇다. 오로지 전진해야 한다는 관념 자체에 사로잡혀 있었을 당시엔 실상 그 목표는 문제 밖이었던 것이다. 그렇게 나는 자꾸자꾸 앞으로 나아갔다. 나도 파악할 수 없는 내 속의 어떤 생명력에 이끌려 …… 그리하여 나는 갑자기 길을 잃어버렸었다. 20대의 막바지에—즉 나는 길이 막혀버렸던 것이다.

갑자기 내 앞에는 거대한 산이—절벽이 막아섰으며 돌아보니 뒤에는 천길 낭떠러지였다. 바로 이러한 때 마침 병이 나를 엄습해서 나를 쓰러뜨렸다. 모순 같지만 내가 육체적 중병에 걸리지 않았던들 나는 계속해서 살아갈 수는 없었을 것이다. 나를 삶의 위기에서 구출한 것은 육체적 병이었기 때문이다. 그런 뜻에서 내가 스물아홉 살에 그러한 중병에 걸렸다는 건 하나의 크나큰 은총이었다.

왜냐하면 병은 나를 다시 삶으로 돌아오게 했을 뿐 아니라 내게 오성悟性을 돌려주고, 나 자신을 되돌려주었기 때문이다.

나와 언어

이따금 어쩌다 기적과도 같이 언어의 거품이 느닷없이 머릿속에서 부글부글 끓어오름을 생생히 느낄 때가 있다. 한밤중 어둠 속에서 두팔 안에 머리를 묻은 채 죽은 듯이 누워 밤의 정적과 비밀 속에 의식을 담그고 있으면 갑자기 불꽃과도 같이 하나의 언어가 번쩍! 하고 내 의식에 점화點火됨을 느끼는 것이다. 그러면 잇따라 수많은 아름다운 언어들이, 아름답고 눈부신 언어들이 완전한 형상을 갖추고 부글부글 끓어올라 거의 황홀해질 때가 있다. 이야말로 언어의 축제다. 그런데 이같은 현상은 늦은 귀가길 복잡한 버스 속에서나 혹은 귀를 멍멍하게 하는 도심지의 거리 한가운데, 온갖 굉음과 아우성치는 인간들의 소용돌이 한복판에서도 뜻하지 않게 일어나는 수가 있다. 또는 음악에 취해 있을 때도 …… 평소 땐 내가 그들을 불러내려고 안타깝게 애를 써도 한결같이 그 모습을 감추기만 하던 숱한 언어들이 흡사 분에 넘친 선물마냥 한꺼번에 쏟아져

내리는 이적異蹟의 순간이.

그러나 이러한 언어의 취할 듯한 발효醱酵는 마치 꿈 속에서 찬란한 선물을 받고 기뻐하는 순간 잠이 깨임과 동시에 선사된 행운도 순식간에 사라져버리듯이 내가 그걸 머릿속에서 집어내어 종이 위에 담으려고 하면 비누거품처럼 덧없이 증발해버리고 만다. 그 중의 하나인들 응고돼서 뚜렷한 모습을 갖추게 된 상태로 종이 위에 남는다 해도 그건 이미 머릿속에서 찬란히 빛나던 그 언어는 아니라는 걸 번번이 깨닫게 된다. 나는 그 중의 어떤 것도 정확히 포착해서 독자적인 스타일로 고정시키는 데 실패를 거듭한 체험만을 갖고 있을 뿐이다.

아름답고 완전한 언어란 내겐 영원히 도달할 수 없는 영역이다. 빛과 아름다움을 만월滿月처럼 품은 언어를 종횡무진으로 구사하는 그 많은 천재들에 대한 경탄은 결국 동경의 한숨으로 변했다가 절망으로 이르게 마련이다. 참으로 완벽한 표현은 만월과도 같은 빛과 아름다움을 지닌다. 어느 한 변두린들 손톱만큼의 굴절도 없는 것이다. 마치 원圓의 완전성과도 같이.

우리가 어떤 대상을—그것이 사상이건, 감정이건, 사물이건, 현상이건 간에—즉 마음속에 목적하는 바 '그것'을 표현하고자 할 때 거기에 딱 들어맞는 어휘는 두 개도 아니고 단 하나뿐이다. 그와 마찬가지로 어떤 사상事象에 대한 '완벽한 표현'은 단 한 가지밖에 없으니 이 단 한 가지 적합한 표현은 문자 그대로 형식이 내용에 딱 들어맞게 되는 것이다.

그러나 내가 무얼 언어로 표현하고자 할 때면 단 하나가 아니라 수십 개가 한꺼번에 몰려오기 때문에 무얼 선택하느냐보다 오히려 어떤 걸 배제해야 하느냐가 훨씬 더 어렵다. 언어가 내가 원할 때, 내가 바라는 모습으로, 그때그때 어김없이 톡톡 튀어나와준다면 얼마나 좋으랴. 어휘의 결핍, 표현의 부적합, 심성心聲에 배반되는 효과 …… 이것이 영원히 되풀이되는 나와 언어와의 관계이다. 언제나 표현하고 나면 핵심은 달아나버리고 둘레만 허엽스레하게 떠돌 뿐. 흰 노트 위에서, 푸른 칸 속에서—내가 마음속에 품고 있던 언어의 빛을 받아 반사광反射光을 발發할 뿐인 대용언어만 남아있는 격이다. 흡사 빌려온 빛과도 같이. 나는 단 한 번도 그것의 실체를 붙잡을 수가 없다. 잡고 보면 언제나 그것이 걸친 겉옷만 손아귀에 남고 그 알몸은 번번이 도망가버렸음을 발견하게 되는 끝없는 도로徒勞가 있을 뿐!

원래 완전한 언어란 수련에 의해 획득할 수 있는 게 아니고 자기 속에 내재內在한 것에 의해서만 생성될 수 있는 것이라면—그리고 내겐 애초부터 그런 소양이 없는 것이라면? 언어란 샘에서 물이 솟듯이 자기 내부에서 끊임없이 솟아나야 하는데 내겐 원래가 그러한 원천이 없다면? …… 이러한 회의가 너무도 자주 나로 하여금 언어를 포기하도록 만드는 것도 사실이다. 그럼에도 번번이 나는 또다시 '언어로써 표현하는 일'을 시도하고 있는 자신을 어쩔 수 없이 발견하지 않을 수가 없다. 흡사 부실한 연인을 미워하고 저주하며 돌아섰다가도 종내엔 단념하지 못하고 다시금 그에게로 돌아오지 않을 수 없는 것과도 같이.

그렇다. 나는 이 언어에게 어쩔 수 없이 묶여있는 것이다. 이브가 아담에게 묶여있듯이, 또한 세상의 모든 지어미가 지아비에게 묶여있는 것처럼. 생각건대 아득한 어린 시절, 자의식이 처음 눈뜨기 시작했을 무렵 일기를 쓰기 시작했던 그때부터 언어를 나는 내가 삶을 사는 방식의 하나로 선택했던 것이며, 내가 단독으로 나의 '실존'과 마주할 때 언제나 언어를 그 중개자로 삼아왔음을 새삼 깨닫게 된다. 물론 언어가 나를 저버린 건 사실이지만 그러나 언제나 그랬다고 말한다면 그건 배은망덕의 소리가 될 게다. 왜냐하면 이 삶에서 언어가 나를 도와준 적이 무려 몇 번이었던가? 내 혼란한 의식에 질서를 부여해주고, 나의 절망한 정신이 길을 잃었을 때 올바른 지표를 찾도록 조력해준 것도 다름아닌 바로 이 언어였던 것이다.

물론 우리가 어떤 경우에도 대상에 직접 접촉해서 순수하게 그걸 감각하지 못하고, 반성 없인 한 발짝도 내딛을 수 없다는 것, 또한 온갖 사상事象과 감정이며 사고를 언어로써 발기발기 분류, 정리해서 마침내 그 각자에게 하나의 명칭을 부여하지 않고는 못 배긴다는 것은 삶의 편에서 볼 땐 확실히 메스꺼운 일이 아닐 수 없을 것이며 세속적으론 커다란 불행임에 틀림없다.

하지만 어떤 절망적인 경우에도, 어떤 극단적인 감정의 분출에 자신을 맡길 때조차도 그 상황에다 형태를 부여하고 그걸 언어로써 분석, 정리해서 마침내 하나의 뚜렷한 명칭을 그것에다 붙여 내 '의식의 서랍' 속에다 분류해넣고마는 나의 정신의 끊임없는 작업은 실상 오늘날까지 수없는 형태로 나를 도왔던 것이니, 이같은 작업이 끝날 즈음엔 거의 언제나 길이 막혔던 나는 새로운 길을 뚫을 수 있었기 때문이다. 그리고 이 정신의 작업을 도와준 것이 바로 언어였던 것이다.

언어는 때로 사는[生] 것에 걸림돌이 되고 내게 불행을 가져다 주었지만 한편 또 나를 파멸에서 구출하는 것을 도왔으니, 아마도 나는 생명이 있는 한 언어를 저버릴 수는 없으리라.

나는 내 정신의 영토를 지키련다. 언젠가는 언어가 마침내 그 지닌 바 빛과 생명으로(내가 그걸 불어넣어줄 때에) 내가 바라는 진실과 아름다움을 창조할 수 있게 될 날이 반드시 오리라는 희망을 버리지 않고서—

혼자 사는 삶

대체로 한국에선 여성이 혼인 적령기에 이르면 "언제 시집가느냐?"로 시작해서 이른바 올드미스의 데드라인(아마 29세가 통설인 것 같은데)에서 점차 멀어질수록 "대체 왜 결혼을 안하느냐?"로 되었다가, 마침내 "그래도 여자는 결혼을 해야 …… 운운" 따위의 점잖은 충고의 순서로 한 여성을 대하는 게 일반적인 현상이 되어있다. 게다가 이같은 사회통념은 시대가 변하고 사회풍조가 달라진다 해도 영원히 변하지 않을 일종의 고정관념이 아닌가 싶다. 이를테면 여성 통치자가 속출하고 '우먼파워'가 전세계를 노도처럼 휩쓰는 날이 온다 해도 그러한 현상이 곧 여성 독신주의를 합리화시키거나 독신자인 여성을 당연한 것으로 받아들이게 되지는 않을 것이란 말이다.

무릇 모든 생물은 일정한 성숙기에 이르면 당연히 자웅이 결합해서 생식행위를 하게끔 창조되어 있고, 인간도 예외는 아니어서 일정한 연령에 이르면 남녀는 짝을 맞아 부부로서 결합하게 되는 게 말하자면 자연의 이치인 것이다. 따라서 이러한 자연성에 따르지 않을 때 그는 질서에서 벗어나는 것이라고 일반적으로 이해되고 있기 때문에 독신자가 항상 문제가 되는 것이다. 결국 영원불변의 '자연의 이치'가 곤두박질을 치지 않는 한 독신자에 대한 사회통념은 달라질 지도 없고, 또 그런대로 정당한 근거를 지니는 셈이다. 문제는 독신을 적극 장려하거나 독신주의를 옹호할 필요는 조금도 없지만, 그걸 무조건 흰눈으로 보거나 본능적으로 거부하기 전에 한번쯤 긍정적인 방향으로도 생각해볼 수 있는 태도가 아쉽다는 말이다. 요컨대 온갖 판단은 관점의 차이에서 오는 것이니까.

집안에 과년한 딸이 결혼을 않고 있으면 그 부모되는 사람들이 이웃이나 친지들에 대해 무슨 죄라도 지은 것처럼 수치스럽게 생각하고 쉬쉬하는 태도도 혐오스럽기 그지없지만 때론 당사자되는 여성 자신들의 쭈뼛거리는 모양도 답답하기 이를 데 없다.

뚜렷한 목적의식과 명백한 계획도 없이 또한 적극적인 욕망도 없이 그저 무턱대고 "남이 하니까 나도 ……" 식으로 흡사 진열장에 놓여져 팔리기를 기다리는 상품과도 같이 한 남성으로부터 자기를 아내로 데려가줄 날만을 멍하니 기다리며 귀중한 시간을 낭비하거나 또는 올드미스가 되도록 상대가 결정되지 않으면 초조와 불안 속에서 실의에 빠지게 되는 여성이 왜 그렇게 많은지. 또한 결혼 대열에서 탈락된 걸 무슨 낙오자나 된 것처럼 착각해서 주눅들린 여성들이 소위 지성인 가운데도 의외로 많은 것도 생각해볼 문제이다.

인생은 일회적이고 게다가 청춘은 비통하리만큼 짧다. 결혼,

출산, 가정의 행복도 물론 중요하다. 청순한 젊은 남녀가 처음 사랑에 눈뜨고, 결혼에 의해 부부로서 결합되어, 자녀를 낳아 기르며 공동의 행복을 창조해가는 것처럼 아름다운 일도 없다. 가정이란 일종의 보호령이 가져다주는 '유대와 안정감' 속에서 여기엔 옷장을, 저곳엔 액자를, 또한 찬장엔 그릇을 모으고, 뜰엔 화초를 심고, 아늑한 저녁 불빛 아래서 서로 팔굽을 부비며 하는 식사 …… 이런 목가적인 가정의 소박한 행복을 한 번이라도 꿈꿔보지 않은 사람이 어디 있겠는가?

어떤 강렬하고 굉장한 삶의 형태도 그것이 가정과 생활에 밀착된 것이 아닐진댄 마치 뿌리 없는 나무와도 같은 것이고 모든 존재는 결국 그 근원에—가족에로, 생활에로 돌아가고자 하는 뿌리깊은 욕구를 지니는 법이다.

그러나 그것이 인생의 전부는 아니다. 그 반대의 질서도 얼마든지 가능하며 그 속에서 자신이 객체가 아니라 주체로서 스스로의 삶을 구축한다면 얼마나 크나큰 자유와 기쁨을 누릴 수 있는가를 사람들은 너무 자주 잊어버리는 것 같다. 혹은 그걸 정당하게 평가할 용기가 없는지도 모른다. 가정이란 질서 속에는 우리가 꿈꾸는 것과 반대되는 요소도 반드시 있다는 것, 우리는 모두 행복을 추구하지만 누구나 각자의 관점에서 그걸 평가한다는 것, 또한 우리는 이런 저런 삶의 형태를 택할 수는 있으나 아무도 자신의 기준을 타인에게 적용하려고 해서는 안된다는 것 등을 편견 없이 받아들인다면 독신자를 대하는 일반의 고정관념적인 태도도 상당히 달라질 것이다.

물론 나는 독신주의자는 아니다. 도대체 나는 주의主義 같은 걸 혐오하는 사람이다. 인간이 주의 때문에 결혼을 않는다면 그것처럼 어리석은 일은 없을 게다. 그것은 주의를 위해 삶을 희생시키는 것이기 때문이고 삶은 주의보다 강하기 때문이다(라고 나는 말할 수 있다). 나는 일찍부터—아마도 인식이 눈을 뜨기 시작한 시초부터, "누구나 하니까 나도 ……" 라든가 "그러게끔 돼있으니까 당연히 나도 ……" 식의 사고방식은 도저히 받아들일 수가 없다고 생각했다. 다시 말하면 나는 내가 명백히 결혼하고 싶다든가 또는 그럴 필요가 있다고 뚜렷이 느꼈을 때가 아니면 결혼하지 않으리라고 작정했던 것이다.

이 두 요건 중 적어도 하나가 충족되었던들 지금쯤 나는 결혼해있을 것이고, 아마도 이런 글을 쓸 필요도 없을 것이다. 그야 그러한 욕구가 전적으로 내 삶에 들어올 수 없었다고 한다면 그건 거짓말이 될게다. 다만 엄밀히 말해서 그렇다는 것이다. 즉 문득문득 그러한 욕구가 나를 충동질했다 할지라도 언제나 그것은 순간적이었고 '지속'하지 않았다는 말이다. 어떤 의미로 나는 결혼을 생각할 '겨를'이 없었는지도 모른다. 그러기에는 나는 이 삶의 모든 것에, 나의 일과 나 자신에 너무나 몰두해 있었던 것이다. 온갖 것을 알고, 온갖 것을 경험해보고 싶다는 탐욕스런 갈증이 나를 사로잡고 놓아주지 않았으므로.

하긴 삶에서 결혼과 출산만큼 중요한 경험도 없겠지만, 그러나 그걸 경험하기 위해선 너무도 많은 다른 것을 놓쳐버려야 한다. 아마도 그래서 나는 저 달콤한 구속 대신 헐벗은 자유와 고독을 택했는지도 모른다.

그러나 이같은 삶의 형태는 누구에게나 권장할 만한 것은 못 된다. 나는 주위의 후배들에게 기회 있을 때마다 가능한 한 결혼하라고 권하곤 한다. 미국의 어떤 음악가 부부가 거대한 저택에서 동떨어진 양 끝에 각자의 방을 가지고, 서로의 자유를 존중하면서 예술의 상호 이해 속에서 살고 있다는 기사를 언젠가 읽은 일이 있는데, 이따금 곰곰이 생각해보지만 나 자신 이런 대상을 만날 수 있었던들, 또한 그런 조건이 충족되었던들 기꺼이 결혼하지 않았을까 싶다. 글쎄 그 질서 속에서 끝까지 안주할 수 있었을지는 결코 알 수 없는 일이지만.

내면의 여로旅路

돌 속에서 꽃을 피워내듯이

어떤 특별한 주제도 없이 어쩌다 불쑥불쑥 쓰게 되는 이같은 기록에 구태여 날짜를 밝힐 필요가 있을 것인가? 오늘은 어제와 꼭 같고, 내일은 오늘과 마찬가지의 연속일 뿐인데. 매일매일이 구획을 지을 수 없을 정도로 완만하고 무기력한 시간들로 한없이 잇따라 갈 뿐, 아무런 색채도, 광택도 없는 나날—나는 아주 옛날에 그러한 것들을 잃어버린 것 같다. 내가 옛날에 거의 매일처럼 일기를 쓰고 있었을 당시—그때는 매일매일이 낯설고, 언제나 자신에 대한 예감과 기대로 가득 차있었다. 그래서 나는 순간순간 새롭고 충만한 내면생활을 기록하는 데에 얼마나 커다란 기쁨을 느꼈던가? 가슴은 온갖 대상에 대한 사랑과 신선한 호기심에 가득 넘쳐서 ……

그러나 나는 일기를 쓰는 습관을 버린 지 오래되었다. 게다가 옛날에 충실히 기록해둔 일기장들도 거의 대부분 불더미 속에 화장火葬시켜버린 지도 오래다. 다시는 일기 같은 걸 쓰지 않겠노라고 스스로에게 몇 번이나 다짐하면서도 번번이 또다시 무언가를 쓰게 되는 자신을 발견하곤 한다. 무엇 때문일까? 결국 이같은 산만한 기록은 무가치한 것이고, 언젠가는 또다시 불더미 속에 들어가버리고 말텐데! 이 공허한 나날 속에서, 이 황폐해진 내면으로부터 그래도 무언가를 이끌어내기 위해? 꽃피워낼 무언가를 아직도 지니고 있는가?

아마도 나는 나로부터 벗어나기 위해서 끊임없이 써야만 하는지도 모르겠다. 혹은 잊기 위해서—공허와 권태를. 어쨌든 아무것도 안 쓰는 것보다는 비록 산만한 넋두리에 불과할지언정 그래도 기록해둔다는 것은 유익할지 모른다. 아마도 나는 나의 무의욕, 무기력, 게으름을 조금이라도 보상하기 위해 이 글을 쓰는 것 같다. 언젠가 다시금 참으로 창조할 수 있을 때를 위해—어쩌면 그런 날은 영영 오지 않을지도 모르지만—그때가 되기까지는 어떤 형태로든간에 '쓰는 것'을 멈추지는 말자. 멈춤이 너무 오래가면 언어는 완전히 낯설어지고 전혀 포착할 수 없어질지도 모른다. 그렇다. 바로 이같은 두려움 때문에 나는 쓰는 작업을 멈추지 못하는 것이다.

너무나 오랫동안 흡사 우울과 무기력의 미지근한 목욕탕물 속에 깊숙이 잠겨 있는 것 같은 타기唾棄할 만한 상태가 계속되고 있다. 끝없는 자기혐오와 구역질나는 염인증厭人症과 저항할 수 없는 염세관厭世觀이 뒤범벅되어 나를 하루하루 무감각 속으로 침잠沈潛시키고 있다. 물론 부분적으로는 이같은 현상은 오래 된 내 지병持病 탓이기도 하지만 그건 어디까지나 지엽적인 이유일 뿐이다. 나를 오늘과 같은 상태로 몰아넣은 것은 내가 여태껏 살아온 나의 전경험에 책임이 있는 것이다. 한 인간의 일생은 그가 살아온 시간의 총계이고 경험의 총화總和라고 본다면 ……

하지만 정녕코 영원히 이런 날이 계속될 수는 없다. 정열도, 호기심도 고갈되고, 자신에 대한 어떤 예감이나 기대도 없이, 미래에 대한 어떠한 꿈도, 희망도 지니지 않고 재와 같은 무기력 속에서 살아간다는 것은 도대체 삶이 아니다. 그것은 산송장의 삶에 불과하다. 그것은 아무것도 사랑하지 않는 삶이고, 그것은 지옥이다.

그런데 나는 아무것도 사랑하지도 않고 사랑할 수도 없다. 게다가 바로 이같은 상태가 내가 너무나 모든 것을, 너무나 격렬하게 사랑한 뒤에 얻은 대가라면 그야말로 값비싼 보상이다! 만약에 이런 상태가 영원히 계속된다면? 나는 공포 속에서 다가올 나의 날들을 미리 본다. 나의 무서운 매일매일을 …… 마치 거울 속으로 유령이 행렬을 짓고 차례차례 지나가는 것을 보는 것처럼. 차라리 무無로 돌아가라! 하고 이 유령들은 내 귓전에서 속삭이는 것이다.

황금두레박으로 한없이 퍼 올려도 영원히 고갈되지 않을 것 같던 내면의 샘은 아주 메말라버렸을까? 이제금 영혼의 불꽃은 영영 꺼져버렸단 말인가? 정녕 그 불씨만은 남아 있으련만, 그걸 다시 불어 새로운 불꽃을 일으킬 입김의 힘은 어디 갔는가? 이 불꽃을 되살릴 수 있는 것이라면 그 대상이 무엇이든 나는 사양하지 않았으리라. 그러나 어떤 대상도 내게 도달하지 못하고, 감정의 격발이나 고양된 정신을 선사해 주는 매개媒介는 어디에도 없다는 걸 나는 안다.

알콜? 그것은 이미 내게 위력을 상실한 지 오래다. 이제 그것은 내게 어떤 매혹의 순간도 선사해주지 않는다. 소량의 술은 불만을 더 가중시키고, 다량의 술은 불면과 두통을 가져올 뿐, 지나치게 많이 마셔도 사태는 더욱 나쁘다. 의식은 저주스럽도록 명철해질 뿐, 요컨대 후회만이 남는다는 말이다. 알콜도 내게 착각과 망각의 기능을 선사해 주지는 못한다. 쓰디쓴 후회와 구역질나는 자기혐오를 맛보기 위해서 술을 마실 필요가 어디 있는가? 아아, 전에는 나는 즐겨 마시고 또 그럴 필요가 있었기 때문에 마셨건만, 그리고 나는 그 필요를, 즉 내가 원하는 바를 이루었던 게 아니냐. 매혹의 순간, 도취, 에테르처럼 높이높이 날아오르는 가벼움을 ……

그렇다면 사람들은? 친구 또는 벗? 사랑? 아아, 내게도 그런 것이 있었지. 나도 이러한 것을 가졌을 때가, 그럴 수 있다고 믿었을 때가 있었다. 삶의 이 시기 또는 저 시기에 …… 아찔한 해후邂逅, 믿을 수 없는 공감, 취할 듯한 상봉, 가슴을 태우는 그리움, 온갖 신기루 같은 환상 …… 어째서 나는 사람들을 떠나왔고 그들에게서 등을 돌렸었던가? 때때로 그들과 합류하고 웃고 화해할 수도 있었으련만, 내가 스스로 불러온 고적, 어인 일인가? 내가 스스로 만든 울타리—아무 격정도 안 일어나고 그리움도, 향수도, 동경도, 추억조차도 나로부터 멀다. 내 속엔 차디찬 빙하가 흐르고 있을 뿐!

"나는 언저리에 느껴지는 소름끼치는 정적이다. 사람들 사이로 가 본다. 벗들에게 인사를 해본다. 그러나 이들은 단순히 새로운 황야에 불과하다." 이렇게 탄식한 니체의 고백에서 그나마 위안을 받을 뿐, 망자亡者와의 교통만이 내게 실감을 준다. 살아 있는 사람, 또 하나의 황야! 어떤 시선도 내게 도달하지 못하고 어떤 목소리도 내 의식의 벽에 부딪쳐 메아리되어 돌아갈 뿐이다. 네 미소는 잘못 이해되고, 네 울음은 어떤 가슴에도 도달하지 못한다. 무엇 때문에 지껄이는가? 너의 껍질 속으로, 네 자신의 심연으로 깊숙이, 더 이상 내려갈 수 없게 깊이깊이 내려가거라. 비록 공허만이 메아리치는 어둡고 설렁한 동굴 속이라 할지라도! 그것만이 너를 구역질과 자기혐오로부터 구출할 수 있다는 걸 모른단 말이냐?

진정한 영혼의 만남이 없는 공허한 관계, 무의미한 대화, 귀를 멍멍하게 하는 훤조喧噪 …… 내가 자극을 찾아 외계로 나가봤자 언제나 결과는 마찬가지였다. 사람들과 어울려 술을 마시고, 웃고, 지껄이고 …… 그리고 집에 돌아와 계산서를 내보면 합계는 언제나 똑같다—자기모독, 자기혐오, 구역질, 그리고 이 모든 걸 한마디로 요약하는 '후회'라는 것일 뿐! 도대체 이같은 미친 짓은 집어치우는 게 낫다. 이게 대체 미친 짓이 아니고 무엇이람? 그러면 나는 이전엔 그걸 몰랐더란 말인가? 모르고 저질렀더란 말이냐? 왜 몰라? 나는 그걸 너무나 잘 알고 있었다. 나는 알면서도 저질렀던 것이다. 알면서도. 대체 왜? 그것이야말로 온갖 해답의 열쇠인 바로 권태란 놈!

"우리 악덕의 욕된 동물원에서 울부짖고 투그리며 기어다니는 괴물들 중에서도 가장 심술궂고 더러운 한 놈이 있나니! 떠벌이는 몸짓이나 큰 소리를 지름 없이 즐겨 대지를 박살을 내며 하품 속에 세계를 삼킬 수도 있나니, 요것이 바로 권태란 놈!"(보들레르)

그러면 그것이—사람들과 만나는 바로 그 일이 권태란 놈을 퇴치했더란 말인가? 결과는 권태보다 더한 자기 모독과 후회만이 남지 않았더냐? 정말로 이젠 이 모든 게 지긋지긋하다! 나는 정말로 '물렸다'.

하지만 저 불빛들, 특히나 오늘 밤처럼 안개비가 자욱이 흩날리는 때면, 뿌우연 빗발 속에서 흡사 해면처럼 부풀어보이는, 저 멀리 오색 불빛들 …… 마치 하늘에서 별이 하나씩 눈을 뜨듯이 보랏빛 어스름 속에서 저녁마다 차례로 켜지는 빨강, 파랑, 노랑, 초록의 불빛들—저 불빛들을 보고 있으면 석화石化됐던 마음이 빗소리에 축축히 젖어들어 일순 옛날의 그 마음이 되살아나는 것 같음을 느끼는 것이다. 내가 살고 있다는 것을, 삶이 아직도 아름다울 수 있음을, 아직도 내게 사랑이 가능하리라는 것을. "그래도 살아야만 한답니다. 모든 것에도 불구하고 삶은 아름다운 것이고 사랑은 언제나 가능한 것이랍니다." 이렇게 저 불빛들은 나를 설복하려 드는 것이다. 그렇다. 저 불빛들을 보고 있으면 나는 절대로 삶을 미워할 수가 없어진다. 어떤 상황에 처해 있건 간에.

저것은 신기루다. 매일 저녁 약속처럼 어김없이 밝혀지는 삶의 신호등—내가 스스로 해독解讀하기를 강요하는 삶의 암호가 바로 저 속에 있다.

공기는 부드럽고 어디선가 꽃 향내라도 풍겨올 것만 같은 저녁나절, 이따금 의자를 창가에 갖다놓고 망연히 앉아 있으면—보랏빛과 진주빛으로 길게 번쩍이는 하늘, 뺨을 스치는 산들바람, 그리고 문득 어디선가 들려오는 모차르트(아마 불그레한 불빛이 새나오는 저 창 속에서 어느 소녀가 피아노 연습이라도 하는 것일까?) …… 그러면 불현듯 내게도 잃어진 가슴의 고동이 되살아나고, 삶이 또다시, 한 번 더 아름답게, 그리고 매혹적인 모습으로 투영돼 옴을 느끼고 나는 깜짝 놀란다. 그럴 수 있단 말인가? 과연 그럴 수가 있을까? 이 설렘, 이 슬픔, 이것이 과연 나의 것이란 말인가? 이렇게 고동치는 게 과연 나의 심장인가?

저 멀리 한길에선 차들이 불빛을 달고 쉴새없이 미끄러져 가고 —아랫 동네에선 젊은이들이 기타를 치며 흥청대는 소음—

그대가 샌프란시스코에 갈 때면
머리에 꽃을 달고 ……

저기에도 삶의 리듬이 있다. 후미진 골목의 더러운 선술집에서 흘러 나오는 값싼 유행가 가락에도—

밤이 깊어 가는데, 깊은 밤의 호흡에 맞춰 유유히 흐르는 더러운 개천 물 위로 흔들흔들 불빛을 던지며 나란히 서 있는 선술집들 —더럽고 빈궁한 동네의 다 찌그러져가는 선술집에서 때때로 아우성치며 싸우는 남녀의 소요騷擾 …… 엎질러진 술, 더러운 술상 위에서 젓가락 장단에 맞춰 목쉰 소리로 불러대는 싸구려 유행가—이 모든 것이 삶을 추하게 느끼게 하는 대신 오히려 삶의 신비를, 가슴 저릿한 감동을 주는 순간이 있는 법이다.

밤은 사물을 낮과는 다르게 느끼게 하기 때문일까? 밤, 부드럽고 신비에 찬 밤의 소리, 삶의 비밀한 속삭임이 수런대는 후미진 골목어귀, 악취 속에서 꽃을 피워내는 밤의 마력魔力에 나는 저항할 수가 없는 것일까? 삶은 아름답고, 아직도 나는 삶을 사랑하고 있다는 비밀의 소리에 귀를 막을 수 없는 것도 밤의 신비 때문인가?

그렇다. 나는 아직도 삶을 사랑하고 있는 것이다. 내가 그걸 부정해봐야 소용없는 일이다. 비록 온갖 생에 대한 집착은 사라지고 온갖 정열, 호기심, 신선한 기대는 증발해버렸다 해도 역시 생명은 삶을 사랑하지 않을 수 없는 것이다.

비록 내일 아침 내가 그걸 부정하게 될지라도 지금 이 순간은 나는 살고 있지 않느냐.

중요한 것은 기다리는 것이다. 지긋지긋하게 오랜 시간일지라도 끈덕지게 기다리면—어느 날엔가 홀연 돌 속에서 꽃을 피워내듯이 내가 다시 사랑할 수 있게 될지 누가 알겠는가? ㊥

내 눈의 빛을 꺼다오

나의 새벽 산책은 일종의 탈출이었다.

흡사 밤의 망령인 양 의자 위에 망연히 앉아 지끈지끈한 두통과 오만가지 번뇌로 구멍이 숭숭 뚫린 골통 속에서 한없이 잇따라 나오는 사고思考의 연쇄줄에 질질 끌려다니는 지긋지긋한 불면의 밤을 거친 뒤에, 내가 만약 죽음과 망령의 냄새로 꽉 찬 이 밀폐된 자아의 감옥으로부터 차고 신선한 새벽공기 속으로 뛰쳐나가지 않았던들 생명은 이 오염된 공기를 더 이상 견디지 못하고 질색해버렸을지도 모른다. 그러니까 이것은 나의 병든 사고에 질식하지 않으려는 내 생명의 본능적인 몸부림이었던 것이다.

그것은 생명의 도주였으며—그리고 이와 같은 생명의 본능적인 항거는 실상 헛된 것이 아니었음을 나는 번번이 깨닫게 된다. 왜냐하면 내가 인기척 하나 없는 캄캄한 새벽길을—미로迷路같이 얽힌 그 어두운 골목길을 이리저리 돌아 휘청거리는 다리로 비틀거리며 흡사 몽유병자처럼 몇 시간이고 외로운 표박漂迫을 계속하는 동안 나는 이따금 전혀 기대하지도 않았던 '선사된 순간'을 맛볼 수 있었기 때문이다.

그것은 비록 섬광처럼 짧은 순간이긴 하지만, 또한 정말로 그것이 존재했었던가에 의혹을 느낄 정도로 너무나 순식간에 덧없이 사라져버리지만, 그러나 하여간 그것은 '있었던' 것이다. 나는 그러한 순간들을 체험한 기억을 갖고 있는 것이다. 한순간의 매혹, 가슴이 콱 막히게 아름다운 순간, 정신을 마비시키는 것 같은 도취, 꽉 찬 생의 희열, 갑자기 내가 미망迷妄에서 깨어나 빛을 본 것 같은 통찰의 순간—내가 이 지긋지긋한 죽음의 망집妄執에서 벗어나 또다시 살 수 있을 것 같은 온갖 신기루를 본 듯한 순간 …… 비록 그것이 허망한 환각, 덧없는 착각에 지나지 않는다 할지라도, 또한 그 한순간이 사라지고나면 또다시 헤어나올 수 없는 사고의 그물 속에 갇혀버리게 되리라는 걸 너무나 잘 알고 있었다 해도, 그러한 순간을 체험했다는 사실은 이후의 길고 긴 인고忍苦의 삶을 견딜 수 있게 해주는 것임에랴!

물론 우리가 젊고 건강할 때엔 대체로 이같은 순간을 자주 체험할 수 있다. 또한 옛날엔 내가 그러고자 한다면 자주 나는 내 '의지로써' 그러한 순간을 불러올 수도 있었다. 그러나 너무나 오랫동안 내 심장은 죽어있었으며 나의 의지는 이제 그렇게 할 힘을 잃어버렸음을 나는 통절히 느꼈었다. 이미 오래 전에 …… 나도 또 젊은 시절의 랭보처럼 내가 원할 때면 언제나 '공장 대신에 회교의 사원을,

북치는 천사들을, 하늘 길을 달리는 마차를, 호수 바닥에 있는 객실을, 괴물을, 신비를' 볼 수 있도록 나의 의지를 훈련시킨 적도 있었건만, 그러나 아무리 무서운 회초리로 심하게 채찍질을 해도 나의 영혼은 이젠 날 수가 없다. 그것은 같은 자리를 뱅뱅 돌기만 할 뿐—나의 의지는 영혼을 들어올릴 힘을 잃은 지 아득히 오래되었기 때문이다. 이러한 나에게 새벽은 정말 뜻하지도 않았던 은혜를 베풀었던 것이다!

지치고 피곤한 영혼에겐 자연은 언제나 친절한 법이다. 그것은 아무리 완고한 마음에도 도달하는 길을 알고 있고 꼬치꼬치 말라 비틀어져 매장埋葬된 혼일지라도 움직이게 할 수 있는 힘을 지니고 있다.

아직은 그 누구의 발길도 닿지 않는 희고 순결한 새벽길을 혼자서 헤매어보라. 꼭꼭 닫힌 대문 안에서 아직은 잠자고 있을 사람들을 자꾸자꾸 뒤로 하고 꼬불꼬불 얽히고 설킨 미로 같은 골목길들을 이리 돌고 저리 돌아 정처없이 걷다보면 어느새 이름도 모를 어느 산길에 이른다. 희부옇게 동이 터오는 미명未明의 뭐라 말할 수 없는 빛깔 속에서 하얗게 눈에 덮인 채 몽롱하게 모습을 드러내는 저 산봉우리들, 눈을 반쯤 이고서 흡사 기도하는 자세인양 경건하게 서 있는 나목裸木들 사이로 아스라이 피어오르는 자욱한 안개……

차고 신선한 금속성 공기가 뺨에 와 닿았을 때 나는 가슴속까지 와들와들 떨리는 걸 느꼈다. 갑자기 알 수 없는 어떤 힘이 속에서 불쑥 밀고 올라와 나는 산모퉁이를 돌고 또 돌아 자꾸자꾸 위로

올라갔다. 하얀 나뭇가지들을 이리 당기고 저리 밀치면서 …… 문득 알 수 없는 충동에 이끌려 눈에 덮인 나무 등걸을 꽉 끌어안았을 때 심장이 격렬하게 고동치는 걸 나는 생생히 느꼈다. 그것은 일종의 육체적 고통과도 흡사한 것이었다. 너무나 오랫동안 내 육체는 그와 같은 생생한 감각을 맛보지 못했었기에 나는 깜짝 놀랐다.

심장이여, 심장이여! 너는 한 번 더 날뛰느냐? 한 번 더 살아서 날뛰거라. 다시 살아서 기뻐하고 괴로워하거라! 오랫동안 죽은 듯이 침묵하고 있던 존재의 저 밑바닥에서 불현듯 생명의 수줍은 태동이 시작되는 걸 나는 느꼈던 것이다. 아직은 하마 꺼져버릴지도 모를 미동微動에 지나지 않지만 조만간에 그것은 점차 자라 어느 날엔가는 생각지도 않았던 놀라운 형상을 빚어낼지 누가 알겠는가?

못 위로 골짜기 위로 산과 숲과 구름과 바다를 넘어
태양 저너머 에테르 저너머
별 총총한 천구天球 저너머

내 마음 그대 가벼야이 날아
물결 속에 넋을 잃은 헤엄군모양
말할 수 없이 씩씩한 쾌락을 맛보며
드깊은 무한을 희희낙락 달린다.

날아라 그대 이 질병의 독기를 떠나 머얼리
가라 드높은 대기 속에 그대 몸을 씻으러

그래서 맑은 허공 뒤덮은 순결한 불을
깨끗한 신의 술인 양 마시어라.

안개 자욱한 생활을 억누르는
저 권태와 드넓은 번뇌를 뒤로 하고
맑고 빛나는 들을 향해 힘찬 날개로
나아갈 수 있는 몸은 행복도 하다!

그 생각 종다리 모양 이른 아침
하늘을 향해 자유로이 날아 올라
인생 위를 달리며 꽃과 말 없는 만상의 말을
쉽사리 알아낼 수 있는 몸은 행복하여라!
— 보들레르

나는 아름다움을—한순간의 매혹을, 신기루 같은 환각을 자주 내게 불러오련다. 외계에서 그것이 선사되기만을 기다리지만 말고 내 의지로써 그걸 불러올 수 있어야만 한다. 외부에서 무상無償으로 제공된 그러한 순간을 어쨌든 생생히 느꼈다는 사실은 결코 소멸되는 무엇은 아니다. 그러한 순간은 나타났던 것처럼 순식간에 사라져버리지만 그에 대한 기억과 표상을 나는 지니고 있는 게 아니냐. 아름다움의 표상이 뚜렷이 내 마음속에 새겨져 있는 한, 비록 외계의 아름다움이 아주 사라져버린다 해도 나는 아름다움을 감각할 수는 있을게 아닌가.

그렇다. 어떤 것도 이 삶 속에서 느끼는 아름다움에 대한 나의 감각을 마비시키지는 못했다는 사실을 나는 확연히 깨달았다. 어떤 역경 속에서도, 어떤 가혹한 현실 속에서도—온갖 경험도—질병과 궁핍과 죽음 같은 절망 속에서도, 삶의 온갖 추함과 비참 가운데서도 아름다움을 감각하는 나의 능력은 손상되지 않은 채 오롯이 살아 있었음을, 불행과 고난은 이 삶의 아름다움에 대해 나를 장님으로 만들기는커녕 오히려 더욱 선연히 그걸 볼 수 있게 해주었음을—나는 무한한 감사에 찬 마음으로 재확인했다.

내 눈의 빛을 꺼보아라. 그래도 나는 그대 아름다움을 볼 수 있으리니—왜냐하면 나는 내 기억 속에 그대의 표상을 새겨두었으므로. 온갖 아름다움이 진정으로 사라져버릴 때 그때는 부디 내 눈의 빛을 꺼다오! 바라볼 아름다움의 대상이 존재하지 않을진댄 두 눈의 빛이 무슨 소용이랴! ……

밝아오는 새벽, 뿌우연 안개 속에서 회색으로 길게 누워있는 차디찬 돌다리 난간에 기대서서 눈에 덮인 주위의 풍경을 바라보며 나는 이렇게 느꼈다. 생각한 것이 아니라 '느꼈던' 것이다. 희끗희끗 눈에 덮인 헐벗은 나뭇가지들 사이로 서서히 모습을 드러내는 지붕들, 사각으로 반듯반듯 뚫린 몇 개의 유리창에 오렌지빛으로 반짝반짝 불밝혀지는 걸 바라보면서. 그 속에서 살고 있는 사람들. 이제 곧 해가 떠올라 지붕을 금빛으로 물들이면 삽시간에 온갖 종류의 삶이 눈을 뜨리라.

이 순결한 새벽, 설경雪景 속에서 만상은 아직도 고요한데 어디선가 개짖는 소리가 들리고, 이어 사방에서 뭐라 표현할 수 없는 미묘한 소리들이 비밀스럽게 수런대기 시작한다. 그것은 새벽이 잠깨는 소리, 삶이 기지개를 켜는 신호이다. 멀리 하늘은 진주빛과 분홍빛, 보랏빛으로 길게 번쩍이며 밝아오고 …… 오오 이승은 얼마나, 얼마나 신비롭고 아름다울 수 있으며 이승에서의 삶을 누린다는 것—이 모든 것을 볼 수 있고 감각할 수 있고 사랑할 수 있다는 것은 얼마나 엄청난 은총일까.

나는 돌다리 난간에 망연히 기대선 채 내가 그리도 이 삶을 사랑하고 있음을 '통절히' 느꼈다. 그렇다. 통절히. 왜냐하면 나는 너무나 자주 이 아름다움으로부터 등을 돌려왔음을, 또한 그럼에도 그걸 진정으로는 부정할 수 없었음을 인정하지 않을 수 없었기 때문이다. 또한 이같은 순간의 매혹, 가슴저릿한 행복은 이 순간이 지나면 신기루처럼 사라져버리고 또다시 영원한 삶의 무게가 내 머리 위를 무자비하게 지지누를 것임을 너무나 잘 알고 있었기 때문이다. 이 시간 속에서 느끼는 삶의 아름다움 그 자체는 시간을 초월한 것이므로 그것은 과거에도 있었고 영원히 존재할 것이지만, 그것을 보는 나의 존재는 유한한 공간과 시간 속에서의 한갓 미소한 생명, 어느 땐가는 이 모든 것을 볼 수 없고 느낄 수도 없게 되리라는 비애를 속속들이 맛보았었기 때문이다.

아름다움—우주의 장엄한 침묵 속에서 언뜻언뜻 모습을 드러내는 아름다움, 삶의 온갖 혼돈과 공포 속에서도 의연히 피어오르는 아름다움—영원히 있고 불변하는 아름다움—무심하고 냉정하고 자기대로 존재하는 아름다움—그것은 우주처럼 냉담하고 영원처럼 불면이고 신神처럼 완전하다.

> 오오, 덧없는 인류여!
>
> 나는 돌의 꿈모양 아름답다.
>
> — 보들레르

이것이 아름다움의 진정한 본질이다. 그리고 우리는 그걸 어떤 순간에만 참으로 감지感知할 수 있을 뿐이다. 우리는 변전變轉하는 온갖 모상模像을 뒤쫓아 아름다움을 추구하지만 우리가 붙잡은 것은 언제나 허망한 그림자일 뿐이고 아름다움 자체는 흡사 스핑크스모양 우리가 도달할 수 없는 아득한 곳에 군림하고 있는 걸 발견하게 된다. 이것이 바로 피조물인 우리 인간의 슬픔인 것이다. 우리는 아름다움을 감각할 수는 있되 결코 포착할 수는 없는 것이고, 아름다움 그 자체는 우리가 그걸 느끼건 말건 '있는 그대로' 영원히 존재하는 것이기 때문이다.

그러나 우리 인간이 아름다움을 감각할 수 없을진댄 그것이 존재한들 무슨 의미가 있단 말인가? 그것이 우리의 시각에 들어왔을 때, 우리의 감각을 자극했을 때, 우리의 지각이 그에 호응했을 때, 그리하여 우리가 '느낀 바대로' 거기다 어떤 명칭을 부여했을 때—그때야 비로소 그것은 '우리에게 존재'하게 되는 것이다. 이 아름다운 설경雪景, 저 불빛, 저 하늘, 내가 지금 기대고 있는 이 돌다리며 수목들도 내가 살아있고 그걸 아름답다고 느끼기 때문에 아름다울 수 있는 것이다. 내가 죽으면 이 모든 걸 볼 수도, 느낄 수도 없을 게 아니냐.

나에게 삶은 아름다웠었고 지금도 아름답고 영원히 아름다울 것이다. 나는 이 삶의 아름다움을 옛날에도 느꼈었고 지금도 느낄 수 있고 영원히 그렇게 느낄 것이므로. 나의 생명은 그걸 감각할 힘을 주고 있기 때문에.

어느 날엔가 나는 이 모든 아름다움을 위한 나 자신의 고유한 언어를 발견하게 되리라. 내가 그것들에게 각각 알맞는 명칭을 부여할 수 있도록 …… 그럴 수 있을 때까지 나는 살아야 한다. 어째서 죽음을 생각하는가? 무엇 때문에 시간을 앞질러 서두르는가? 내가 이 삶에서 맛볼 수 있었던 아름다움이 그 얼마나 많았던가? 그리고 앞으로도 또 얼마나?

나는 이 삶의 아름다움을 옛날에도 느꼈었고 지금도 느낄 수 있고 영원히 그럴 수 있을 것이매 삶은 옛날에도 아름다웠었고 현재도 아름답고 또한 영원히 아름다울 것이다. 그것이야말로 행복이 아니던가? 행복? 그렇다. 행복하지 못할 이유가 어디 있는가?

삶에 대한 절망 없이는 삶에 대한 사랑도 없다

"삶에 대한 절망 없이는 삶에 대한 사랑도 없다."—이렇게 스물한 살의 까뮈는 제법 장엄스럽게 선언했지만(그리고 그는 그 후 20년이나 더 지난 뒤 자신이 이렇게 썼을 당시 그 말이 얼마나 옳았던가를 알지 못했노라고 고백했다), 나도 또 젊은 한때 이 말의 진정한 밀도를 체험하지 못한 채 다만 관념적으로 그것에 전존재로써 공감한 적이 있었다. 흡사 노래의 후렴처럼 이 구절을 입가에 달고 다녔을 정도로. 그랬다는 것은 나는 그때 아직 진정으로는 절망이 무엇인지를 알지 못했던 때문이다. 나는 오로지 관념 속에서만 절망을 체험했을 뿐이었고, 현실에서 진정으로 삶의 맨 밑바닥까지, 뿌리에까지 내려간다는 것이 어떤 것이라는 걸 실제로 '경험'해보지 않았던 것이다.

그 뒤 내게도 위기가 닥쳐와 내 속에서 온갖 것을 변모시키고, 외계의 모든 사물을 변모시키고—영혼은 아무 방비도 없이 벌거벗은 상태로 절망에 내맡겨졌을 때 …… (그리고 이같은 점선이 끝없이 계속된 뒤에) 내가 마침내 다시 살기 시작했을 때—그때 나는 비로소 까뮈의 이 말에 진정으로 공감할 자격이 생겼던 것이다(라고 나는 말할 수 있다). 삶에 대한 절망 없이는 삶에 대한 사랑도 없다고. 나는 옛날에도 그렇게 말했었고, 지금도 그렇게 말할 수 있고, 또 앞으로도 정녕 그럴 수 있기를 바란다. 내가 전존재로써 절망했던 그만큼 삶을 다시 껴안은 사랑의 강도強度도 컸던 것임에랴.

선현先現들의 혜지慧智나 다른 사람의 경험은 궁극적으로는 우리 자신에게 어떤 구제역할도 할 수 없다는 걸 나이를 먹을수록 더욱 뼈저리게 느낀다. 그것들은 우리들의 관념에만 호소할 뿐이라는 것을, 우리는 이른바 삶의 지침이 될 수 있는 위대한 금언金言이나 혹은 '지혜의 서書'라고도 할 가지가지 진리나 또는 앞서간 현자賢者들의 생생한 경험의 고백 속에서 공감을 맛보거나 위안과 격려를 받기도 하고 삶의 지표指標를 발견하기도 하지만, 실상 그렇게 호응하는 것은 우리들의 심정이나 관념일 뿐이고 말하자면 그것이 곧 '생활한 힘'으로써 우리 존재 자체를 좌우하는 것은 아니기 때문이다.

절망에 빠져 스스로의 생명마저 거역하려는 막다른 마음에서 차디찬 남의 진리가 도대체 무슨 소용이 있겠는가? 우리는 스스로 속에서 생성生成된 것에 의해서만 구제받을 수 있다는 것을, 따라서 우리가 절망에 빠졌을 때는 스스로 그걸 이겨내든가 아니면 파멸하든가 두 가지 길밖에 없다는 걸 나는 경험으로써 안다. 나는 내 경험에서 우러나온 결론에만 결재도장을 찍는다. 이것이 연륜과 경험이 내게 가르쳐준 교훈이다.

삶이란 끊임없는 시행착오試行錯誤의 연속인 것 같다. 인생은 일회적一回的이며 순간순간은 통절하리만큼 쏜살같이 지나간다. 차들이 눈부신 속도로 휙휙 달려가는 광경을 첨탑에서 내려다보는 기분—흔히 젊었을 때 조바심치고 바글바글 끓으며 무턱대고 앞으로, 앞으로만 내딛게 되는 것은 바로 그 때문이다. 온갖 경험에의 과도한 욕망, 우리의 좁은 자아 속에 무한한 우주를 포괄하려는 어처구니없는 망상, 손바닥만한 위치를 딛고 선 우리의 유한한 존재가 자아를 우주의 무한성까지 확대하고자 하는 미친 욕망—그러나 그건 위대한 욕망임엔 틀림없다—은 후에 반드시 값비싼 원한을 사게 마련인 것 같다.

아마도 나는 나 자신의 저 걷잡을 수 없던 삶에의 열정, 한계도 없이 내달았던 온갖 경험에의 탐욕스런 욕구로 인해서 호된 대가를 지불했는지도 모른다. 왜냐하면 진정한 삶에의 사랑, 생명의 신비를 나는 절망과 공포라는 대가를 치루고야 비로소 알게 되었다고 할 수 있기 때문이다. 값비싼 보상이다!

내가 빠져들어갔던 절망, 나를 거의 파멸 직전까지 몰아갔던 절벽의식은 실상 따지고 보면 내가 그걸 '깡그리' 경험하고자 했던 욕망을 채워준 것 외에 무엇이었던가? 내가 원치도 않는데 그것이 온 것은 아니었다. 나는 그 모든 것을 죄다 경험해보고 싶었던 것이다. 나는 무엇이나 다 되어보고 '싶었었다'. 그러나 경험에의 욕구와 경험 자체는 별개의 것이다. 내가 실제로 어떤 경험에 나를 맡기게 됐을 때 나는 번번이 그것은 내가 머리 속에서 상상하던 경험과는 별개의 것이라는 걸 깨달았기 때문이다. 이것이 바로 나의 관념이 저지른 오류였다.

사람은 절망이나 공포나 또는 그와 비슷한 위험이 닥치게 되면 할 수 없이 받아들이고 그걸 견디거나 극복해야 하지만 미리 그걸 원하면 안되는 것인데, 나는 그것조차를 경험해보고 싶었던 것이다. 그런데 실제로 내게 이같은 위기가 닥쳐왔을 때 나는 내 존재를 가리가리 찢어놓는 것 같은 절망과 공포 속에서 이건 그것이 아니었다는 것을, 내가 경험 속에서 느끼게 되리라고 상상했던 것은 전혀 이런 게 아니었다는 걸 통절히 느꼈던 것이다. 다시 말하면 나는 도저히 절망을 견딜 수가 없었다. 내 생명을 거역하고 싶었을 정도로. 거기서 빠져나오기 위해선 생명조차 내던져버리고 싶었던 것이다.

대체 그때가 언제였던가? 10년도 더 전의 일이다 …… 그때 나는 절망해서 이 삶을 저주하고 내 생명을 거역했었다.

가장 무서운 것은 사람이 자기 자신 속에 갇혀버리는 바로 그것이다. 그런데 나는 내 좁은 자아의 미궁迷宮 속에 갇혀서 거의 5년 이상이나 출구를 찾아 헤매었던 것이다. 5년이나! 아니 어쩌면 그건 10년이었는지 모른다. 끔찍한 시간의 연속이었다! 그것은 무한히 잇따라 있는 캄캄한 굴의 연속과도 같은 것이었다. 바늘 끝만한 광선조차 보이지 않는 캄캄한 좁은 굴이 영원히 끝나지 않을 것 같은 공포감과 절망감.

5년—누군들 5년이란 세월을 기다리겠는가? 그야 인간은 희망을 가지고 있으면 5년 아니라 50년도 기다릴 수가 있다. 흔히 평생을 기다리기도 하지 않는가? 비록 그것이 헛된 기다림으로 끝나버릴지라도, 끈덕지게 희망을 잃지 않는다면 …… 하지만 사람이란 절망상태 속에선 단 하루도 살 수 없을 것 같이 생각되는 법이다.

절망은 현실의 리듬을 깨뜨려버리고, 여태까지 친숙해온 현실에서 그 낯익은 모습을 박탈해가버리기 때문에 생명은 단 하루도 그러한 상태를 견디지 못할 것처럼 느껴지는 것이다. 아니 오히려 절망한 자아가 생명 자체를 거역한다는 게 옳다. 극단적으로 절망한 혼은 좁은 자아의 벽 속에 완전히 갇혀버리기 때문이다. 그리하여 이 폐쇄된 혼은 한편으론 출구를 찾아 이 미궁을 빠져나오려고 끊임없이 헤매면서도, 반대로 완고한 마음은 오히려 더욱 깊이깊이 자기 속으로 가라앉기를 원하는 것이다. 역설 같지만.

자기 속에서 깊이깊이, 한없이 깊이, 밑으로, 밑으로 더 이상 내려갈 수 없을 정도로 떨어져본 사람, 평소엔 우리가 감히 상상도 할 수 없었던 저 무서운 맨 밑창까지 내려가본 적이 있는 사람, 그러한 사람이야말로 공포가 무엇인지를 참으로 안다고 할 수 있으리라. 그런데 나는 그 공포를 '알았던' 것이다. 공포! 삶이 순식간에 투명해 보이고 죽음의 실체를 만져본 것 같은 공포.

그렇게 나는 내 속에서 한없이, 한없이 떨어져갔던 것이다. 그렇게도 오랫동안 내 영혼은 낙하를 계속하고 있었다. 5년이나! 아니 그건 영겁永劫과도 같은 것이었다. 그런데 얼마나 이상한 일인가. 이제 더 이상 내려갈 수 없게 맨 밑창까지 떨어졌다고 생각한 바로 그러한 순간, 즉 영혼의 낙하가 멈춘 바로 그 순간, 아하! 바로 그때사

비로소 상승이 시작되었던 게 아닌가!

떨어지고, 떨어지고 또 떨어져서 이젠 맨 밑바닥에 가라앉아 오히려 기이한 평온을 느끼게 된 바로 그러한 때 절망한 혼은 반대로 생명으로 되돌아오고 있었던 것이다. 생명의 아이러니가 바로 여기에 있다. 그러나 실상 상승이 시작되는 그 순간엔 결코 그것이 상승임을 자각하지 못한다. 영혼은 아직도 절망상태에 있음으로써(이젠 오히려 절망상태에 머물고자 하는 묘한 고집 속에서) 차라리 위안을 맛보는 상태가 되는 것이다.

그런데 어느 날 …… 갑자기 자신이 표면에 떠올라와 있음을 불시에 깨닫고 깜짝 놀라게 된다. 그것은 흡사 섬광과도 같은 의식의 각성으로서 마치 생명 자체가 자기 속에서 불현듯 움트는 것과도 같다.

그리하여 딱딱하게 석화石化된 채, 얼음 같은 냉기 속에 가라앉아 있던 심장에서 별안간 알 수도 없는 눈물이 솟구침을 느끼는 것이다. 흡사 차가운 돌에서 가느다란 금이 딱! 하고 생기더니 불시에 샘이 솟아나는 것과도 같이. 처음엔 미약하게 또록도록 한 방울씩, 그러단 어느새 분수처럼 힘차게 솟구치는 생명의 힘! 이 얼마나 신비한 현상인가!

오오! 생명의 신비한 마력魔力을 뉘라고 알 수 있으랴. 심장이 다시금 온기로 따스해지고, 고동치며 설레는 걸 느낄 때 생명은 어느덧 은총처럼 눈물 한 방울을 솟아오르게 해주는 것이 아니냐. 그것은 영혼의 맨 밑바닥의 또 바닥에서 솟아나온—아마도 삶에 대한 감사의 눈물인 것이다. 그러면 생명은 다시 살기 시작하는 것이다. 현실은 다시 리듬을 되찾고 사물들은 서서히 현실감을 갖고 다가오게 된다.

생명, 생명이여!

내 속에 있으면서도 나도 알 수 없는 힘, 나의 것이면서도 나보다 강한 힘, 내가 그것을 거부할 때조차 나를 살게 하는 그러한 힘, 너 위대한 생명의 신비여! 거역할수록 더욱 세차게 뛰노는 생명의 힘, 내가 그대를 떠밀고 육만 길 물 위로 추락해도 또다시 나를 뭍으로 끌어다 놓는 생명, 오오, 생명이여, 생명이여, 너는 나를 대체 어디까지 끌고 가려는가?

나는 도대체 몇 번이나 영혼의 낙하와 상승을 경험했던 것일까? 그리고 앞으로는 또 얼마나?

흔히 상승은 그 진행이 하도 완만해서 완전히 표면에 떠올라오기 전에는 혼은 도저히 스스로의 상승작용을 느끼지 못한다. 대부분의 절망한 혼이 기다리지 못하고(혹은 견디지 못하고) 파멸해버리는 것은 바로 그 때문이다. 나도 또 파멸할 뻔했던 게 아니냐. 그러나 나는 이렇게 살아 있다! 냉각됐던 혼은 온기를 되찾고 삶의 매혹은 다시 돌아왔다. 그리고 나는 그렇게도 삶을 사랑한다! 온갖 아름다움을 사랑하는 마음으로, 온갖 매혹을 찬미하는 마음으로.

그리고 대체 삶이 내게 허용하지 않은 것이 어디 있었더란 말인가? 온갖 기쁨과 온갖 고통, 온갖 쓰라림을 포함한 채 그것이 내게 준 것은 풍요한 생명력이었으며 동시에 온갖 비참과 온갖 아름다움을 지닌 채 삶은 자신의 헐벗은 모습을 내게 보여줬던 것이다. 거기다 삶은 내게 보너스까지 선사해주었던 게 아니냐.

어떤 것에도 동요 않는 불굴의 정신력, 언제나 자기 내면에 집중해서 사람들 속에서 초연할 수 있도록 하는 이 내적 힘을 태워준 것은 바로 나의 절망, 나의 공포, 그걸 죽기까지 경험한 내 영혼의 아픔이고, 그걸 나는 대가로 지불하고 이 힘을 선사받았던 것이다. 삶으로부터—생각하면 언제나 구제는 '삶' 자체였음을 두고두고 절감한다. 적어도 아직까지는.

그러나 어느 날엔가 진정한 구제가, 신神의 은총이 기적처럼 내려질지 누가 알겠는가?

끊임없이 자기 발전 추구하라

끊임없이 자기 발전 추구하라

대학을 졸업한 후 한 번도 동창회라는 데를 나가 보지 않다가 연전에 어떤 연유로 해서 평생 처음으로 동창회에 참석한 적이 있다. 그럴 겨를이 없기도 했지만, 나 자신 워낙 성격적으로 '모임'이라는 것과는 담을 쌓고 지내는 터라 거의 대부분이 24년만에 처음 대하는 얼굴들이었다. 대학 재학(서울법대)시절부터 콧대 높은 엘리트 의식에 충만해서 야심만만한 출세욕에 불타던 그들이었던지라 과연 동창회장은 장관에서부터 판사, 검사, 기업체의 장에 이르기까지, 기라성 같은 명사들의 전시장을 방불케 했다. 모두가 배가 나오고 살이 디룩디룩 쪄서 몇 사람을 제외하고는 도대체 누가 누군지 알아볼 수도 없을 지경이었다.

그런데 이와는 대조적으로 여성 쪽 동기생들은(많지도 않지만) 한둘의 예외는 있었지만, 거의가 이제는 사회에서 물러난 평범한 가정주부가 돼있어 퍽 재미있었다. 재학시절엔 이들도 남학생들 못지

않게, 최고로 높은 '커트라인'을 뚫고 들어왔다는 자긍심을 가지고 장차 명 판·검사가 되겠다는 포부에 불타고 있었다. 남학생보다 조금도 뒤떨어지지 않는 두뇌를 가지고 그들 못지않게 열심히 공부했으며, 개중엔 산 속에까지 들어가, 불굴의 의지로써 지난한 고시考試의 관문에 몇 번이고 도전한 시련을 겪은 친구도 있다.

이제 그들은 얼굴에 주름이 생기고 머리엔 흰 머리카락이 섞인, 비만한 중년여인이 되었다. 한 남자의 아내요, 한 가정의 주부로서 대체로 대학에 다니는 장성한 자식을 두고 있다. 그리고 매일매일의 단조롭고 기계적인 일. 야심도 꿈도 없고, '자기발전'의 욕구는 까마득한 옛날에 사라진 지 오래다. 대학생시절 그들이 꿈꾸었던 것과 얼마나 다른 삶을 그들은 살아가고 있는가? (그리고 이것은 대부분의 사람들의 삶이기도 하다.)

그런데 문제는 그들이 현재 영위하고 있는 삶의 형태가 아니다. 젊었을 땐 누구나 거창한 포부와 이상을 지니는 법이고, 극히 희귀한 예외를 제외하고는 나이를 먹고 생활에 안주하게 되면 그런 것은 어느덧 물거품처럼 사라지는 것이 바로 인생이기 때문이다.

내가 말하고 싶은 것은, 그리고 안타깝게 생각하는 것은, 대부분의 여성들이 결혼을 해서 집안에 들어앉게 되면 '지적 욕구'가 마비되거나 적어도 무디어지는, 이 슬픈 현실에 대해서이다. 남편, 아이, 살림살이 속에 퍼질러 앉아 그만 발전이 정지돼버린다는 말이다. 그들은 책을 거의 읽지 않는다. 잡지조차 보지 않거나 기껏해야 신문을 읽는 게 고작이다. 말하자면 그들은 이른바 '활자문화'와는 담을 쌓고 살고 있는 것이다. 나는 답답해서 그들에게 종종 말해주곤 한다. “너희들 우수한 두뇌와 학벌이 아깝다. 제발 한 달에 한 권씩이라도 책 좀 읽어라!” 그러면 그들은 한결같은 대답을 한다. 시간이 없다고, 혹은 마음의 여유가 없다고. 맙소사! 그야 내일 무얼 먹을까, 무얼 입을까를 걱정해야 되는, 생존에 허덕이는 사람들에게라면 책을 안 읽는다고 비난할 수는 없다. 그러나 그들은 먹고사는 덴 걱정이 없는, 이른바 중류 이상의 생활인들이다.

기실 시간이 없다는 것은 이차적인 문제라는 걸 그들은 깨닫지 못하고 있다. 왜냐하면 진정으로 그럴 욕구만 있다면 어떤 수를 써서라도 그 욕구를 충족시키려고 노력하는 것이 인간의 본능이기 때문이다. 시장바구니를 든 채 도서관에 드나드는 외국의 주부들을 생각해 보라. 그럴 마음만 있다면 밥이 끓기를 기다리면서, 혹은 텔레비전 앞에서의 시간을 희생하거나 수면시간을 절약해서라도 얼마든지 책을 읽을 수 있는 것이다. 문제는 그들에게 ‘자기발전의 욕구’가 전혀 없다는 데 있다. 오히려 직업을 가진 가정주부가 늘상 책을 가까이하고 있는 것은 그 좋은 반증이 아닌가.

진정으로 남녀평등권을 주장하고 싶다면, 지적으로 그들과 대등해지기 위해서라도 여성들이여, 끊임없는 자기 발전을 멈추지 말고 항상 책을 가까이 하시오.

돌아온 노라

헨릭 입센이 '노라'를 창조한 이래 이 이름은 여성해방론자들의 대명사처럼 쓰여왔다. 노라가 그녀의 가정인 이른바 '인형의 집'을 뛰쳐 나간 후로 거의 1세기가 흘러갔다. 그동안 시대는 엄청나게 변했다.

아마도 노라가 오늘날의 세태 속으로 다시 돌아와본다면 바야흐로 세계를 휩쓸고 있는 세찬 '우먼파워'의 위력에 눈이 휘둥그레질 것임에 틀림없다. 자신이 그 선구자의 한 사람이었다는 자부심에서 솟아나는 회심의 미소를 짓기보다 이렇게도 예상외의 방향으로 발전해온 추세에 대해 아연해질 것이라는 말이다. 여성은 남성의 종속물, 아이 낳는 기계, 가정의 노예란 것도 옛말—참정권을 비롯해서 각종 권리, 의무가 법률상으로 엄연히 보장돼있는 것은 물론, 사회 각 분야에 급속히 침투해들어가는 여성의 눈부신 '사회참여'는 여성우위론까지 들고나와 때때로 남성들을 위축시키고 있을 정도니까. 게다가 프리 섹스다, 불임不姙이다 해서 성性의 분야에서까지 남성들의 능동적인 특권은 박탈당했다고나 할까.

아무튼 요즘은 남녀동등권이 법률로써 규정돼 있을 뿐 아니라 일반적으로 결혼관이나 결혼의 생태, 부부상夫婦像 등의 현저한 변화를 가져온 것도 사실이다. 그렇다고 해서 남녀의 생물학적인 차이를 부정할 수도 없고 또 그럴 필요도 없는 것이다. 즉 남녀동등이란 개념상으로 이해돼야할 것이지 기능적인 면에서 받아들여서는 안 된다는 말이다. 종종 이 점을 무시한 착오가 얼마나 많은 웃지 못할 넌센스를 빚어냈는가를 신문 사회면에 오르내리는 기사에 의해서도 익히 알려진 바이다.

남녀 동등이란 남녀 서로가 대등한 인격자로서 각자가 스스로의 행동에 책임을 진다는 말이다. 따라서 이러한 기반 위에서 이룩되는 부부관계란 건전하고 바람직한 것이라 할 수 있겠는데, 노라가 몸을 담고 있던 '인형의 집'이나 그 집(질서)을 받아들이고 있던 당시의 사회에선 그것이 용납되지 않았던 것이다.

실은 노라도 어떤 '불행한 일'이 일어나기까지는 그 질서 속에서(인식 이전의 상태에서) '행복하고 만족한' 생활을 즐기고 있었다. 그러나 어떤 날 갑자기 한 사건을 계기로 노라는 지금까지의 생활의 허위를 깨닫고 비로소 '눈을 뜨고' 집을 나간다. "나 혼자가 돼서 나라는 존재와 바깥 세상이라는 것을 바르게 알 필요가 있다"고 제법 거창한 선언을 하고는 남편과 세 아이를 거침없이 버리고.

아내 노라에 대하여 남편 헬멜의 태도는—특히나 '사건'이 발생

했을 때, 더욱이 그것이 무사히 지나갔을 때 취한 그의 태도는 극도의 혐오감을 불러일으키는데―세상의 아내들은 누구나 그가 이런 대접을 받아도 싸다는 생각을 할 것이다. 세상의 남편족들도 이 점을 잊지 말아야 할 게다. 그러나 아이들은? 어쨌든 그녀는 세 아이를 낳았고, 그 아이들에게 책임이 있는 것이다. 문제는 바로 여기에 있다. 노라는 한 사람의 아내나 어머니이기 이전에 한 사람의 인간이고, 따라서 어머니나 아내로서의 임무보다 '자기 자신에 대한 신성한 의무'를 위해서 가출을 했다. 노라의 생각은 옳았었다.

그러나 그녀는 중대한 착오를 범한 것이다. 왜냐하면 결국 한 사람의 인간이 되는 것은 무엇인가? 그것은 인간으로서의 본분을 다한다는 것이고, 다시 말해 자기 자신과 사회에 대해 책임을 진다는 말이다. 게다가 그렇게 하는 것이 곧 아내나 어머니로서의 위치를 부정한다는 의미가 아닌 것이, 자기 자신의 존재를 자각하고 주장하는 일은 아내나 어머니를 배제하는 것이 아니고 반대로 그걸 포괄하는 것인데도 노라는 이 점을 망각했던 것이다. 그녀는 가출 대신 차라리 그 질서 속에 '머물러' 이른바 '체질 개선'을 시도할 수도 있었을 텐데. 집을 나간 노라는 그후 어떻게 됐을까? …… (아마도 이 점선이 몇 페이지나 계속된 뒤에) 그녀는 온갖 우여곡절을 겪은 후 마침내 어느 날엔가 지친 몸으로 자기의 '옛집'으로 다시 돌아올지도 모르겠다. 아마도 그때야 비로소 그녀는 진정한 의미의 가정을 되찾을지도 모른다.

집을 뛰쳐나가려거든 아예 처음부터 그 질서 속으로 들어가지 말 일이다. 더구나 '인형의 집'도 아닌 진정한 '인간의 집' 속에서조차 곧잘 뛰쳐나가곤 하는 어떤 종류의 현대여성에게 한번쯤 경고하고 싶은 말이다.

술자리 남성 판별법

우리 인류 최고지혜의 화신이라 할 예언자 솔로몬은 일찍이 다음과 같이 기록했으니, 즉 "은銀은 도가니로, 금金은 풀무로, 사람은 칭찬으로 시련한다." 이 말은 결국 다른 사람이 자기 자신에게 쏟아붓는 찬사를 수용하는 태도 여하에 의해서 그 사람의 됨됨이를 알아볼 수 있다는 뜻일 테니, 칭찬이란 곧 그 사람의 인품을 판별하는 하나의 시금석試金石 역할을 하는 셈이다. 그런데 나는 만약에 이 예언자께서 허용해준다면 다음 한 줄을 덧붙이고 싶다. 즉 "남자는 술로써 시련한다"는 말을.

우리가 상대방의 인품을 판별하는 방법은 얼마든지 있고 또한 누구나 저나름의 관점과 기준을 지니고 있겠지만, 술을 마시는 태도와 알콜로 인해 야기되는 온갖 양상과 효과를 관찰하는 것만큼 인간에 대한 지식을 풍부하게 해주는 경우도 드물 것이기 때문이다.

"인간은 일곱 개의 베일을 갖고 있다"는 말이 있지만 대체로 사람들은 특별한 경우를 제외하고는(이 세상엔 언제나 예외가 있는 법이니까) 술좌석에선 스스럼없이 겹겹이 걸친 온갖 종류의 가장을 한 꺼풀 씩 벗어던지게 되는 게 일반적인 경향이 아닌가 싶다.

우리가 사무실에서 매일처럼 대하는 얼굴 뒤에서, 또는 다방이나 거리, 기타장소에서 자주 대하던 낯익은 모습 뒤에서 우리는 비로소 서서히 정체를 드러내는 낯선 사람을 발견하게 되는 수가 허다하다. 그 사람과 몇 달 동안 술 없이 사귀는 것보다 단 세 시간만 함께 술을 마셔보라. 술이야말로 그 사람의 사람됨을 알아볼 수 있는 정확한 시금석임을 인정하게 되리라. '취중진담醉中眞談'이란 말이 생겨난 것도 그 때문이 아닌가. 대체 왜 그럴까?

우리 인간의 두뇌는 두 가지 다른 작용을 하는 부분으로 나누어지는데 즉 한편은 감정, 충동 등에 관계되는 부분으로 원시적, 본능적 성격을 가지고 있고 또 한편은 지성, 의지 등에 관계하는 부분으로 말하자면 전자前者를 항상 억제, 관리하고 있다는 것쯤은 알고 있을 것이다. 이 두 가지 뇌가 작용해서 우리 인간의 인격을 형성하고 있는데, 술을 마시게 되면 알콜의 작용으로 지성이나 도덕심에 관여하는 뇌의 부분이 마비되어 억제기능이 약화 또는 소멸해버리는 결과 저차원低次元의 원시적, 본능적인 작용만이 표면에 나타나게 되는 것이다. 다시 말해 '술취한' 상태가 된다는 말이다.

사람들이 술을 마시게 되는 데는 각자 저나름의 동기를 지니고 있게 마련이다. 단순히 술 자체를 즐기기 위해 마시는 진짜 애주가, 심정상의 고통이나 일상적인 자질구레한 근심거리를 당분간이라도 잊기 위해 술을 하나의 수단으로 이용하는 망각파, 그저 술좌석의 분위기를 맛보기 위해 술집을 찾는 지적 미식가, 또는 육신의 긴장을 풀고 정신의 창조력을 자극하기 위해서 술을 찾는 인스피레이션파 등등 ……

이와 마찬가지로 술 마시는 태도와 술로 인해 야기되는 효과와 양상도 천태만상이지만, 어쨌든 취해도 누구나 '자기식'으로 취하는 것만은 틀림없다. "알콜이 인류를 지배하는 이유는 그것이 인간의 신비적 기능을 자극하기 때문"이라고 윌리엄 제임스가 말했지만, 실상 반대로 '인간 속에 잠자고 있는 수성獸性'을 걷잡을 수 없게 일깨워 맹위를 떨치게 하는 것도 바로 알콜의 위력인 것이다. 하지만 어떤 반응이 나타나느냐는 순전히 그 사람 됨됨이에 달려 있는 것이니, 나타난 현상에 따라 상대방의 인품을 판별하는 것은 어렵지 않다.

만약에 술이 취했을 때 그 사람이 야비하게 굴었다면 평소에 '그의 속에' 야비한 요소가 반드시 있었기 때문이니, 흔히 온갖 죄를 술에 다 덮어씌우고 발뺌을 하는 수가 많지만 진짜 '원흉'은 실은 술이 아니요, 술은 다만 그 사람 속에 내재한 원흉을 충동질했을 뿐이라는 걸 명심할 필요가 있다.

그러니 여성 여러분! '술을 마시게 되면 평소때와는 판이한 동물적 인간이 돼버리는' 남자를 조심하기를!

여성과 술, 담배

"여자가 어떻게 술을 마셔?" 혹은 "여자가 담배를 다 피워?" 이런 식으로 술을 마시는 여자나 담배를 피우는 여자의 모습을 보고 무슨 변이나 난 듯이 사람마다 기성奇聲을 발하던 시대는 아무래도 지난 것 같다. 그 대신 공식적인 파티 석상에서나 남녀혼성 회합장소에서 자기 앞에 놓여진 술 한잔 정도는 자연스럽게 마실 줄 아는 것이 오히려 예의로 취급되고, 때때로 인텔리 여성이 담배를 피우는 것은 멋의 상징처럼 여기는 기발한 사고가 상당한 동의를 얻어가는 것 같이 보일 정도이다. 그뿐이랴, 한 발이 멀다하고 밀집해 있는 대포집 가街에까지 상당수의 여성들이 진출해서 아주 '자연스럽게' 남성들 틈에 끼어 열변을 토하고 있는 것이 끔찍스럽게 놀랄 만한 장면으로 여겨지지도 않는 것이다.

한 마디로 술과 담배(물론 후자는 훨씬 드물지만)는 여성들 간에도 상당히 보편화되어가는 경향에 있거나 적어도 그럴 가능성 위에 놓여 있는 것이라고 보아 과히 틀리지 않을 것이다. 그렇다고 해서 여성의 음주나 흡연이 당연지사로 여겨지거나 나아가서 그걸 장려까지 하게 되는 때가 올 것 같지는 않다. 또 그럴 필요도 물론 없고. 문제는 어째서 남자들에겐 그처럼 당연한 것으로 여겨지는 음주, 흡연이 여성들에겐 그처럼 분분한 의론을 불러일으키느냐에 있다. 그리고 이 의론議論의 핵심은 아무래도 남성과 여성에 있어서의 생물학적 및 실용적 면에서의 차별에서 일어나는 것이 아니고 그 사회적 문제성에 있는 것처럼 보인다. 바꿔 말하면 여성들의 음주, 흡연이 도대체 문제시된다는 것은 그것이 '보편적 행위가 아니기 때문'이다. 언제나 보편적인 것은 문제성을 일으키지 않는다. 보편적인 현상은 그것이 단지 보편적이기 때문에 일반에게 당연한 것으로 여겨진다. '으레히 그러리라'는 본능적인 승인은 '어째서 그런가'를 따지지 않는다. 예컨대 남자가 술을 마시고 담배를 피우는 것을 문제삼지 않고, 여자가 요리를 하거나 어린애를 업고 거리에 다니는 것을 문제시 않듯이, 또한 우리나라 아닌 미국이나 서구에서 여성이 술을 마시고 담배를 피우는 것이 문제시되지 않는 것처럼 그것은 당연한 것으로 받아들여진다. 왜냐하면 우리는 그것에 '습관'이 되어 있기 때문이다. 말하자면 그것은 우리에게 '낯설지' 않기 때문이다.

그러니까 결국 여자가 술을 마시고 담배를 피운다는 것이 우리 사회에선 습관이 되어있지 않기 때문에 문제성을 내포한다고 볼 수 있다. '습관'이란 깨뜨리기 힘든 것이다. 또한 그것은 그럴 만한 필요하고도 충분한 이유가 없는 한 보존할 만한 가치가 있는 것이다. 따지고 보면 우리들 일상생활의 기초를 이루고 있는 것은 온갖 유형의 습관의 쇠사슬이 아닌가. 그런데 이 습관이란 것이 개인의 영역에 국한되지 않고 사회적인 영역에까지 확대될 때, 그것은 관습이라 불리고 이와 같이 승인된 관습을 깨뜨린다는 것은 이미 단순한 개인적 문제를 벗어나 하나의 사회적 문제로 대두되는 것이다.

그러면 '여자는 술을 마시면 안 된다' 혹은 '담배를 피우는 것은 좋지 않다'는 것은 우리 사회의 관습으로 볼 수 있는가? 일반적으로 여자가 술을 마시거나 담배를 피우면 '얌전한' 여자로 취급되지 않는 것은 주지周知의 사실이다. 소위 음주 혹은 흡연은 양가의 규수나 교양있는 여성의 취할 바가 못 된다는 것이다. 사회통념은 아주 최근까지도 술과 담배는 매소부나 바의 여급, 혹은 어쨌든 직업상 그걸 필수조건으로 하는 그러한 종류의 여성, 또는 '아쁘레'족들, 적어도 타락한 여성들의 전용물로 생각해온 것은 사실이다. 어째서 그럴까? 이같은 사회통념이 형성되게 된 근거는 무엇일까? 아마도 그것은 매소부나 바의 여급, 혹은 타락한 종류의 여성들은 거의 전부가 반드시 술을 마시거나 담배를 피웠기 때문일 것이다.

그런데 사실은 '타락한 여자들은 술을 마신다' 혹은 '담배를 피운다'는 것이 '술을 마시는, 혹은 담배를 피우는 여자는 모두 타락한 여자'란 명제를 성립시키지는 않는 것이다. 얼른 보면 동일한 내용 같지만 사실은 굉장한 차이가 있다. 이 차이를 파악 못함으로써 빚어진 사회통념이란 그다지 존중할 만한 것이 못 되는 게 아닌가 싶다.

그것은 어리석은 판단이다. 생각건대 나의 견해로는 음주나 흡연은 그 자체가 도덕적 행위냐 비도덕적 행위냐에 속하는 문제가 아닌 것 같다. 바꿔 말하면, 그것은 옳고, 그르냐를 따질 수 있는 범주에 속하는 문제가 아닌 것이다. 일반적으로 도덕의 원리란 사생활 및 공공생활을 통해 인간이 인간으로서 지켜야 할 타당한 행위의 원리라고 본다면 '여자가 술을 마시면, 혹은 담배를 피우면 안 된다'는 원칙이 과연 도덕의 원리가 될 수 있을지 심히 의심스럽다.

결국 음주나 흡연은 순전히 '개인의 정신적 기호에 해당하는 영역'이라고 나는 주장하고 싶은 것이다. 그것은 일종의 지적 향락이다. 술을 마시고 싶다거나 담배를 피우고 싶다는 욕구는 배고플 때 먹을 것을 원하는 식욕이나 혹은 잠자고 싶다는 욕망 또는 성욕과 같은 우리 인간이면(그리고 어떤 동물일지라도 꼭같이) 누구나 가지고 있는 본능적 욕구로부터는 거리가 멀지만, 어떤 의미로 그것은 본능적 욕구보다 훨씬 강력한 것이다. 그것은 아마도 순전히 정신적 욕구이기 때문이며 결국 인간의 육체를 통활하는 것은 정신이기 때문이다. 이것이야말로 인간이 동물과 구별되는 으뜸되는 특성이 아닌가 말이다. 그러니까 이 정신적 욕구를 충족시킴으로써 보다 풍부한 상상력을 발휘할 수 있고, 보다 따뜻한 심정상의 위안을 얻을 수 있다면 여성이라고 해서 그러한 권리를 박탈당할 이유는 도대체 없는 것이다.

술을 마시는 사람의 태도와 술로 인해서 얻어지는 효과가 천태만상이듯이 술을 마시는 동기도 별의별 종류가 다 있을 것이다.

단순히 술 그 자체를 즐기기 위해서 마시는 진짜 애주가, 심정상의 고통이나 일상적인 자질구레한 근심거리를 당분간이라도 잊기 위해서 술을 하나의 수단으로 이용하는 망각파, 그저 술좌석의 분위기를 맛보기 위해서 술집을 찾는 지적 미식가, 육신의 긴장을 풀고 정신의 창조력을 자극하기 위해선(말하자면 인스피레이션을 얻기 위해선) 술을 마셔야 한다는 이상파理想派 등등 ……

그런데 여성의 경우를 살펴본다면 술 마시는 여성(특히 젊은 여성)의 거의 대부분은 직업상 필요 때문에 마시는 '특수여성'을 제외하고는 여대생이거나 적어도 상당한 정도의 지적 수준을 지닌 인텔리 여성이라는 사실에 주의를 환기시키지 않을 수가 없게 된다. 문제는 바로 여기에 있는 것 같다. 어째서 그들은 술을 마시는가? 어째서 그들은 담배를 피우게 되었을까? 나로선 그들의 거의 대부분은 단순히 지적 호기심 때문에 술이나 담배를 시작했다고 본다.

20대란 호기심과 탐구욕이 한없이 뻗어가는 나이이다. 그런데 남자에게는 허용되어 있고 그것이 그들의 당연한 권리인 것처럼 향유하고 있는 술과 담배처럼 젊은 여성에게 호기심을 자극하는 것이 또 있을까? 우선 그것이 자기들에겐 금지되어 있기 때문에 호기심을 자극하고, 그것이 원인이 되어 별의별 희한한 변화가 일어난다는 사실을 남자들을 통해서 볼 수 있기 때문에 신비로운 것이다.

그런데 어느날 그들에겐 참고 억눌렀던 호기심을 만족시켜줄 수 있는 기회가 아주 자연스럽게 제공된다(스스로 그걸 찾는 여성은 거의 드물다). 그들은 '용기를 내어' 그걸 받아들인다. 맙소사! 처음 입에 든 술잔은 그처럼 쓰디쓰다! 그것은 맛있는 음식을 먹었을 때의 미각의 만족과는 근본적으로 다른 것이다. 아마도 누구나 처음엔 안면근육을 찡그리거나 입을 악물고 마셨으리라. 그 맛은 썼다. 그런데 이상하게도 그것은 그들을 끌어당긴다. 잔을 거듭할 때마다 그들은 조금씩 '달라짐'을 느낀다. 세계는 아주 부드러워진다. 이 부드러움 속에서 자신도 점점 부드러워지고 아주 관대해짐을 느낀다. 말하자면 긴장이 풀린 것이다. 놀라운 일이 아닌가. 이렇게 손쉽게 얻을 수 있는 곳에 '그것'이 존재하는 줄은 몰랐었다. 그래서 그들은 마시기를 되풀이한다. 인간이 24시간 내내 긴장 속에서만 살 수는 없는 것이 아닌가. 때때로 긴장을 풀고 '알콜'로부터 얻을 수 있는 저 정신적인 자기해방감을 거부할 필요는 없는 것이다. 결국 그들은 이와 같은 논리에까지 도달하게 된다. 그들의 사고가 틀렸다고 비난할 수 있는 이유는 아무 데도 없는 것 같다. 알콜로 인해서 자기 자신을 잃고 무모한 행위를 저지르지 않는 한 그것이 일으키는 효과와 정신적 기쁨을 여성이라고 해서 거부당할 이유가 어디 있는가?

술이 인간의 상상력과 예술가의 창조력에 어느 정도 기여했는가는 주성酒聖 이태백을 비롯하여 저 프랑스의 천재시인 보들레르, 술 속에서 생을 사랑했던 중국의 도연명, 가까이는 우리나라의, 술로써 너무나 유명했던 시인 수주樹州의 경우를 예로 들어봐도 알 수 있지 않은가. 때때로 그들은 어떤 의미로 술 속에서만 창조할 수 있었던 것이다. 보들레르의 다음과 같은 시를 읽어보면 과연 술이야말로 온갖 신묘한 마술을 지닌 묘약처럼 느껴진다.

어느날 밤, 술의 얼이 병 속에서 노래하기를
"인간, 오오 친애하는 폐적자廢嫡者여,
나 너에게,
내 유리의 감옥과 주홍의 봉납 아래로,
빛과 우애로 찬 노래를 보내노니!

나는 아노라, 내 생명을 낳고 내게 얼을 부어주기 위하여,
염열炎熱의 언덕 위에, 얼마나 많은 노고와
땀이며 타오르는 태양이 소용되는가를.
그래서 나는 배은도 심술도 부리진 않으리,

일에 지친 사람의 목으로 굴러들 때,
나 그지없는 기쁨 느끼기에,
또 그 뜨거운 가슴 속이 내 설렁한 지하실 보다는
내 마음에 드는 다사로운 무덤이기에.
들리는가 주일날 노래후렴 울려퍼짐을,
설레이는 내 가슴 속 지절대는 희망을?
식탁에 팔 고이고 소매 걷어올리며,
너는 나를 찬미하리 또 만족도 하리.

나는 기뻐하는 네 아내의 눈을 빛나게 하리.
네 아들에겐 힘과 혈색을 회복시켜
이 연약한 생활의 투사 위해

역사力士의 근육 붙여줄 나 기름되리.

나 네 안에 떨어지리니, 식물성의 신찬神饌
영원한 씨뿌리는 이가 던진 귀한 낟알 되어,
우리 둘의 사랑이 진기한 꽃마냥
신에게로 용솟음칠 시를 낳도록!"

담배 역시 마찬가지다. 지적 호기심이나 내면적인 욕구 때문에 흡연하는 여성들을 어째서 비난해야 하는지는 아무래도 모르겠다. 영국의 생물학자 홀데인에 의하면 흡연은 인류역사상 4대발명의 하나라고 하는데 말이다. 결국은 이렇다. 여성들의 음주, 흡연을 찬미하거나 그걸 적극 장려한 필요는 조금도 없지만 적어도 그들에게도 그걸 향유할 수 있는 자유를 주어라.

마지막으로, 이 글을 끝맺기 전에 나는 저 유머와 위트에 충만한 중국의 철학가 임어당林語堂의 '흡연예찬론' 한 마디를 덧붙이고 싶다. 「나의 니코틴에 대한 반역」이란 글에서 그는 "얼마 동안이라도 니코틴에 대한 반역(금연단행)을 시도했던 자기 자신을 용서할 수 없다"고 말하면서 분격을 띤 어조로 다음과 같이 쓰고 있다.

정신력과 도덕적 행복감을 가져다주는 이 유일한 발명을 거역한다는 것은 참으로 하나의 부도덕한 버르장머리가 아닐 수 없다.

자신과잉형 남성

세상에는 '자신과잉형 남성군群'이 의외로 많은 모양인데(그렇다는 것은 이같은 유형類型의 남성을 애인으로 택했거나 혹은 남편으로 섬기고 있노라고 고백하는 여성들이 꽤 많은 것 같고, 또 종종 지상에서도 심심치 않게 그걸 테마로 다루고 있는 걸 보았기 때문이다), 유감스럽게도 나 자신 한 번도 이런 남성을 만나본 경험이 없고, 한편 지극히 다행이도 그러한 남성을 사랑해본 적도 없다.

나는 정말로 문자 그대로 그런 남성이 존재하는지 심히 의심스럽다. 도시 그가 단세포 동물이 아닐진댄, 자기 인식이 눈을 뜨기 시작한 후의 성인이라면 전혀 회의 없이, 불안 없이 순수한 자신과잉에 빠져 있을 수가 있겠는가 말이다. 흔히 지나친 우월감의 표출이 은밀한 열등감의 변태인 수가 많은 것처럼, 과도한 자신과잉적 행위의 이면엔 극단적인 자기과시욕이 은폐돼 있을지도 모르기 때문이다.

어쨌든 나로선 이같은 유형의 남성은 가장 매력없는 상대로 치부하고 있거니와, 한편 신기하기조차 해서 경탄을 금치 못한다고 함이 솔직한 고백이다. 구태여 데카르트의 저 유명한 "Cogito Ergo Sum(나는 생각한다, 고로 존재한다)"를 빌릴 필요도 없이 온갖 회의는 인식의 시초이고, 인간은 사고함으로써 비로소 존재한다면, 자신과잉형 남성이야말로 우리의 특권인 회의와 사색을 아예 외면해버린 사람일 것이기에 말이다.

그는 자신에 대한 회의가 없으니 동요하는 법이 없다. 깊은 사고를 거부하는 단순한 그의 두뇌는 주저없는 행동에로 곧바로 그를 인도해 간다. 자기 확신에 꽉 차 있으니 갈등이란 있을 수가 없다. 무엇에나 자신이 있으니 낙천가가 되지 않을 수가 없다. 그는 단순하고 깊이가 없고 저돌적이다. 그러면서도 사람들 사이에선 흔히 '매력있는 놈'으로 통한다. 실상 세상에서 성공을 한 명사들 가운데는 이런 부류의 남성들이 많을 것이다. 지상地上은 이들을 필요로 하는지도 모른다. 성공을 향한 탄탄대로가 이들 앞엔 언제나 거침없이 열려있는 것이니까.

또한 젊은 여성들의 마음을 사로잡는 대상도 의외로 이런 부류의 남성에 많지 않은가 싶다. 그의 단순한 기질은 마음에 드는 여성을 자기 것으로 만드는 데 있어 복잡하게 저울질하고 (성공 여부에 대해) 주저할 필요가 없이 곧바로 행동개시를 하는 것이다. 이런 것을 일러 세상에선 박력이라 하는데, 이런 남성은 쉽게 여성을 '정복'하는 게 보통이다(자기 얼굴, 특히 체격에 자신을 갖고 있는 남성 특유의 뻔뻔한 관능적인 접근을 상상해보시라. 이런 남자는 자기가 맘에 드는 여성을 최초에 바라볼 때 이미 '자기 것'이 다된 것 같은 눈초리가 된다는 것을). 내성적이고 사려분별이 깊고, 지극히 민감하고 섬세한 남성이 속으로 한 백 번 망설이고 주저하고 있는 사이 이 박력에 넘치는 자신과잉의 사나이는 어느새 '그녀'를 차지해버리는 것이다. 그녀는 '그'의 자신과 박력에 넘어간다. 마침내 그녀는 그의 것이 된다.

참으로 깊은 사랑의 온갖 체험을(그 고통과 환희를) 속속들이 맛볼 수 있는 쪽은 전자前者인데도 거의 언제나 사랑은 후자의 승리로 돌아가고 전자는 짝사랑과 실연의 고통을 맛보는 역할을 맡게 되는 것은 바로 그 때문이다. 여자는 때때로 자기를 분명히 사랑하고 있으면서도 감히 고백을 못하는 남자에 대해 원한을 품게 되는 법이다. 흡사 회의와 주저와 무기력의 화신인 것 같은 (T. S. 엘리어트 시 속의) 프루프록과도 같이 '한 백 번 망설이고 한 백 번 검토하고 재검토하는' 남자를 끝까지 기다릴 여성이 몇이나 될 것인가?

그러나 그녀를 그의 것으로 만든 자신과잉형 남성은 종종 독재적이 된다는 사실은 흔히 논의되는 바, 자기 자신에 취한 그로선 당연히 이기적이고 독선적이 될 수밖에 없으리라. 이런 남자의 환심을 사고, 불화를 빚지 않는 방법은 간단하다. 칭찬을 아끼지 말 것—자만심에 의해 그의 허영심은 고무풍선처럼 부풀어 있는 것이니, 그를 한없이 추켜주어라. 그러면 그는 끝도 없이 높이높이 비상할 것이다. ㊞

사라지는 창조적 천재

흔히 사회통념에 어긋난 괴상한 짓을 일삼는다든가 일반적으로 모든 사람들이 '정상적'이라고 생각하는 것과 동떨어진 생활방식을 고수하는 사람들을 가리켜 세상에선 '괴짜'라고 하고 심한 경우엔 이런 사람들을 '살큼 돈' 사람으로 취급하기까지 한다. 즉 '보통사람들' 눈으로 볼 때 이들은 비정상적인 사람으로 비치는 것이다. 그리고 이 세계를 채우고 있는 대부분의 사람들은 보통사람들이며 지상은 이들의 것이다. 표면적으로는 세계를 움직이고, 역사를 만드는 것은 보통사람들인 것처럼 보인다.

그러나 어느 시대 어느 사회를 막론하고 보통사람들에 포함되지 않은 예외자가 있는 법이며, 인류는 크게 보아 다수의 '보통사람들'과 극소수의 '별난 사람들'로 구분된다고 말할 수 있다. 천재, 기인奇人, 광인 등은 별난 사람들이며 이들은 이른바 별종別種으로 취급되는 게 보통이다. 천재는 대체로 기인인 경우가 많고 또 자주 광인 취급을 받기도 하지만 기인이나 광인이 반드시 천재는 아니다. 쇼펜하우어나 제라르 드 네르발, 또는 반 고흐나 베를리오즈 같은 천재는 가장 대표적인 광狂천재의 전형이며, 이들은 언제나 온전한 정신과 광기 사이를 줄다리기하며 살았다. 또한 니체와 니진스키, 슈만 같은 천재는 실제로 미쳐서 정신병원에서 일생을 마치게 되는데, 말하자면 이들은 천재요 기인이며 광인을 겸한 유형인 것이다. 뭐 이같은 사례는 얼마든지 열거할 수 있지만, 요컨대 이런 별난 사람들은 인류의 대부분을 차지하고 있는 정상적인 '보통사람들'에 비해 뛰어나게 우수하다고 말하는 것으로 족할 것이다.

인간은 누구나 자기가 가지고 있는 자[尺]로써만 남을 잴 수 있다. 한 되들이 물그릇엔 한 되의 물밖에 담을 수 없고 열 길 물 속을 한길 자로써 잴 수 없는 것과 같다. 따라서 서로서로 잘 이해할 수 있는 대부분의 보통사람들의 눈으로 볼 땐 소수의 별난 사람들의 생각과 행동이 도저히 이해되지 않기 때문에 괴상하게 보이는 것은 당연하다. 그래서 이들 별종들은 자주 백안시되거나 배척당하는 수가 허다하며 언제나 외롭다.

그러나 실제로 역사를 창조하고 세계를 변혁시킨 원동력이 된 것은 언제나 다수의 보통사람들이 아니라 소수의 별종들이었다. 알렉산더 대왕이나 나폴레옹 같은 정치적, 군사적 천재가 없었다면, 루터나 마호메트 같은 종교적 천재가 없었다면, 아담 스미스나 케인즈 같은 천재적 경제학자가 없었다면, 또한 에디슨이나 뉴튼 같은 과학의 천재가 아니었다면, 프로이트나 니체가 존재하지 않았다면,

베토벤이나 모차르트 같은 음악의 천재가 없었다면 ……

그러나 바야흐로 세계는 천재 말살의 시대, 기인 질식의 시대로, 즉 보통 지향의 시대로 나아가고 있다고 하면 억지일까?

민주주의와 고도의 기술문명은 대량생산화, 규격화, 평준화를 초래했고, 머지 않아 인간의 개성마저 컴퓨터화되지 않을 것이라고 장담할 수도 없다. 인공장기를 제작하고, 시험관 아기가 태어나는 이 마당에, 헉슬리의 이른바 이 '멋진 신세계'에 사는 오늘날처럼 천재와 기인이 그리운 시대도 없으리라. IQ가 높은 인재는 많지만 진정한 창조적 천재는 사라졌다. 천박한 이단자는 흔하나 기품있는 기인은 드물다. 노이로제 환자는 증가하고 있지만 진정한 광인은 없다. 디오게네스 같은 기인철학자, 김삿갓 같은 괴짜 시인, 니진스키 같은 천재광인은 이제 영원히 나타나지 않을 것이다.

『보통사람들』이란 영화가 아카데미 상을 수상하고 동명의 TV 연속극이 인기리에 방영되고 있는 것은 확실히 보통사람들의 승리이다. 그러나 천재, 기인이 한 사람도 없는, 보통사람들만 우글거리는 세상이란 생각만 해도 따분할 것 같다. ㊣

문명과 수치심

태초에 하나님이 인간을 창조했을 때 우리의 원조 아담과 이브께선 '수치심'이란 걸 몰랐었다. '하나님의 형상을 따라' 같은 꼴로 만들어진 이들 태초의 인간은 '앎' 이전의 무염無染한 존재로서—즉 원죄 이전의 상태에서—완전한 본능적 삶을 즐기고 있었다—적어도 구약성서엔 이렇게 밝혀져 있다(글쎄 굳이 구약을 믿지 않겠다는 사람에겐 난들 어쩔 도리가 없지만). 이들이 수치심이란 걸 알게 된 것은 간교한 뱀의 꾐에 빠져 하나님이 손을 대지 말라고 엄명한 동산의 선악과善惡果를 따 먹었던 때문이다. 그리하여 그들의 '눈이 밝아 자기들의 몸이 벗은 줄을 깨닫고(즉 인식의 시작)' 무화과 나뭇잎을 엮어 만든 치마로 부끄러운 곳을 가리고선 하나님의 낯을 피해(즉 수치심 때문에) 동산나무 사이에 숨었던 것이다. 이렇게 인간은 죄로 인해 앎을 얻게 되고 앎과 더불어 수치심을 갖게 된 것이다. 따라서 수치심은 원죄와 더불어 우리가 인류의 원조로부터 상속받은 '위대한 유산'인 셈이다.

그러고보면 이 수치심이야말로 만물의 영장인 우리 인류에게만 특유한 속성이 아닐 수 없다. 짐승이 부끄러워하는 것을 보았는가? 저들은 죄라는 걸 모르니 수치심이 있을 리 없다. 흔히 죄를 짓고도 태연자약하게 뻔뻔한 사람을 가리켜 세상에선 '짐승 같은 놈'이라 하지 않는가? 죄나 과오는 누구나 저지를 수 있는 것이고, 또 사실 한평생 어떤 형태로든, 크든 작든, 단 한 번도 죄를 범한 적이 없는 사람은 절대로 단 한 사람도 없으리라고 나는 확신한다. 만일 그런 사람이 있다고 나선다면 그는 위선자임에 틀림없다.

문제는 죄를 짓고도 부끄러운 줄을 모르는 뻔뻔함에 있다. 우리나라 말엔 이러한 사람을 지칭하는 아주 적절한 표현이 있으니, 즉 '철면피' 또는 '파렴치한'이 바로 그것이다. 혹은 '양심에 털 났다'는 신조어新造語도 있다. 주위를 둘러보고 다시 한번 확인해보라. 양심에 털난 족속이 얼마나 많은가를. 또한 한결같이 대로 위를 활개치고 다니는 놈들은 다름 아닌 이들 철면피들이라는 것을—

우리 인간은 오래 전부터 수치심이란 이 거추장스런 유산을 말소시켜버리려고 온갖 노력을 다해왔다. 신神의 부정은 바로 그러한 원욕의 궁극적인 표현이라 할 수 있으니, 신이 없다면 죄란 있을 수 없으며 죄가 없는 곳엔 수치심도 있을 리 없기 때문이다. 그리고 확실히 신의 존재가 인간과 아무 상관이 없게 된 현대에 있어서처럼 수치심이 말살된 시대도 일찍이 없었으리라. 때때로 사소한 과오에 대해 '양심의 가책'을 느끼고 죄책감에 괴로워하는 것을 나약함의 징후로 낙인찍어버리는가 하면 웬만한 실책이나 악행쯤은 태연하게 저지르고서도 뻔뻔한 사람을 강자로 오인하고 있는 게 오늘의 세태가 아닌가? 하긴 흉악한 살인범이 뻔뻔하게 현장검증에 임하는 태도를 '용감하다'고 표현하는 사람조차 있으니 일러 무엇하랴?!

소위 문명인이 된 인류에겐 원시시대의 우리 선조들이 지녔던 꼬리나 더부룩한 털이 흔적만 남기고 퇴화해버린 것처럼 인간의 수치심이란 것도 문명이 발달할수록 점차 퇴화해버리는 모양이다. 아하! 그래서 이미 1세기도 훨씬 전에 현명한 보들레르는 다음과 같이 기록해놓았던 것이다.

"진정한 문명은 가스나 증기에 있는 것이 아니요, 회전테이블에 있는 것도 아니다. 그것은 원죄의 자국이 차츰 지워지는 데에 있다."—과연 문명과 수치심은 반비례하는 역학力學 관계에 있는 모양이다. ㉰

참다운 멋

어느 땐가 모某 월간지에서 다음과 같은 설문을 읽었던 기억이 난다.

당신이 꿈꾸는 멋있는 생활은?

주로 젊은 남녀(아마도 머지 않아 '새 생활'을 설계할 단계에 있는)를 대상으로 한 것이었는데, 저마다 다소간 표현의 차는 있었으나 대답은 대동소이했다.

'아름다운 정원, 아담한 주택, 쾌적한 방, 우아한 가구'로 둘러싸인 이른바 '스위트 홈'인데, 이에 더불어 '좋아하는 음악', '여행', 그리고 또 '고상한 취미생활' 등.

대충 이런 조건으로 그들이 꿈꾸는 '멋있는 생활'을 규정짓고 있었다.

이걸 요약하면 결국 그들은 '온갖 문명의 이기利器를 갖춘 여유 있고 안락한 생활'을 최대의 목표로 하고 있다는 것이 된다. 그리고 이것은 요즘 젊은이들의 거의 공통된 경향이 아닌가 싶다.

물질적 부와 여유란 인간이 한결같이 추구하는 행복이란 것에 도달하는 데 있어 중요한 조건이 되기 때문에, 그런 의미에서 이들의 견해는 한편으론 정당하다. 그러나 그들이 꿈꾸고 있는 멋있는 생활이란 게 얼마나 물질적 차원에서 구축되고 있는가를 생각하면 개탄할 일이 아닐 수 없다.

아마도 20년 전의 젊은이였다면 훨씬 다른 경향의 답을 했으리라. 그렇다는 것은 당대의 젊은이들이란 으레 그 시대의 가치관념을 반영하기 때문이다. 그러니까 요즘 젊은이들의 가치관은 결국 극도의 물질문명 속에서 모든 것이 시장가치市場價値에 의해 평가되는 현대문화의 특징적 성격을 그대로 반영하고 있는 셈이다.

오늘날 모든 문화는 오로지 구매력에, 또한 상호간 유리한 거래라는 관념에 기초를 두고 있기에, 상점의 진열장을 들여다보며 느끼는 스릴과, 돈만 있다면(또한 현금이 없어도 월부로) 원하는 걸 살 수 있는 맛, 이것이 현대인이 추구하는 행복의 조건이다. 이거야말로 멋있는 일이 아닐 수 없다.

라디오나 신문, 텔레비전에 의해 멋진 광고문구로 선전되는 '멋있는 주택, 멋있는 가구!', '멋있는 여인과의 데이트를 위하여!', '멋있는 생활의 설계!', '멋있는 관광을 즐기세요!' 등등 …… 멋진 상품들을 척척 살 수 있다는 것은 진정 멋있는 일이 아닐 수 없다. 그리하여 사람들은 누구나 멋을 찾아 시장으로 달려가는 것이다.

어쨌든 이 멋이란 것은 현대인의 최상의 기호가 돼버렸다.

상품이나 인간이나 할 것 없이 어디에나 최상의 표현은 '멋있다'로 통한다.

게다가 이 '멋있는'이란 형용사처럼 어디에나 척척 들어맞는 표현도 드물다. 하루에 몇 번이나 멋이란 표현을 주변에서 들을 수 있으니 말이다. 그러면서도 과연 멋이 무엇이냐 하면 꼬집어 밝힐 수 없는 것도 사실이다.

멋이란 말이 부쩍 우리 생활에 스며든 것은 최근의 일이 아닌가 싶다. 해방 전까지만 해도 문학작품이나 일상생활에서 멋이란 표현은 자주 찾아보기 힘들었다. 같은 의미로 오히려 운치가 있다든가 맵시가 좋다는 식으로 표현했던 것이다.

더욱이 누구를 일러 '멋쟁이'라고 할 때는 다분히 부정적인 면이 없지 않아 있었던 것 같다. 즉 풍류를 알되 약간 방탕기가 있는 한량을 지칭하는 게 보통이었다(서구적인 의미로는 '바이런' 풍의 댄디랄까). 여성의 경우 멋부린다거나 멋쟁이라고 할 땐 양장을 하고 뾰족구두를 신은 이른바 신新여성을 빗대어 일컬을 때 흔히 쓰였던 것이다.

그러나 요즘에 와선 남녀를 불문하고 멋쟁이란 호칭은 최상의 찬사로 통하고 있다. 누구나 멋있기를 바라고, 멋쟁이 소리를 들으면 기분 좋아하는 것도 사실이다.

이를테면 종래의 멋이란 관념에서 부정적인 면이 떨어져나간, 현대 감각에 입각한 멋이 생겨난 것이다.

진정 멋이란 현대적 산물이 아닌가 싶다. "그 친구 참 멋쟁이지",

혹은 "아, 그러고보니 미스 김은 참 멋쟁인데 ……" 이 같은 표현을 흔히 하는데, 이때의 멋이란 반드시 외양을 두고 말하지 않음은 물론이다. 그렇다면 진정한 멋이란 무엇일까?

멋이 원래 '사물의 참뜻'을 의미한다면, 진정한 멋쟁이는 이 사물의 참뜻을 아는 사람이 아닐 수 없다. 그러니 그는 최상의 인간으로 불러 마땅하다. 사물을 있는 그대로 이해하고 인생의 온갖 대상에 마음을 열어놓고 아무리 사소한 것에서도 기쁨을 발견하며 삶을 즐길 줄 아는 사람은 참다운 멋을 아는 사람이다. 그는 인생의 진미를 알 것이기 때문이다. 그는 진정으로 삶을 사랑할 줄 아는 사람이고, 사랑이란 그 자체가 끊임없이 생산적 행위이므로, 그 자신 부단히 풍요해지는 동시에 주위 사람들까지 풍요하게 만들어주기 때문이다. ㉠

욕설의 매력

이 세상엔 언제나 남의 험담이나 비방거리를 식탁 위에 메뉴처럼 준비해두고 그걸 정찬 속에 섞어먹는 습관을 지닌 부류의 사람들이 항상 있는 법인데, 말하자면 이들에겐 남을 욕하는 것이 식욕증진제가 되고 있는 것이다. 세상의 술집으로 모여드는 그 많은 술꾼들이 기염을 토하는 얘기에 잠시라도 귀를 기울여보라. 남을 욕함으로써 저들이 얼마나 술맛을 돋우고 있는가를 대번에 알 수 있으리라. 어떤 비싼 안주보다도 험담이나 욕설만큼 환영받는 안주는 없다는 사실을.

인심이란 흉악한 것이어서 누구나 올바른 사람이 빗나가면 속으로 은근히 박수를 치고(본인 앞에선 동정을, 그러나 그가 돌아서가면……) 남이 실수를 하거나 약점을 드러내는 걸 발견하게 되면 고소하게 여기는 본성이 우리들 인간에겐 분명히 있는 모양이다. 그것이 의식적이건 아니건 간에. 다만 우리는 타고난 선善에의 가능성과 교양이나 수련에 의해서 그걸 억누르거나 역逆으로 승화시킬 수 있는 자질을 갖고 있는 게 다행이랄까.

어느 시대 어느 장소를 막론하고 인간들이 모여 사는 곳이면 항상 다른 사람의 결점이나 실수 또는 불운을 탐색해서 그걸 입심 좋게 지껄여대는 험담꾼(또는 욕설가)들이 있는 것이고 또한 이들의 험담을 이곳 저곳에 퍼뜨리고 다니는 역할을 즐겨하는 수다쟁이들이 반드시 존재하는 법이다. 이들은 그렇게 함으로써 은근한 쾌감을 맛보는 것이고 심지어 남을 욕할 건덕지가 없어지면 살 보람을 잃어버릴 정도가 되기도 하니 하긴 이것도 그들의 죄가 아닐 게다(라고 나는 생각한다). 왜냐하면 그들은 그렇게 함으로써 자신을 위안하고 있는 것이니, 이같은 일종의 감정의 보상(열등감이나 좌절감 또는 공허감 따위에 대한)마저 그들에게서 박탈해버린다는 건 오히려 가혹한 일일 것이기 때문이다. 남에게서 욕을 얻어먹었거나 얻어먹은 사실의 보도에 직면하고 혈관이 부르르 떠는 흥분 속에 얼굴이 붉으락푸르락하게 될 세상의 모든 동료들에게 나는 이같은 처방을 권하는 바이다. 나 자신 상당히 효험을 본 근거로.

한평생 누구에게도 욕을 얻어먹지 않고 아무도 욕해보지 않고 산 사람은 절대로 단 한 사람도 없으리라(글쎄 성자들은 제외하고). 그런 사람이 있다면 한 번 만나보고 싶다. 욕설이란 묘한 매력이 있는 법이라 누구나 한 번 하고 나면 두 번 하긴 쉽고 되풀이할수록 미진한 형태론 성에 차지 않아 점차 더 난폭한 욕설로 발전하기 마련이다. 결국 욕을 가중시키고 험담은 더한 험담으로 되돌아오게 되니, 분쟁은 그칠 날이 없는 것이다.

누구나 한바탕 냅다 욕설을 퍼붓고나면 일종의 생리적인 통쾌감을 맛보는 건 사실일 게다(흡사 배설의 쾌감과도 같이). 하지만 그건 진정한 쾌감은 아니다. 얼른 생각하면 한바탕의 욕설은 정신위생상 필요한 것 같지만 실상 그건 정신의 소화불량증세에서 오는 일종의 정신적인 트림인 것이다.

신트림이 자주 올라올 때 이미 그 위장은 어떤 종류의 질환에 걸려 있는 것과도 같다. 그러니 욕을 안하는 것은 정신위생상 매우 좋다. 제대로 돼먹은 사람이라면 남을 욕하고난 뒤 마음이 개운할 리가 없을 테니까. 우리 양심이란 것은 까다롭고 귀찮은 놈이라 설사 바깥으로 돌아다닐 땐 그놈을 선반 위에 올려놓고 다닐 수 있을 것 같지만 내밀한 자기 방구석에선 은밀히 질책하고 꼬집는 버릇이 있으니까 말이다.

복음서에도 일렀으되 "너희는 판단하지 말라. 판단함을 받을 것이니"—옳거니! 그래서 위대한 셰익스피어는 이걸 주제로 『이척보척以尺報尺(Measure for Measure)』이란 음침한 희극을 쓴 것이렸다. 그러니 그대들이여, 남을 욕하지 말지어다! 남에게 욕을 얻어먹을 것이니(하긴 욕을 얻어 먹을수록 수명은 길어진다지만). ㉦

오해

'오해'라고 하면 무엇보다 먼저 까뮈의 희곡 『오해』가 떠오른다.

모라비라는 황량한 고장에서 어떤 모녀가 외따른 여관을 경영하고 있다. 무대는 수평선도 없고 숨막힐 듯한, 갇힌 세계를 보여준다. 하고한날 흙탕과 비로 얼룩진 삭막한 풍경은 다른 생활을 갈망하는 마음에게는 빠져나갈 길이 없는 감옥이다. 스무 살의 젊은 딸 말타는 그곳을 빠져나가기 위해, 바다 곁으로 가기 위해, 태양과 더불어 살기 위해 살인을 저지른다. 즉 모녀는 부유한 손님이 투숙하면 수면제를 먹이고 그의 소지품을 몽땅 털어낸 후 그를 개천으로 던져버리는 것이다. 그러면 언젠가는 그 시체가 개천 말뚝에 걸리게 되고, 그의 죽음을 타살이라 의심하는 사람은 아무도 없다.

그런데 어느 날—마침내 이 감옥에서 탈출할 수 있는 날이 가까워왔을 즈음—20년 전에 집을 나간 말타의 오빠 장이 이 여인숙의 문을 두들긴다. 그는 돈과 사랑하는 아내를 가지고 있지만,

그 행복만으로는 무언가 부족하다고 느낀다.

그는 고향에 버려둔 어머니와 누이를 찾아 행복하게 해줌으로써 자신을 발견하게 되리라는 기대를 가지고 집으로 돌아온 것이다. 그러나 그는 아내를 다른 여관에서 기다리게 하고, 정체를 숨긴 채 나타났기 때문에 모녀는 그를 알아보지 못한다. 그리하여 그 역시 개천 속 딴 손님들 시체 곁으로 가라앉고마는 것이다. 장이 살해당한 뒤 남편을 찾아온 마리아에게 말타는 지금이야말로 우리 모두는 '참된 위치'에 놓이게 됐다고 단언한다.

'사랑이란 공허한 것이 아니며 이번 일이 한갓 우연한 사고에 지나지 않는다고 생각하는 마리아의 믿음'을 묵인한 채 죽을 수는 없노라고, 그래서 말타는 마리아의 마지막 환상적 기대마저 잔혹하게 부숴버린 후 자살해버린다.

그럼 여기서 말하는 '참된 위치'란 무엇인가?

'그 아무도 서로 모르고 있다는 상태'라고 말타의 입을 통해 해답이 제시된다. 다시 말하면 '오해'가 인간관계의 기초일 수밖에 없다는 것이다.

이 희곡의 테마는 감옥의 딱딱한 목침대와 벽 틈에 끼어있었던 낡은 신문의 3면 기사에서 취재한 것으로 알려져 있지만, 이 모든 이야기는 한갓 3면 기삿거리, 우연히 일어난 오해사건 따위가 아니라 실은 우리 인간의 불가피한 운명의 형상形像, 즉 인간존재의 궁극적 고독과 인간 상호간의 필연적 오해를 설명하고 있는 것이다.

인간관계의 기초는 인간 상호간의 이해와 사랑이라고 생각하는 소박한 휴머니스트의 관점에선 말타의 최후선언을 도저히 용납할 수 없을 것이다. 그러나 우리가 감상 없이 냉정히 생각해본다면 그녀의 말을 반박할 아무런 근거도 없다. 인간관계의 참다운 기초는 '그 아무도 서로를 알 수 없다는 상태'라는 진실을 우리는 에누리 없이 받아들여야 할게다.

흔히 사랑하는 두 사람 사이의 사소한 오해로 인해 빚게 되는 기막힌 이별이라든가, 돌이킬 수 없는 파국은 멜로드라마의 좋은 소재가 되고 있지만 오해로 인해 결합된, 즉 서로 이해하고 있으리란 착각 속에서 결합되어 있는 두 사람의 경우에 대한 이야기가 흔치 않은 것은 나로선 언제나 이상하게 느껴진다. 인간관계란 엄밀히 말하면 최선의 경우에도 그 최대공약수를 내본다면, 불투명한 오해와 어리석은 환상과 약간의 편리한 착각으로 요약된다는 것을 경험은 우리에게 가르치고 있지 않은가.

극단적으로 말해서 인간과 인간과의 결합은 서로 환멸을 맛보기 위해서 필요한 것인지도 모른다. 다만 우리가 상대에게 환멸을 느낄 때 자기 자신도 그에 못지않게 상대방의 환멸의 대상이 된다는 점을 계산에 넣는다면 우리는 훨씬 관대해질 수 있을 것이다. 이같은 태도를 견지한다면 인간관계의 사소한 오해나 불화 같은 건 거의 문제가 되지도 않는다. 오해로 인해 떠나간 상대를 일생 동안 원망하거나 반대로 오해 때문에 저지른 스스로의 실수를 평생토록 후회할 필요도 없는 것이다. 사람들이 이같은 견해를 정직하게 받아들인다면 이 세상은 한결 평온한 상태가 되지 않을까 싶다.

온갖 사소한 오해나 그로 인한 불화는 인간관계의 본질을 이루고 있는 거대한 오해의 늪 속에 삼켜져버릴 것이기에 말이다.

"인간이 인간인 것은 인간과 인간과의 결합 때문"이라는 오토 폰 기르케의 말을 빌릴 필요도 없이 우리 인간은 인간 없이 살 수는 없다. 그러면서도 진정으로는 아무도 타자他者를 이해할 수 없다는 게 에누리 없이 인정해야 할 진리가 아닌가 싶다. 그렇다는 것은 온갖 인간관계의 긍정적인 면—믿음, 사랑, 동정, 연민 등을 부정하라는 것은 아니다. 왜냐하면 이 근본적인 전제에도 불구하고— '그럼에도 불구하고' 우리는 상호 이해 없이는 공존할 수 없으므로 끊임없이 이해하고자 노력해야 하는 것이기 때문이다.

우리가 서로 교환하는 미소, 마주치는 눈길, 온갖 몸짓, 숱한 얘기며 아우성 …… 이 모든 것이 따져보면 결국 서로 이해받기 위해, 혹은 인정받기 위해 허덕이는 본능의 발로 이외 아무것도 아니다. 인간은 서로를 이해할 수 없도록 만들어졌으면서도 이해 없인 살 수 없는 것이 우리 존재의 모순이고 비극이다.

이따금 암묵暗默의 이해, 부드러운 교감交感을 느끼는 '순간'이 있을 수도 있다. 또한 서로의 진실을, 애정을 언어로써 전달하고 상대방에 도달할 수 있다고 믿을 수도 있다. 다만 그렇다고 믿을 수 있다는 것뿐이다. 정말은 그렇지 않다. 다만 그렇다고 꿈꿀 수 있을 뿐이다. 그걸 꿈꿀 수 있는 권리는 어떤 것도 박탈해갈 수 없다.

그러나 그것으로 충분하다. 비록 인간 사이의 온갖 신뢰와 애정도 한갓 모래 위에 세운 누각에 불과하다는 걸 안다 할지라도 우리는 매순간 끊임없이 이 허망한 토대 위에다 정성껏 이해의 탑을 한 층 한 층 쌓아올릴 수가 있다. 그것이 언젠가는 또다시 쓰러져버릴 날이 온다 해도, 그걸 너무나 잘 알고 있다 할지라도, 그걸 아는 것은 우리의 두뇌이고 관념이지 심장은 그걸 거부하기 때문이다.

따라서 심장이 석화石化되지 않는 한 우리는 그것 없이 살아갈 수는 없기 때문이다. 인간 각자가 몸서리나게 고독한 존재로서 허허한 모래벌 위에 서 있을 때, 이 고독, 이 추위, 이 공포를 잊기 위해서도 우리는 서로간에 무언가를 구축해야 하는 것이다. 온갖 종류의—믿음, 사랑, 동정, 연민 등등으로 부를 수 있는 유대를.

"돌처럼 찬 사람이 되거나 그럴 용기가 없다면 무덤으로 뒤따라오라"고 한 말타의 충고처럼, 자살하든가 무감각한 돌이 되든가 혹은 미치지 않는 한 우리는 누구나 도달할 수 없는 타자와의 두꺼운 오해의 벽을 뚫고 끊임없이 이해해 도달하려고 노력할 수밖에 없는 것이다. ㉧

내가 좋아하는 그림

좋아하는 화가가 누구냐고 묻는다면 나는 서슴지 않고 "들라크루아!"라고 대답할 것이지만—그리고 이 화가에 대해 최소한도 한 시간 이상이나 열변을 토할 용의가 있지만(허용된다면 책 한 권을 쓸 수도 있다)—그러나 '내가 좋아하는 그림'에 관해서 말하라면 선뜻 입이 떨어지지 않는다. 왜냐하면 동서고금의 그 숱한 걸작 중에서 어떻게 단 한 점만 선택할 수 있단 말인가? (하긴 인쇄된 복사판으로만 감상했지만) 물론 걸작이라 해서 무조건 다 좋아한다는 건 아니지만(또 그럴 필요도 없고) 이것은 이래서 좋고, 저건 저래서 좋고—그것들은 제각기 고유의 빛과 생명을 지니고 있어 우리들 영혼에 그나름대로의 반향을 불러일으키니까 말이다.

뭐라 비견할 수 없을 정도로 밝은(거의 투명한) 색조 속에 흡사 흐르는 붓으로 그어놓은 것 같은 윤곽을 한 천사며 마돈나, 천진난만한 성자들이 중력 없는 공간에서 무게 없이 둥둥 떠다니는 것 같은 천상적 분위기로 가득 찬 프라 안젤리코의 성화聖畵들, 푸른 광채가 신비한 인광燐光을 발하는 듯한 깊은 종교적 비애가 넘쳐 흐르는 엘 그레코의 화면, 불안을 강요하는 것 같은 고흐의 그림들, 흡사 흥미진진한 병리학病理學의 한 단면을 대하는 듯한 기분을 일으키는 뭉크나 앙소르의 작품들 …… 그리고 들라크루아! 그 소재가 무엇이건 화면마다 하나의 장대하고 심오한 드라마가 약동하고 있는 듯한 웅대한 그의 세계—단순히 한 마리 사자를 그리건, 꽃을, 혹은 아라비아의 말이나 모로코의 여인을 그리더라도 그의 붓이 닿기만 하면 그것은 자연의 일부로서 존재하는(우리가 흔히 알고 있는 바) 꽃이나 말이 아니요, 들라크루아 자신의 정신과 상상력에 의해 변용된 하나의 세계가 되는 것이다. 그는 자기식으로 자연을 우리에게 변역해주고 있다.

그러니 주제가 종교적인 것이거나 문학작품에서 취재한 그림인 경우는 더 말할 나위도 없다. 그야말로 그의 무한한 상상력과 심오하고 정력적인 정신을 유감없이 발휘할 수 있는 영역이기 때문이다. “나는 나의 정신으로 사물들을 장식하여 그 정신의 반향을 다른 사람들의 정신에 투사하고 싶다”고 한 그 자신의 고백이 무엇보다 이를 잘 설명해 주고 있다. 흔히 우리는 셰익스피어의 작품을 일러 ‘인생 그 자체’라고 하지만 같은 의미로 들라크루아에 대해서도 그렇게 말할 수 있으리라. 하긴 들라크루아 자신 셰익스피어나 단테, 또는 바이런의 열광적인 번역자였다고 할 수 있으니, 이들의 세계를 그는 무한한 상상력을 가지고 화포 위에다 생생히 구현시키고 있기 때문이다.

이를테면 『지옥의 단테와 버질』도 그 제목이 명시하는 바와 같이 단테의 『신곡神曲』 「지옥 편」에서 취재한 것인데, 들라크루아의 최초의 걸작으로서 24세 때의 작품이다. 휘몰아치는 물결과 무시무시하게 위협적인 하늘빛이며 몸부림치는 육체와 통렬한 근육의 전율 등 …… 한 편의 살아 있는 격렬한 드라마로서 이미 들라크루아의 장래 걸작들의 모든 요소가 이 그림 속에 내재하고 있다. 그는 이 그림의 일부(보트 뒤쪽에서 한 팔을 뱃전 위로 밀어넣은 채 기어 오르려고 안간힘을 쓰는 머리)를 친구가 단테의 지옥 편을 곁에서 낭독하는 걸 들으면서 무서운 스피드와 정력으로써 순식간에 휘갈겼다고 일기에서 고백하고 있다.

이 작품이 1822년의 살롱전에 출품됐을 땐 격렬한 찬반의 선풍을 불러 일으켰다. 그의 스승 게렝은 호되게 비난했으며 획일적인 아카데미즘에 젖어있던 심사위원 대부분이 눈살을 찌푸렸음은 물론이다. 그러나 그로 남작은 '단련된 정신을 지닌 루벤스'라고 격찬해 마지않았으며 자기 비용으로 금박 입힌 액자까지 짜주었던 것이다. 어쨌든 이 그림은 신新고전주의와 아카데미를 향해 사나운 혁명의 깃발을 휘두른 첫 신호였다는 점에서도 미술사상 획기적인 의미를 지니고 있는 것이다.

그러나 내가 특히 이 그림을 좋아하는 이유는 그런 것과는 아무 상관이 없다. 이 그림은 바로 '인간존재의 비참'에 관한 축도縮圖와 같기 때문에 좋아하는 것이다.

누구나 이 그림을 보고 있으면 깊은 명상에 잠길 것이다. 이 그림 앞에선 온갖 변전變轉하는 모상模像을 좇는 헛된 욕망이 물거품처럼 사라짐을 나는 느낀다. 영혼 속에 쌓아올린 바벨의 탑이 한갓 신기루에 지나지 않는다는 것을. 아마도 그것은 『신곡』의 다음 구절을 연상하게 되기 때문인지도 모른다.

나를 거쳐서 슬픈 고을로 가는 것
나를 거쳐서 끝없는 괴로움에로 가는 것
나를 거쳐서 멸망된 족속 안에로 드는 것이니.

단테가 버질의 안내를 받아 지옥권圈 순회의 첫발을 내디뎠을 때 지옥문에 새겨져 있던 말이 바로 이것이었다. ㉸

편지를 쓰는 마음

얼마 전 신문에서 어떤 생소한 외국 작가의 『나에게 쓰는 편지』란 작품이 베스트 셀러가 돼 있다는 기사를 읽고, 이런 제목의 책이 독자들을 끌어당기는 이유가 무엇일까를 곰곰이 헤아려보다 문득 오랫동안 잊고 지낸 옛 친구의 이야기가 생각났다.

벌써 20년도 훨씬 더 지난 일이지만, 어느 땐가 그 친구가 내게 고백하기를, 자기는 마음이 너무 쓸쓸할 때면 이따금 자신에게 편지를 쓴다는 것이었다. 그리고 자기 손으로 부친 그 편지가 얼마 뒤 정확하게 자기 집으로 배달될 때면 기묘한 감동을 맛본다고 했다. 비록 자신이 보낸 편지일망정 그것을 받는 기쁨은 마찬가지라고—그리고 사실상 그것은 그녀가 받아보는 거의 유일한 편지였다.

아마도 이와 같은 고백이 불러일으킨 감동 탓이었는지, 그후 나는 몇 번인가 그녀에게 편지를 써 보냈던 기억이 난다. 외로운 그녀에게 편지를 받아보는 기쁨을 선사하려고 …… 그리고 거의 20년

이상을 나는 그녀의 존재를 까맣게 잊고 지냈지만, 불현듯 그녀가 아직까지 옛날의 그 '편지놀이'를 계속하고 있을까가 궁금해진다.

편지를 받아보고 싶은 마음, 편지를 받는 기쁨은 우리들 누구에게나 공통된 생래生來의 감정이 아닌가 싶다. 편지란 우리 존재가 바깥 세계와 연결되는 통로이며, 누군가 다른 사람이 이 바깥 세계에서 '나'의 존재를 기억하고 있다는 신호인 까닭이다.

그와 마찬가지로 우리는 이따금 마음이 쓸쓸할 때나 그리움을 느낄 때, 또는 가슴속에 사랑이 그득 넘쳐 흐를 때면 누구에겐가 불현듯 편지를 쓰고 싶은 욕구를 느끼게 된다. 따라서 편지를 쓰는 행위는 자신의 독백을 상대방에게 전달하는 것이며, 내 마음의 창에 불을 밝히고 누군가를 그곳에 초대하는 것과도 같다. 이런 뜻에서 편지를 쓰는 마음은 곧 인간에 대한 꿈을 반영하는 것이다. 하여 그것은 근본적으로는 낭만적 감정의 소산이며, 아마도 이상주의자의 전유물專有物인지도 모른다. 흔히 인간에 대한 신선한 기대와 무한한 꿈에 부푼 젊은 시절, 열렬한 편지광狂이었던 사람도 나이를 먹고 감정이 메말라지면 엽서 한 줄 쓰지 않게 되는 것은 바로 그 때문이다.

편지란 항상 많이 보내는 사람이 많이 받게 마련이다. 아무리 답장을 필요로 하지 않는 일방통로적인 편지라 해도 상대방의 반응이 끝내 없다면 종내엔 끊어져버릴 테니까. 그래서 나는 이삿짐을 쌀 때마다 몇 상자나 되는 엄청난 양의 편지더미를 대하고 나 자신 역시 그만한 양의 편지를 썼으리란 생각에 새삼 놀라움을 금치 못하곤 했다. 지금은 그 많은 편지들이 극소수의 소중한 일부를 제외하고는 거의 다 오래 전에 불더미 속에 들어가버렸지만, 생각하면 나 자신 인간관계에서 진실로 소중한 '영혼의 해후'를 체험한 것은 거의 언제나 편지를 통해서였음을 다시 한번 확인하게 된다. 참으로 편지라는 매개를 통해 인간을 '발견'하고 그에 대한 진정한 이해에 도달할 수 있었으며 공감의 기쁨을 누릴 수 있었다는 것을. 또한 그로 인해 자기 자신을 재발견할 수 있었다는 것을.

그와 같이 편지란 우리가 서로 마주 앉은 대화에선 기대할 수 없는 특수한 친화력親和力을 두 사람 사이에 생기게 하는 것이다. 상대방과 직접 대면해선 할 수 없는 얘기도 우리는 편지 속에선 자연스럽게 털어놓을 수 있으며, 어떤 의미로 편지 속에선 보다 진실하게 자기를 열어 보일 수 있는 것이다. 같은 내용의 이야기도 마주 보고 대화로 했을 때와 편지로써 읽을 때의 효과는 아주 다르다. 편지가 주는 시간과 공간의 '거리감'은 우리로 하여금 상대방을 다르게 느끼도록 하며, 역설적으로 이 거리가 두 사람을 오히려 가까이 끌어당기는 것이다. 이 '거리'는 마음의 프리즘을 통해 상대방의 모습을 재구성해서 몽상할 수 있게 하기 때문이다. 편지가 지닌 신비한 힘이 바로 이것이다. 이처럼 나는 편지를 통해 인간을 편력했다.

그러나 이제 나는 편지를 거의 쓰지 않는다. 사무적인 서신이나 마지못해 하는 답장(그것도 손바닥만한 그림엽서에다 몇 줄 정도 채우는) 이외에 진정으로 마음에서 우러난, 자발적인 긴 편지를 써본 지는 너무 오래 되었다. 그럴 시간도 기력도 없지만, 기실 그럴 욕구와 필요를 느낄 수 없는 까닭이다. 왜냐하면 이미 오래 전에 나는 '살아 있는 인간'에 대해선 어떤 꿈도 지니지 않게 되었기 때문이다.

안익태安益泰 선생을 추억함

내가 안익태씨를 처음 본 것은 1962년이었다. 그해 5월 서울에서 개최될 제 1회 국제음악제를 주관하기 위해 그 준비차 그가 귀국했을 때, 지금은 없어진 명동의 국립극장(후의 예술극장)에서 1월에 있었던 그의 연주회에서였다.

〈애국가〉와 《한국환상곡》의 작곡가요, 열렬한 애국자로서, 또한 세계 교향악단을 누비는 저명한 지휘자로서 안익태씨의 면모에 대해선 익히 알고 있었지만 실제로 그의 연주에 접한 것은 그때가 처음이라 나는 굉장한 기대와 호기심으로 흥분된 채 연주회장에 들어갔던 기억이 난다. 오케스트라 단원들이(서울 시향이었다) 가락을 맞추고 하는 동안 온갖 악기의 미묘한 하모니와 청중석의 수런거림 속에서 나는 가슴을 두근거리며 초조하게 그의 모습이 무대에 나타나기만을 기다렸다. 이윽고 시간이 되어 그가 나타났는데—중키의 호리호리한 몸매에 안경을 쓴 날카로운 표정—그의 겉모습에서 풍기는 것은 아무것도 특별한 것이 없었다. 나는 오히려 실망한 기분이었다. 그저 무대 위에 나타나는 것만으로 그 현존現存 자체가 하나의 커다란 인력引力이 되는 위대한 천재에게서 느껴지는 일종의 마력 같은 걸 나는 기대했던 것이다.

그러나 그가 걸음을 옮겨 오케스트라의 중앙단상으로 향했을 때—마치 뭐랄까 날카로운 바람이 무대를 가로질러 지나가는 것 같은 인상을 주는 것이었다. 작은 체구에도 불구하고 그에게선 완전히 청중들을 압도하는 어떤 위력이 풍겼으며, 마치 청중들을 사열하는 것 같이 걸어나오는 그의 태도엔 흡사 독재자와도 같은 위풍당당함이 있었다. 그리고 이같은 인상은 그가 지휘봉을 들자마자 바로 현실이 되었고 음악이 진행함에 따라 점차 고조되어 나중엔 정점에까지 올라갔다.

그때 연주된 음악은(지금까지 그 프로그램을 소중히 간직하고 있지만) 베토벤의 〈레오노레 서곡 3번〉과 〈제 5번 교향곡〉, 바흐의 〈토카타와 푸가〉 그리고 안익태씨 자신의 《강천성악降天聲樂》 등이었는데, 내가 《운명》을 그런 감동을 가지고 들어본 것은 그 이전에도 그 이후에도 정녕코 없었다. 베토벤의 많은 음악이 그렇지만 사람을 흥분시키고 전율케 하며 감동의 극치를 맛보게 하는 점에선 어떤 음악가도 베토벤을 따를 수는 없을 것이다. 그런 점에서 볼 때 《운명》은 바로 그 전형적인 작품이라 할 만하다. 그래서 〈제 5번〉은 베토벤의 대표작은 아니지만 가장 인기가 있고 대중적이며, 또 아마 가장 많은 연주 횟수를 기록한 작품이 아닌가 싶다.

나 자신 이 판을 몹시 아끼고 있거니와 여러 연주자의 것을 번갈아가며 수백 번도 더 들었지만, 그때마다 가슴이 뛰고 숨이 가빠지며 마지막엔 자신도 모르게 주먹을 꽉 쥔 채, 등엔 식은 땀까지 나도록 흥분과 긴장의 극한까지 맛보게 되는 체험을 번번이 하게 된다. 다만 정도의 차이가 있을 뿐. 한 번이라도 이 음악에 접해본 사람이라면 그가 목석이 아닐진댄 비록 강도의 차이는 있을망정 누구나 나와 비슷한 체험을 했으리라. 아마 감수성이 극도로 예민한 사람으로서 심장이 약하다면 연주 도중에 졸도할 수도 있을 것이다. 실제로 1828년, 그러니까 베토벤이 죽은 다음해 파리 음악학교에서 있었던 연주회에선 마리 말리브랑이란 여가수가 고조되는 감동 가운데 음악이 클라이맥스에 이르자 그만 졸도해버렸다는 에피소드가 전해지고 있다.

그때의 연주는 음악사상 아마도 〈제 5번〉 연주 가운데 가장 인상 깊었던 경우로서 자주 인용되거니와 많은 일화들을 남기고도 있는데, 대부분의 청중이 음악학교 교수와 당대 저명한 음악가들이었던 당시 연주회에서 청중의 한 사람이었던 파리 음악학교의 르쉐르 교수는 연주회가 끝났을 때 "흥분한 나머지 모자를 쓰려고 했지만 머리가 어디에 있는지 찾을 수가 없었다"고 고백했다. 그는 "저런 음악은 만들어선 안 돼!"라고 말했다고 한다.

안익태씨의 연주를 듣고났을 때 내 기분이 이와 비슷하지 않았나 싶다. 나는 그의 체구가 작다고 생각했는데 음악이 고조됨에 따라 그의 모습은 점점 비대해져서 마치 거인처럼 부풀어올라 나중엔 산더미처럼 보이는 것이었다. 특히나 3악장의 후반부에서 갑자기 뛰어든 호른이 *ff*로 제 1악장의 첫 번째 동기를 불어제칠 때부터 전관현악이 동원되어 환희의 클라이막스로 향해 숨가쁘게 치달려갈 때는 흡사 그는 회오리바람이었다. 이미 자연인自然人 안익태는 사라지고 없었다. 거기엔 오로지 운명을 지배하는 거대하고 무시무시한 힘이 있을 뿐이었다. 내 앞에서 세계는 이미 사라지고 없었다. 머리를 지지누르는 온갖 근심도 슬픔도, 실존의 무게도 …… 나는 어느새 숨이 가빠오고 머리 속이 화끈화끈하며 두 주먹을 꽉 쥐고 있었다. 눈앞이 아뜩하고 심장이 밖으로 튀어나올 것 같은 긴장이 극한에 달했다고 느낀 순간 그와 동시에 음악도 끝났다.

무섭게 추운 날씨였고 난방도 형편없는 상태였음에도 나는 뺨이 달아오르고 식은땀이 흘렀다. 흡사 두뇌 속에 화염이 들끓고 있는 기분이었다. 박수를 치면서 나는 그저 울고 싶은 마음이었다. 나는 마침내 내 눈앞에 진짜 거장을 본 것이었다. 진정한 힘의 현존現存 앞에 나는 다만 무릎을 꿇고 싶은 심정이었다. 놀랍게도 나는 내 곁에 있는 동반자의 존재도 한동안 잊어버렸었다. 내가 그의 정신에 비상한 관심을 기울이고, 그처럼 열중해 있던 상대였건만!

참으로 예술적 감동이란 얼마나 신비로운 것일까? 예술적 감동이 극치에 이르면 종교적 감정과 구별할 수 없게된다. 아니 어쩌면 이 둘은 같은 것인지도 모른다. 해마다 사순절四旬節이면 성聖 바오로 대성당에 모여드는 수천의 신도들이 《마태 수난곡》을 듣고 눈물을 흘린다고 하지만, 과연 그들 모두가 다만 '그리스도의 수난을 묵상함으로써'만 눈물을 흘렸던 것일까? 그들을 감동시킨 것은 오히려 바흐이고, 이 바흐의 음악이 그들 영혼 깊숙이 깃든 종교적 감정을 일깨웠던 것이 아닐까? 《마태 수난곡》은 말할 것도 없고 바흐의 《B단조 미사곡》이나 베토벤의 《장엄 미사》에서 특히나 〈아뉴스 데이〉 부분, 그리고 모차르트의 거의 대부분의 음악에서-나는 그걸 들을 때마다 눈물을 흘리곤 한다. 그것은 은총과도 흡사한 상태로 그저 누구에겐가 무한히 감사하고 싶은 마음에서 우러나는 눈물인 것이다.

그날 저녁 《운명》이 끝났을 때 내 마음이 바로 그런 상태였다. 나는 그저 누군가를 꽉 붙들고 엉엉 울고 싶었다. 좁고 답답한 육체라는 상자 속에 갇혀 있던 영혼이 비록 짧은 동안이나마 피부를 뚫고 솟아나와 무한과 빛의 별세계로 한정없이 높이 날아갈 수 있었던 바로 그 순간에 대해, 평소 땐 그것 없인 도저히 도달할 수 없는 그러한 경지로 날 이끌어올려준 바로 그 사람에게 나는 무한히 감사하고 싶은 마음이 되어 눈물이 가슴 그득히 차올라 눈에 고였던 것이다.

나에게 그토록 크낙한 행복을 선사해준 그에게 나는 어떻게든 나의 감사를 전하고 싶은 심정이었다. 흔히 연주회에서 청중들이 예술가에게 꽃다발이며 프로그램 따위를 던지거나 무대 뒤로 달려가 연주자를 힘껏 끌어안고 미친 듯이 입을 맞추는 행위도 따지고 보면 이와 같은 감사의 마음에서 우러난 데 불과한 것이다. 다만 표현에 차이가 있을 뿐 그 원동력은 하나같이 감사의 마음 이외 다름 아니다.

안나 파블로바가 스톡홀름에서 공연을 가졌을 때였다. 공연이 끝나고 그녀가 극장을 떠나자 수많은 군중이 말없이 그녀의 차를 따라가 파블로바가 묵고 있는 호텔 앞에 선 채 그녀가 발코니에 나타나기를 기다리고 있었다. 파블로바가 모습을 보이자 그들은 우레 같은 박수를 보내며 그녀를 환영했는데, 파블로바가 이따금 고개를 숙여 군중에게 절을 하자 이윽고 그들은 자기네 국가를 부르기 시작했다.

파블로바는 뭔가 답례를 하고 싶어 방 안으로 달려가 무대 위에서 자신에게 바쳐졌던 꽃다발과 꽃바구니를 가지고 나와 그들에게 마구 뿌렸다. 그래도 그들은 도무지 갈 생각을 하지 않자 그녀는 감동하고 당혹해서 자기의 젊은 러시아 인 하녀에게 물었다. "허지만 내가 무엇을 했기에 저들이 저렇듯 흥분해서 열광하는 것일까?"

"부인"—하녀는 대답했다—"당신은 그들에게 1시간 동안 생활의 슬픔을 잊을 수 있도록 함으로써 그들을 행복하게 해주었답니다."

단순한 시골 소녀의 이같은 대답이 이후의 파블로바 자신의 예술에 대한 새로운 목표를 제시해주었노라고 그녀는 자전自傳에서 고백하고 있다.

바로 그렇다. 파블로바의 춤은 그것을 보는 사람들로 하여금 온갖 지상적 삶의 무게를 잊게 해주었던 것이다. 그것은 길고 긴 인생의 여로旅路에 비해보면 너무나 짧고, 지속할 수도 없는 것이지만,

그러나 그 여운은 오래도록 남아 우리의 고된 삶을 견딜 수 있게 해주는 일종의 선사된 순간이라 할 만하다. 설사 다시는 그러한 행복이 주어지지 않는다 해도 한 번은 그걸 '체험'했다는 사실 자체는 영원히 소멸되지 않는 것이며, 때때로 그걸 '추억'할 수 있다는 것이야말로 인생의 온갖 비참과 고뇌 속에서 우리에게 커다란 위안이 되어주는 것이다. 그리고 그걸 체험할 수 있는 기회는 그리 흔치 않다.

내가 안익태씨에 대한 추억을 이날까지 그렇듯 소중하게 간직하고 있는 것도 바로 그 때문이다. 나는 어떻게 해서든 나의 감사를 그에게 전하고 싶었지만 그렇다고 무대 뒤로 달려가거나 누구의 소개를 부탁하거나 하고 싶은 마음은 도무지 없었다. 그날 저녁, 극장문을 나서면서 나는 이와 같은 '행복'을 맛보지 못한 세상 모든 사람들이 불쌍하게 느껴졌다.

그런데 운명은 내게 친절했던지 우연한 기회에 그를 직접 만날 수 있는 은혜를 내게 베풀어주었다. 그날 저녁 이후 한 달인가 지난 어느 날 미국의 작곡가며 피아니스트인 헤롤드 콘의 독주회가 YWCA 리사이틀 홀에서 있었기에 나는 지금은 고인이 된 C씨와 함께 연주회에 갔었다. 2백 명 정도 수용하는 작은 홀에 청중석은 한 의자에 대여섯이 앉게 돼있는 딱딱한 긴 나무 벤치였다. 우리는 오른쪽 맨 앞줄에 나란히 앉았는데, 우리와 같은 벤치의 내 오른편 자리에 와서 앉는 사람이 바로 안익태씨라는 걸 알았을 때 나의 놀라움이 어떠했겠는가!

호리호리한 체구에 유행에 뒤떨어진 다소 낡은 외투(그 당시엔 케네디 스타일의 짧은 외투가 유행이었는데 그의 외투 길이는 무릎 밑 10센티 이상은 내려와 있었다)를 걸친 남자가 내 곁에 와서 앉았을 때 나는 언뜻 그를 알아보지 못했다. 마침 연주회장에서 만난 지인知人의 소개로 나는 그와 인사하게 되었다. 그의 소박한 미소, 친절한 태도는 너무나 의외였으며 그러한 장소에서, 그렇게 앉아 있는 그에게선 저 연주회장에서 느꼈던 무언가 감히 범접할 수 없을 것 같던 거장의 풍모는 거의 느껴지지 않았다. 그는 단순하고 소박한 인품인 것처럼 보였다.

나는 그날 저녁 그의 연주회에 갔었더란 얘기는 했지만 그때 내 가슴을 벅차게 했던 감동에 대해선 어떤 말도 할 수가 없었다. 내가 품었던 감사의 마음을 그에게 표시하려니 갑자기 그게 진부하고 쑥스럽게 느껴졌던 것이다. 그래서 나는 입을 다물고 있었다. 연주가 진행되는 동안 나는 내내 그저 그가 내 곁에 있다는 사실만으로 완전히 행복했다. 내가 우러러보던 이 위대한 예술가가 바로 1센티 간격으로 나와 나란히 앉아 함께 같은 음악을 감상할 수 있다니! 이건 당시의 나로선 일기장에 특기해야 할 '대사건'이었다. 나는 그렇게도 젊었었고 스물다섯 살이었던 것이다.

연주회가 끝나고 우리는 얘기를 나누었지만 음악에 관한 화제는 아니었다고 기억한다. 떠날 때 그는 내게 사인을 해주었고 그 후로 다시는 그를 만나지 못했다. 그로부터 3년 뒤 스페인의 바르셀로나에서 그는 간경화증으로 타계他界해버렸으니 이젠 영영 만날 수 없게 되었다. 그러나 내 마음속에선 그는 영원히 죽지 않는다.

베토벤을 지휘하던 위풍당당한 그의 모습, 그와 너무도 대조적이던 Y 리사이틀 홀에서의 소박한 그의 미소와 더불어 그에 대한 추억은 삶의 온갖 고통과 슬픔 속에서도 불꽃처럼 선연히 타올라 한결같이 커다란 위안이 되어주고 있는 것이다.

그대는 충분히
고뇌하고 방황했는가

삶의 신호등

이따금 밤에 고층 빌딩의 꼭대기에서 시가를 내려다보거나 밤의 스카이웨이를 자동차로 달릴 때면 눈 아래 깔려 있는 불빛들이 그렇게도 많은 것에 새삼스레 나는 깜짝 놀라곤 한다. 또한 그 불빛들이 너무도 아름다워 가슴이 콱 막히는 감동을 받을 때가 있다.

밤이면 으레히 켜지는 불빛이고 불야성不夜城이란 말이 의미하는 것처럼, 그러한 밤풍경은 너무도 당연한 도시의 속성이건만, 이 현란한 불빛의 꽃밭에 나는 번번이 압도당하고 마는 것이다. 불빛은 항상 그곳에 있었던 것이며 어제도 보았고 그 전날에도 보았으련만, 똑같은 불빛들을 볼 때마다 나는 언제나 새로 '발견'하는 느낌이 된다는 말이다. 이거야말로 바로 불빛이 주는 경이驚異가 아닐 수 없다. 아마도 이 비슷한 경험을 한 사람은 나만이 아닐 것이다. 그처럼 어둠 속에 밝혀진 수많은 불빛들은 신비한 마력魔力을 지니고 있는 까닭이다.

매일밤 어김없이 켜지는 불빛들. 사람들이 살고 있을 집 속에서 흘러나오는 어찌나 고운 불빛들. 뿌우연 저녁 어스름을 뚫고 차례로 밝혀지는 빨강, 파랑, 노랑, 초록의 온갖 불빛들.

그렇다. 저건 삶의 신호등이다. 불빛이 밝혀지는 곳엔 어디나 삶이 있는 법이다. 삶이 있는 곳에 불빛이 켜지기 마련인 것처럼.

불그레한 불빛이 새나오는 어느 창문 아래서 어떤 가족은 지금 마악 식탁 앞에 둘러앉아 서로 팔굽을 비비며 저녁식사를 즐기고 있으리라. 혹은 어떤 불빛 아래선 텔레비전을 앞에 놓고 연속극에 시선을 모으고 있는지도 모른다.

밤이 이울 때까지 하얗게 밝혀진 외딴 창 바로 밑에선 시인이 원고용지를 앞에 놓고 끝없는 몽상에 잠겨 있으리라. 혹은 잡힐 듯 잡힐 듯 하면서도 끝내 달아나버리는 시상詩想을 안타깝게 좇으며 밤을 꼴딱 세울지도 모른다. 결국 원고용지엔 손도 대지 않은 채. 또는 밤새도록 오로지 한 행만을 썼다간 지우고 지웠다 다시 고쳐 쓰기를 되풀이할지도 모른다.

오렌지빛이 스며나오는 저 멀리 고즈넉한 창 속에선 지금 한창 사랑의 밀어密語가 무르녹고 있으리라. 또한 바로 그 옆 창 밑에선 끝내 오지 않는 연인을 기다리며 멍하니 홀로 앉아 있을 버림받은 여인의 울음소리가 새나올지 누가 알겠는가.

또 한편에선 환한 불빛 아래서 서로 으르렁거리며 아귀다툼을 일삼는 원수 같은 가족들이 살고 있는지도 모른다.

그러나 어쨌든 불빛이 밝혀진 창은 인간이 살고 있다는 표지

標識이며 그 속엔 좋든 궂든 생활이 있는 것이다. 불빛은 우리에게 따스함, 교감交感, 희망 등을 암시하고 약속해준다. 반대로 불꺼진 창, 캄캄한 창을 상상해보라. 그것이 우리에게 불러일으키는 감정은 차디찬 정적, 단절, 죽음 같은 것이다.

〈그대의 창에 등불 꺼지고〉를 애절하게 부르는 테너의 노래는 바로 연인의 죽음을 통절히 표현하고 있다. 창은 닫히고 불은 꺼진 채 차디찬 침상 위에서 연인은 시체가 되어 누워 있다. 주위엔 아무도 없고, 그녀는 필사적으로 혼자, 죽음과 함께 혼자인 것이다. 캄캄한 창에 한 번만 더 불빛이 켜지기를 그는 얼마나 바랐으랴! 그러나 그 창은 영원히 다시 밝혀지지 않는다. 그곳에선 삶이 끝나버렸기 때문이다.

그와 같이 다시는 켜지지 않는 캄캄한 철학자의 창도 있다. 그는 인생의 궁극적 목적을 찾아 끊임없이 모색하고 괴로워하지만 끝내 저 신神의 비밀로 인도하는 '아랴드네의 실'을 찾아내지 못하자 미궁 속에 갇힌 채, 그만 자기방 창문의 불을 꺼버리고 만다. 그리하여 그는 절망에서 삶을 끝내버리는 것이다.

여기엔 삶이 있고 저기엔 죽음이 있듯이, 이곳엔 불켜진 창이 있고 저곳엔 불꺼진 창이 있다. 그러나 비록 창은 닫히고 불은 꺼져 캄캄한 정적밖에 없는 곳이 아무리 많다 해도 불빛이 새나오는 창들은 서로 통신을 해볼 생각을 가져야 할 게다. 불빛은 무언중에 자기의 존재를 알리고 신호를 보내고 있기 때문이다. 그렇다. 흡사 하늘에서 별들이 눈을 뜨듯이 자욱한 저녁 어스름 속에서 저녁마다 어김없이 켜지는 저 불빛들은 '인간은 인간에 대한 이리[豺狼]'라는 살벌한 철학을 준열하게 거부하는 몸짓과도 같다.

생生이란 회색의 긴 고역의 강이고, 우리는 누구나 혼자서 외롭게 이 끝도 없는 강을 건너야 하지만 아무도 다른 사람을 도와줄 수도 없다는 삭막한 생각을 저 불빛들은 거부하는 것이다.

불빛은 말한다. "자 이곳에 내가 살고 있다. 나를 원하는 사람에게 나 곧 달려가리라." 혹은 한편에선 이렇게 외치는지도 모른다. "도와다오! 날 구해 주오!" 흡사 익사자의 부르짖음과도 같이. 이같은 부름은 언젠가는 반드시 어딘가에 도달하리라. 아니다. 그 부름은 영원히 응답없는 메아리가 되어 되돌아올지도 모른다. 그러나 그것은 문제가 아니다. 다만 그렇게 믿는 것이 중요하다. 믿고 기다려라. 이렇게 불빛은 역설하고 있는 것이다.

요컨대 어둠 속에서 반짝이고 있는 저 많은 불빛들은 삶의 아름다움을, 인간과 인간과의 따뜻한 교감을, 부드러운 공동의 유대를, 구조를, 희망을, 미래까지를 …… 그것은 온갖 것을 믿게끔 우리를 설복하려 드는 것이다. 불빛의 마력이 바로 거기에 있다.

흔히 어릴 때 나그네가 홀로 낯선 길을 걷다 길을 잃는다든가 캄캄한 깊은 산중에서 여러 가지 위험에 부딪쳐 기진맥진해 있을 때 '마침내 저 멀리서 반짝이는 불빛을 발견하고는 다시금 용기를 내어 그곳을 향해 걸어갔다 ……'는 식의 동화나 옛날 얘기를 누구나 한 두 개쯤은 읽은 기억이 있을 것이다. 나그네는 마침내 그곳에 도착해서 해피엔딩으로 이야기는 끝나게 되었던 것이다(물론 반대로 그 불빛은 여우가 예쁜 여인으로 둔갑해서 나그네를 꼬이기 위한 함정일 수도 있었지만).

그리하여 우리 모두가 열심히 창문에다 불을 밝히자. 우리가 살고 있음을 서로 알리고 필요할 때 손을 빌려주기 위해서.

밤마다 어둠 속에서 제가끔 빛을 발하는 저 온갖 색깔의 불빛들을 바라보라. 커튼을 젖히고 창가에 기대어 광막한 어둠 속에서 삶의 신호등인 양 떨면서 반짝이고 있는 저 수많은 불빛들을 내려다보라. 흡사 신기루와도 같이 우리들 마음을 홀리게 하고 평소 땐 도저히 상상도 할 수 없던 것을 믿게끔 우리를 설복하는 저 불빛을.

저 불빛들을 보고 있으면 도저히 인생을 미워할 수가 없음을 알게 되리라. 이 삶에 대해서 절대로 적의를 품을 수가 없다는 것을. 만약에 그런 사람이 있다면 그 사람이야말로 심장이 석화石花된 비참한 인간이 아니고 무엇이겠는가.

이별의 방식

프랑소와즈 사강은 자기가 누구하고 헤어지고 싶을 때면(이 누구란 물론 자기와—애인이란—특정한 관계를 맺고 있는 사람을 의미한다) 이별을 선언하기 위한 장소로서 유난히 북적대는 대중식당(다방 또는 아무튼 사람들로 붐비는 복잡한 곳)을 택한다고 고백한 기사를 읽은 적이 있는데, 과연 얄미울 만큼 깔끔한 지성과 감상 없는 사랑으로 유명한 프랑스 여성다운 태도가 아닐 수 없다. 어느 이별에나 부수되는 난처한 멜로드라마적인 장면을 피하기 위해선 이보다 더 현명한 방법도 없을 것이다. 제대로 된 사람이면 좌우간 중인환시리衆人環視里에 광태를 연출하지는 않을 것이니까 말이다. 이별의 방식치고는 이보다 더 슬기로운 태도도 상상하기란 힘들다. 이별에 처한 세상의 수많은 애인들에게 나는 이 사강 식인 방법을 감히 권하고 싶다.

한편 이와는 다른 얘기지만 잉게보르크 바하만의 소설『말리나』가운데는 다음과 같은 장면이 나온다.

남성적 지성과 여성적 감성感性을 겸비한 주인공 '나'는 문득 애인이 자기를 떠날 것이라는 사실을 예감한다. 그리고 그녀의 예감은 옳다. 거의 매일처럼 만나던 두 사람이 오랜만에 단골인 레스토랑에 나란히 앉아 있다. '나'는 바로 곁에 있는 그(이반)를 한없이 멀리 느낀다. 그는 그녀의 곁에 앉아 있지만 이미 그녀를 떠났다는 사실을 통절히 느끼는 것이다.

> 이반은 이제 이반이 아니다. 내가 바라보는 것은 이미 그가 아니다. 그가 계산서를 요구하는 동안 식탁 위로 쓰러지고 싶은 심정이다. 아니면 식탁 밑으로 쓰러지거나. 미신이고 뭐고 접시와 잔, 소금이 놓인 식탁보를 통째로 끌어내리고 싶다. 저한테 그러지 마세요. 제발 제게 그렇게 하지 말아요. 그러지 않으면 전 죽어요!

하지만 그녀는 다만 마음속으로만 이렇게 부르짖을 따름이다. 실제의 '나'는 창백하나 태연하게 이반 곁에 앉아 있다. 그녀는 무심을 가장假裝한 어조로 다만 이렇게 말할 뿐이다.

> 전 정말이지 요즘은 무지무지하게 일이 많아요. 우리 기회 있을 때 서로 전화나 해요.

이야말로 가위可謂 지성인다운 태도라 할 만하다. 지성의 힘이란 게 바로 이런 점에 있는 것이다. 이때 만약에 그녀가 걷잡을 수 없는 절망적 감정사태를 이성理性의 힘으로 제어하지 않았던들 식탁 위의 접시와 잔과 소금통은 식탁보와 함께 날아갔을 것이고, 따라서 수많은 사람들의 시선 속에서 한바탕 추악한 광경이 벌어졌을 것이다. 그것은 결국 험구 좋아하는 세상의 수다쟁이들한테 뉴스거리를 제공하는 신파 이외에 아무것도 아니다. 모름지기 지성인이라면 이별은 깨끗해야 한다.

물론 이별이란 어떤 경우를 막론하고 괴로운 법이다. 서로 사랑하던 두 사람이, 서로가 상대방에게 자기의 전부를 절대적으로 결부시키고 있던 두 사람이—더욱이 그러한 상태가 영원히 계속되리라고 믿고 있었던 만큼(자기가 그걸 원치도 않는 때에) 갑자기 서로가 아무 상관이 없게 된다고 생각하면—실상 그것만큼 우리 인간의 마음을 찢어놓는 일도 없다. 게다가 이별이란 게 한쪽의 죽음이나 실종과 같은 외부적 원인에 의해 할 수 없이 감수해야 되는 경우가 아니고 오로지 '한쪽의 마음이 변했기 때문에' 초래된 것일 땐 실로 그건 견디기 어려운 일이다.

회자정리會者定離라고도 하지만 흔히 만나기는 쉬워도 헤어지는 것은 어렵다. 삶이란 그 자체가 끊임없는 만남과 헤어짐의 연속이다. 그러나 우리의 대상과의 '만남'은 거의 언제나 자연발생적이어서 거기엔 작위적作爲的인 요소가 배제돼 있기 마련이다. 물론 '아찔한 해후'나 '벼락의 일격' 등으로 표현되는 운명적인 만남이란 지극히 희귀한 경우지만, 어쨌든 거기엔 우리의 노력과 의지가 적극적으로 작용하지는 않는 것이다. 어떤 의미로 그건 오히려 '발견'에 가깝다.

하지만 헤어지는 것은 다르다. 이별이 어려운 것은 그것이 거의 언제나 두 사람에게 '동시에 일어나는' 것이 아닌 데에 있다. 게다가 사별死別이나 또는 천재지변天災地變과 같은 외계의 작용에 의해 초래된 이별이 아닌 경우, 거의 한쪽이 상대를 버리고 한쪽이 상대방에게 버림을 당하는 데에 온갖 드라마가 존재하는 것이다. 원망, 증오, 저주, 복수 등에 얽힌 복잡한 드라마가. 결국 그것은 '마음'의 문제이기 때문이다.

마음이란 이상한 것이어서 우리가 너무 종종 우리 마음의 주인이 아니다. 수수께끼의 마음, 불가지不可知의 신비 앞에 우린 그렇게도 무력하다. 우리가 우리 자신의 마음을—그 향방과 온갖 미묘한 동태動態를 꼬치꼬치 분석하고 해명한다 해도 궁극적으로는 '왜 그런지 모를' 부분이 존재하는 법이고, 누구도 정말로 이 마음의 넓이와 깊이를, 그 지평地坪을 진정으로 열어보이지는 못하는 법이다.

마음이 변해서 떠나가는 상대방을 용서해주어야 하는 이유가 바로 여기에 있다. 그라고 해서 변하고 싶어서 변하겠는가? 내가 그러고 싶지도 않은데 내 마음이 변하는 걸 난들 어쩌겠는가? 실상 감정엔—그것이 어떤 종류이건—죄가 없는 법이다. 고삐를 쥐고 있는 것은 언제나 우리의 의지인 것이니, 감정을 문책할 수는 없는 것이다. 우리가 이같은 진실을 관대히 받아들인다면 이 세상의 모든 이별은 한결 부드러워 것이다.

한번 돌아선 마음은 돌이킬 수 없는 법이다. 설사 눈물과 애원과 협박이 그 마음을 설복해서(흔히 멜로 드라마에서처럼) 되돌아온다 해도 그것은 순수한 '원상복귀'는 아닌 것이다. 대체 이미 떠나간 마음을 억지로 붙들어매두면 뭣하겠는가? 조만간에 파국은 오고야 말텐데. 떠나고자 하는 마음은 홀가분하게 놓아주어야 하지 않겠는가? 이별이 불가피한 것이라면 빠를수록 좋다. 그대들이여, 홀가분하게 헤어지는 법을 익히자. 이별이란 언제나 있는 것이니, 우리는 헤어지는 데 길이 들어야 한다.

비록 그가 그대를 떠난다 할지라도 그를 원망하거나 그의 등을 향해 저주를 보내지는 말자.

떠나감은 배신背信이 아니다.

설사 그가 그대를 버린다 해도 한때나마 그대에게 그가 소중한 사람이었다면 이제금 행복이 깨진 것을 한탄만 말고 그나마 그 행복마저 없었다면 그대의 삶이 얼마나 더 공허하고 비참했을까를 생각하고, 그렇듯 충만한 순간들을 그대에게 선사해준 이 삶에 대해서 오직 감사하라.

로깡댕의 진실

사르트르의 작품 『구토』 가운데는 내 마음에 드는 다음과 같은 구절이 있다.

> 사람은 자기의 과거를 호주머니 속에 넣어둘 수는 없다. 과거를 정돈해 놓기 위한 집을 한 채 가져야만 한다. 나는 나의 육체밖에는 가진 것이 없다. 그의 육체만 가지고 있는 아주 고독한 사람은 추억을 간직할 수가 없다. 나는 슬퍼해서는 안됐을 것이었다. 나는 자유롭기만 했으니 말이다.

내가 『구토』를 처음 읽었을 때는 20년 전의 일이고, 한때 나는 이 구절을 흡사 노래의 후렴인 양 입가에 달고 다닌 적이 있었지만, 오히려 세월이 지날수록 훨씬 더 절실한 밀도로써 가슴에 와 닿는 말이 아닐 수 없다(하긴 이 비슷한, 마치 자기 마음속의 생각을 다른 사람의 손으로 베껴놓은 것이 아닌가 싶을 정도로 깜짝 놀라게 되는 '공감'을 주는 구절들은 실상 헤아릴 수 없이 많다).

사르트르의 말처럼 추억이란 다만 머리 속에서만 간직될 수는 없는 법이다. 추억을 붙잡아두기 위해선 그것을 암시하고 상기시켜주는 어떤 형태의 가시적可視的인 물체를 남겨두어야만 한다. 말하자면 로깡댕의 씁쓸한 독백과도 같이 추억을 간직하기 위해선 집을 한 채 마련해야만 하는 것이다.

이런 점에서 노후를 위해 부지런히 무언가를 모아두는 사람들의 생각은 최소한도 옳다. 노년을 비참하게 보내지 않기 위해선 육신의 안락을 보장해주는 건강과 부富, 그리고 아울러 심정의 빈곤을 채워주는 풍요한 추억들이 있어야만 한다. 생의 뒤안길로 사라져간 숱한 추억과 그걸 담고 있는(혹은 상징하는) 온갖 종류의 물체들은 쓸쓸하고 버림받은 노후의 공허를 따뜻하고 풍요하게 채워줄 것이기 때문이다. 흡사 마르고 꺼칠꺼칠한 노목老木의 가지에 햇살이 따사롭게 내리쪼이듯이.

옛날에 내가 아는 사람 중에 돈만 생기면 뻰질나게 레코드 가게로 달려가는 레코드 광狂이 있었는데 그는 음악을 특별히 사랑하는 사람도 아니고 더욱이 음악에 대해선 거의 문외한이었다. 게다가 그는 자기가 사간 판을 그다지 열심히 듣는 것 같지도 않길래 어느 땐가 내가 농담조로 조롱했던 적이 있다.

"대체 듣지도 않는 판을 뭣하러 사가는 거지? 실직했을 때 음악실이라도 개업할래나? 차라리 나한테라도 기증한다면 판을 위해선 행운이지. 일찍이 복음서에도 일렀으되 너희 진주를 돼지우리에 던지지 말지어다!"

그런데 상대는 의외에도 아주 진지한 표정으로 다음과 같이 대꾸하는 것이었다.

"물론 나는 음악에 대해선 무식하고 또 그걸 수치로 여기지도 않아. 그렇다고 재산목록을 채우기 위한 건 더구나 아니고. 비웃어도 좋아! 나는 다만 노후의 추억을 위해서 이 짓을 한다는 걸 분명히 밝힐 수 있어. 이건 사람들이 생각하는 만큼 그렇게 어리석은 행동은 아니야."

지금도 나는 그의 말에 전적으로 동의할 생각은 없지만, 그 옛날 내가 어렸을 때처럼 무조건 그러한 사고를 '유치하고 진부하기 짝이 없는 어리석은 센티멘털리즘'이라고 일소에 부쳐버리고 싶은 생각은 없다. 그의 생각은 한편으론 옳았었다. 그는 자기에게 소중하다고 생각되는 사건(그리고 그에겐 아무리 사소한 사건이라도 소중한 추억으로 치부하려는 경향이 있었다)과 관련된 곡들을 빠짐없이 모으고 있었던 것이다. 그러한 곡들이 상기시켜줄 아름다운 추억을 보존하기 위해서. 나는 아직도 도저히 그럴 생각은 안 일어나지만 최소한도 거의 소박한 진실을 존중해주고 싶다는 게 솔직한 현재의 심경이다. 그 후 그가 어떻게 됐는지는 모르겠지만, 아무튼 그 자신 노년을 위해 마련해둔 준비가 언젠가는 유감없이 효력을 발휘해서 그가 마음껏 위안과 따스함으로 충만함 삶을 즐기게 되기를 바라는 마음이다.

나는 상상할 수 있다. 한 사람이 이미 더 이상 의욕할 수도 행동할 수도 없게 된 노후에—방바닥에 번듯이 누워, 혹은 파이프를 입에 문 채 벽에 기대어—음악을 따라 깊숙한 추억의 뒤안길로 한 발자국 한 발자국 되짚어가는 모습을. 바늘이 소리 없이 판 위를 미끄러져갈 때 흐르는 멜로디를 따라 자욱한 담배연기 속에서 망연히 떠오르는 영상影像들, 서서히 몸을 일으키는 추억의 그림자 …… 아마도 그때 그는 행복하리라. 적어도 그는 위안을 맛볼 수 있으리라. 혹은 누가 알랴!?

집, 한 채의 집, 외계로부터 방어된 하나의 보호령—이 고유의 질서 속에다 소중한 추억들을 가지런히 배치해둔다는 건 정녕코 아름다운 일이다. 여기엔 옷장, 저기엔 그릇장, 또 이 벽엔 그림을 …… 이런 식으로 물건들은 저마다의 '자리'를 차지하고 저 나름의 추억을 간직하고 있는 것이다. 조만간에 추억 위엔 먼지가 앉고 때로는 퇴색하거나 닳아빠지기도 하리라. 그러나 어느 날엔가 쌓인 먼지를 털어내면 가구들은 다시 빛을 발하고 추억은 한층 정다워진다. 마치 오래 묵은 포도주가 더욱 맛이 있듯이. 추억은 연륜을 쌓을수록 한결 귀중해지는 법이다. 모서리가 깨어진 화병 하나에도, 손잡이가 떨어져나간 술병과 퇴색한 찻잔 하나에도 비밀의 소중한 추억이 담겨 있을 수도 있다. 사람들은 흡사 마호가니 가구를 윤나게 닦듯이 추억들을 조심스레 간수하고 가꾸어야 할 게다.

그러나 주위를 둘러보라.

모든 것이 오로지 시장가치市場價値에 의해 평가되는 극도의 물질문명 속에서 눈이 핑핑 돌게 바뀌는 유행의 물결은 사람들로부터 '가꾸고 간직한다'는 미덕을 거의 빼앗아가버렸다. 너도 나도 누구나 유행을 좇아 새것을 찾는 데에 경쟁이 치열한 마당에 '묵은 것의 가치'가 제 구실을 하는 것은 불가능하게 되었다. 유행에 맞는 새것을 위해 사람들은 헌것을 가차없이 버린다. 무엇이나 '새것이 곧 가치 있는 것'으로 통하게 되었기 때문이다. 물질의 풍요 속에서 우리 모두가 각자에게 가장 소중한 무엇인가를 점차 잃어가고 있다는 사실을 진지하게 한번 생각해봐야 할 게다.

로깡댕은 저 '헐벗은 자유'를 위해 집과 추억을 포기했다. 하지만 그는 '슬퍼해서는 안됐을 것이었다. 그는 자유롭기만 했으니까'. 그러나 진정한 자유도 없이 오로지 유행과 새것만을 좇아 값진 추억을, 묵은 가치를 헌신짝처럼 팽개쳐버린다면 그건 정녕코 슬퍼해야 할 일이 아닐 수 없다.

음악의 마력魔力

전쟁의 비극을 다룬 하인리히 뵐의 소설 『휴가병 열차』 속에는 죽음을 예감하고 있는 주인공이 한 번만이라도 슈베르트의 음악 전곡全曲을 들을 수 있다면 생애의 10년을 바치겠다고 다짐하는 대목이 나온다.

휴가를 끝마치고 전선으로 돌아가는 세 사람의 독일 병사들이 폴란드 인이 경영하는 유명한 유곽遊廓에 도착한다. "마실 것과 처녀를 부를까요?"

그러나 어릴 때부터 피아니스트가 되는 게 필생의 꿈이었던, 스물네 살도 채 안 된 가장 나이 어린 병사(주인공)는 성급히 여자를 거절한다. 유곽의 문 앞에서 ……

그때 갑자기 열려진 문으로 라디오의 음악이 들려오는데—그것은 슈베르트였다. 슈베르트의 소품—한 번만이라도 슈베르트의 곡 전부를 듣기 위해서라면 생애의 10년을 바치련다. 하지만 난

12시간 후면 죽을 운명— '음악!'하고 그는 외친다. 여자 대신 그는 음악을 원했던 것이다.

"여기는 음악도 파나요?"

읽은 지 퍽 오래됐지만 대충 이랬던 것으로 기억하는데, 그때 이 대목을 읽으면서 마치 송곳에라도 찔린 듯이 가슴이 콱 막히는 이상한 충격을 받았었다. 그것은 아마도 일종의 괴로운 공감 같은 것이었다.

이따금 본거지인 서울을 떠나 낯선 지방으로 여행하게 될 때면 번번이 절실하게 아쉬운 게 바로 이 '음악'이었다. 여행하는 곳마다 고전음악실을 찾아, 온 시내를 헤매기가 일쑤였고 길가는 사람마다 붙들고 안타깝게 물어봤지만 돌아오는 것은, 한결같이 무뚝뚝한 사투리로 '그런 건 없다'는 대답이었을 뿐이다.

한번은 저녁 내내 찾아헤매다가 몇 시간 만에야 겨우 발견하긴 했지만 끝날 시간이라 음악을 틀어줄 수 없노라는 단호한 거절에 그만 돌아서 나왔을 때의 슬픔은 영영 잊혀지지 않는다. 어느 땐가—아마 제주도에서였는데—밤중에 호텔 옆방에서 불시에 모차르트가 흘러나오는 게 아닌가! 참 희한한 일이었다. 그것은 모차르트의 몹시도 슬픈 안단테였다. 한순간 나는 가슴이 조여드는 느낌이었다. 숨을 죽인 채 나는 꼼짝도 할 수 없었던 것이다.

그러나 잠깐, 아주 잠깐이었다! 1분, 아니 30초를 계속했을까? 모차르트는 툭 잘려나가고 누더기 잡탕음악이 계속되더니 밉살스런 CM송이 잇따르는 것이었다. 아무렴, 이 천박한 호텔 방에서 그런

기적이 일어날 리야 없지. 아마도 그건 무슨 시그널 뮤직이었는지도 모른다. 나는 너무 안타까워 눈물이 다 날 지경이었다. 그 순간 나는 속으로 부르짖었던 것이다. '지금 이 순간 모차르트의 저 바이올린 곡 전부를 들을 수 있다면—그러기 위해서라면, 지금 내가 지닌 모든 것을 바쳐도 좋다'고.

그때 내게 불현듯 떠오르는 게 바로 이 뵐의 어린 병사의 부르짖음이었다. '음악!'

물론 나는 12시간 뒤에 죽게 돼 있지도 않았고 하물며 생애의 10년을 할애하겠다고 맹세도 하지 않았지만, 그 대신 나는 당장 서울로 돌아갈 결심을 했던 것이다. 서귀포도, 한라산도 다 집어치우고 날이 새자마자 서울로 가야지.—가서 모차르트를—하지만 나는 이튿날 떠나지 않았었고 예정대로 며칠이나 더 머물다 온 건 말할 것도 없다. 그러나 그 순간의 외침은 과장 아닌 진실이었다.

후에 서울에 돌아와서, 그 호텔 방에서 내게 홀연 별세계를 보여줬던—평생에 몇 번 있을까 말까 한 '선사된 순간'을 체험케 했던 바로 그 모차르트의 바이올린을 처음부터 전부 들어보았건만, 그와 꼭같은 감동은 다시는 맛볼 수가 없었다. 애석하게도! 언제나 그렇다. 음악은 하나의 체험이고, 그것도 일회적一回的인 체험이기 때문이다. 삶이 그런 것처럼! 우리가 같은 음악을 아무리 여러 번 듣더라도(그 한곡의 한 음 한 음을 모두 기억하고 있고 자기 속에서 그걸 스스로 불러낼 수 있을 정도로 익숙한 곡이라도) 그때마다 우리는 번번이 새로 시작해야 하는 것이다.

왜냐하면 그 음악이 우리에게 불러일으켰던 감동, 그것이 우리에게 주었던 인상印象—혹은 영감—을 되찾기 위해, 즉 추체험追體驗하기 위해 우리는 그 곡을 여러 번 들어보지만 그때마다 그것은 새로운 체험이지 단순한 체험의 재생이 아닐 것이기에 말이다.

음악이란 얼마나 이상한 것일까? 그것은 얼마나 신비한 마력을 지닌 것일까? "모든 예술은 한결같이 음악의 상태를 동경한다"고 쇼펜하우어도 말했지만, 음악은 온갖 예술형태 중에서 지고至高의 자리를 차지해서 마땅할 것 같다. 그것은 가장 영적靈的이고 초자연적인 힘을 지녔기 때문이다. 대체 음악을 이성理性으로써 완전히 이해하는 사람이 있을까?

엄밀히 말해서 우리는 음악을 이해한다기보다 다만 감지感知할 수 있을 뿐이다. 그야 물론 한 곡의 구성이나 화성和聲에 대해 또는 대위법적 구성이 어떻고 작곡기법이 어떻다느니 해서 하나의 음악을 흡사 시체해부라도 하는 양 발기발기 찢어서 내장을 드러내 보여주는 음악 이론가들이 이 세상엔 존재하는 법이다(또한 그렇게 하는 것이 그들의 할 일이기도 하지만). 그러나 그들이 아무리 모차르트를 시시콜콜 헤집고 찢어발겨봐도 어째서 그것이 우리에게(그것이 각자에게 도달할 때) '그와 같은 감동'을 주는가를 절대로 정확하게는 설명할 수 없을 것이다. 마치 해부학자가 시체해부를 해서 이것은 심장, 저것은 허파 또는 이곳으로 무엇이 나가고, 저리로 뭐가 들어오고 …… 식으로 정확하고 치밀하게 분류하고 설명할 수는 있어도 그것이 바로 인간의 영혼이나 생명의 신비에 대한 해답이 되지 못하는 것과 같이.

음악은 평소 때 우리가 꿈꿀 수도 없는 것을 꿈꾸게 하며 상상할 수도 없었던 것을 이해하게 한다. 그것은 우리를 홀리게 하고 전율케 하며 행복을, 환희를, 천국을 …… 요컨대 온갖 가능을 꿈꾸게 하는 것이다. 바그너 속에서 그 누가 저 악마적 정열에 전율치 않을 것이며, 베토벤의《제 9번》 속에서 환희의 극치를, 모차르트의 디베르티멘토 속에서 천상적 희락喜樂을, 바흐의 온갖 칸타타 속에서 신神의 현존을 느끼지 않을 자者 누구이랴! 그렇지 않은 사람이 있다면 그는 불행할진저!

삶이란 온갖 추악함과 비참한 가운데서도 아름다울 수 있는 법이니, 아름다움이란 우리가 그걸 감각하는 능력에 달려 있기 때문이다. 그리하여 모차르트와 베토벤이 있는 한 우리는 행복하다! 이다지도 기막힌 선물을 받고서도 만약에 인생에 대해 불평을 늘어놓는다면 그것이야말로 배은망덕의 짓이 아니고 무엇이랴!

모차르트의 칸타타

음악을 전공했다는 사람들 중에도 모차르트의 작품 가운데 칸타타가 있다는 사실을 알고 있는 사람은 드물다. 모차르트는 종교적인 음악을 작곡하지 않았으리라는 '그릇된 통념'을 전제로 여러 가지 구체적 이유를 나열한 뒤에 "…… 따라서 모차르트는 칸타타를 작곡한 적이 없다"고 딱 잘라 자신있게 부정하는 음악평론가도 있을 정도니까 말이다. 그러나 모차르트는 최후의 작품 《레퀴엠》(후반부는 모차르트의 지시에 따라 사후 그의 제자 쥐스마이어가 완성했다)뿐 아니라 8개의 미사곡(약식 미사곡을 합치면 18곡)과 모테트[經文歌], 그리고 칸타타를 작곡했으며, 모두가 영혼을 고양시키고 정화시키는 깊은 종교성을 지닌 음악임을 한 번만이라도 그걸 들어본 사람이라면 누구나 인정할 것이다.

우선 나는 그 중의 많은 것을 직접 들을 수 있었던 행운을 신에게 감사하는 바이지만, 이같은 행운을 더 많은 사람에게 골고루 나누어주고 싶은 마음을 억누를 수가 없어 이 글을 쓰는 것이다. 아름다움이나 예술작품이 내뿜는 광채란 한층 많은 사람에게 베풀어짐으로써 그 가치를 더해갈 것이라고 믿기 때문에 …… 그것은 흡사 태양이 높이 솟아오를수록 보다 광활한 대지와 생물을 비춰줄 수 있는 것과 같은 이치이다.

모차르트는 두 곡의 칸타타를 작곡했는데, 둘 다 연주될 기회가 거의 없는데다 레코드 또한 워낙 희귀하기 때문에 널리 알려지진 않았지만, 특히나 모차르트가 죽기 3주일 전에 완성한 《칸타타, 메이소닉》〈우리들의 기쁨을 널리 알리소서〉는 최고의 종교적 음악으로, 고매하고 우주적이며 동시에 억누를 수 없는 기쁨을 표출한 천상적인 희락의 현현顯現이라고도 할 만한 것이다.

'프리 메이슨' 회원이었던 모차르트는 당시 '프리 메이슨' 회관 신축을 기념하려고 이 칸타타를 작곡했는데, 경축행사를 위해 리허설 지휘를 하다 류머티즘 열로 쓰러져서 2주일 후에는 영원히 불귀의 객이 되고 말았다. 어떤 의미로 이 칸타타는 모차르트 자신의 말, '죽음이란 인류의 최선의, 가장 진실된 벗'이라고 표명했던 믿음을 음악으로써 고백한 것이라 할 수 있는 것으로, 참으로 죽음조차 극복되는 저 초월적인 신앙의 음악적 증거를 우리는 그 속에서 들을 수 있는 것이다.

그러나 이렇게 쓰고 있는 나 자신이 모든 것을 '알고는 있었지만' 실제로 이 음악을 내 귀로 처음 들어본 것은 불과 1주일 전의 일이다.

예술작품이란—그것이 음악이건, 미술이건, 문학이건 간에—실제로 작품 자체를 대하기 전엔 아무리 그에 관해 장황한 설명을 들어도 만족할 수 없는 법이다. 아니 오히려 그같은 지식이 작품 자체를 보고 싶다는 갈망을 더욱 부채질할 뿐이다. 특히나 어느 예술형태보다도 감각에 호소하는 힘이 큰 음악의 경우 더욱이나 그렇다. 그러니 내가 아무리 모차르트의《칸타타》에 대해 시시콜콜히 알고 있었다 해도 내 귀로 그걸 직접 들어보지 않은 이상 그것은 흡사 굶주린 자가 바로 코 앞에 온갖 진수성찬이 가득 들어찬 찬장이 있는 것을 알고 있지만 그 장은 무거운 자물통으로 채워져 있고 자기 수중엔 열쇠가 없을 때의 경우와 뭐가 달랐겠는가?

그리하여 나는 수년 동안 지치지도 않고 이《칸타타》를 찾는 작업을 끈덕지게 계속해왔는데—방송국이나 레코드 수집가 또는 외국에 드나드는 친구들을 통해서—도저히 희망이 보이지 않아 바야흐로 단념할 단계가 되었을 바로 그러한 때 마침내 기회가 왔던 것이다.

1년 전 어떤 술좌석에서 모某 인사가 내게 물었었다. 혹시 모차르트의 작품에 칸타타가 없느냐고. "물론 있죠." 그래서 나는 내가 아는 바를 전부 설명했다. 그러자 그야말로 기상천외의 반응이 나타났던 것이다. 머리가 하얗게 센 점잖은 분께서 손뼉을 치며 당장에라도 전화통 앞으로 달려갈 기세가 아닌가! 까닭인즉 이랬다.

수년 전에 모 일본 잡지에서 그곳 작가가 쓴 '모차르트의 칸타타'에 대한 기사를 읽고 하도 감동해서 그후 주욱 그 곡을 들어볼 수 있는 기회를 찾고 있던 중 언젠가 레코드 수집가이며, 음악평론가인 모씨 댁에 놀러간 기회에 그 곡을 신청했다. 그러나 여러 가지 수긍할 만한 이유를 제시하고선 결국 "모차르트는 절대로 칸타타를 작곡한 적이 없다"고 단호히 부정하는, 소위 음악평론가인 이 사람의 권위있는 발언에 굴복해서 아무 말도 못하고 돌아왔으나 워낙 뿌리깊이 박힌 자신의 견해를 도저히 고치고 싶은 마음이 아니었다는 것이다.

결국 이날 밤의 질문이 내겐 뜻하지 않은 행운을 선사해준 셈이었다. 전날의 패배자는 당장에 설욕할 기회를 포착했는데, 알고 보니 그 판이 바로 그 음악평론가의 레코드 속에 있었으니 말이다. 하긴 워낙 몇천 매나 되는 레코드이니 주인이라 한들 어찌 일일이 다 기억할 수 있었으랴!

바로 이 문제의 레코드를 복사한 녹음 테이프는 지금 내 서랍 속에 있다. 이제 그것이 내것이고 원할 때면 언제나 나는 그걸 들을 수 있는 것이다. 근사하지 않은가! 그러나 내가 그걸 찾아다닌 때로부터 실로 5년 만에, 그리고 이 판의 소재를 안 날로부터 무려 1년이 지난 뒤 비로소 목적을 이룬 것이다. 하지만 그 오랜 기다림과 탐색작업은 정녕코 헛된 것이 아니었으니, 이 음악은 몇 년이고 찾아헤맬 만한 충분한 가치가 있는 것이기 때문이다. 단 15분간이 5년간의 기다림과 노고를 보상해주고도 남았으므로 ……

처음도, 끝맺음도 베토벤을 예고하는 것 같은 저 환희에 넘친 찬송가 풍의 코러스 …… 긴 테너의 열정적인 레시타티프에 뒤이어제 2테너와 베이스의 엄숙한 듀엣 …… 온갖 것이 기뻐하고 찬미하는 천상적 희락으로 부글부글 끓어오른다 …… '우리들의 기쁨을 널리 알리소서'—이리하여 환희의 외침은 하늘 끝까지 닿는 것이다.

참으로 예술적 창조란 얼마나 신비로운 것일까? 모차르트가 이 음악을 작곡했을 당시—허다한 경험과 질병이며 궁핍까지 겪은 뒤에—과로와 좌절 때문에 마침내 그의 천재가 파멸할 위기에 처했을 때 아마도 그는 한 번 더 자신을 들어올릴 믿음을 창조할 필요가 있었으리라. 그리하여 그는 상처받고 비탄에 젖은 자기 영혼 밑바닥에서 그토록 지순至純한 환희를 창조의 두레박으로 샘물처럼 길어올렸던 것이다. 그리고 그 기쁨은 방울방울 뿌려져 마침내 2백 년이 지난 오늘, 몇 만리나 떨어져 있는 극동의 반도 한 구석 가장 초라한 방 속의 나에게까지 도달했으니, 이것이야말로 기적이 아니고 무엇인가!

짤츠부르크의 나뭇가지

"연애하는 남자의(또는 여자의) 머리를 스물네시간 움직이는 대로 내버려둔다면 다음과 같은 현상이 일어남을 알게 될 것이다"라고 '정열의 철학자'였던 스땅달은 밝히고 있다.

> 짤츠부르크의 염갱鹽坑에서는 폐갱廢坑 속 깊이 겨울잎을 떨어뜨린 나뭇가지를 던져둔다. 2, 3 개월이 지나 다시 꺼내보면 그것은 휘황한 결정結晶으로 뒤덮여 있다. 참새다리보다도 가냘픈, 가장 가는 가지조차 눈부실 정도로 흔들리고 반짝이는 무수한 다이아몬드로 장식되어 있어 본래의 나뭇가지는 이미 알아볼 수도 없게 되어 있는 것이다.

여기서 스땅달이 '결정結晶작용'이라고 부르는 것은 우리가 조우遭遇하게 되는 온갖 현상으로부터 발생해서 사랑하는 대상이 새로운 미점美點을 갖게 되는 것을 발견하기에 이르는 정신의 작용을 의미한다. 스땅달이 『연애론』 가운데서 전개한 이 결정작용의 원리는 오늘날 연애를 논하는 책에선 언급되지 않을 때가 없을 정도로 유명해졌거니와 실상 그것 때문에 그는 자주 이 원리의 개조開祖로 불리고 있다. 연애하는 자가 상상상想像像의 미질美質을 적극적으로 상대방에게 부과하는 마음의 작용, 즉 '상상된 것은 모두 실재한다'라고 하는 이른바 연애의 '광기'를 스땅달만큼 몇 줄의 문장으로 비길 바 없이 아름답게 요약한 작가도 드물 것이다.

스땅달은 평생 독신으로 지냈지만 여러 번 연애를 경험했다. 그리고 서른일곱 살 때 그는 생애 최대의 연애를 했는데, 상대는 마틸드 뎀보스키라는 밀라노의 한 장군과 별거중인 처였다. 그러나 마틸드 편에서도 그를 사랑했는지의 여부에 대해선 오늘날까지의 스땅달 생애 연구서들은 대체로 부정적인 대답으로 기울어지고 있으나 그로선 생애의 끝까지 마틸드를 잊지 못했음이 확실하다. 어쨌든 스땅달은 그의 소설 속에서 평생토록 마틸드의 초상을 그리기를 멈추지 않았으니까. 야심만만한 나폴레옹주의자 쥘리앙 소렐을 광적으로 사랑했던 『적과 흑』의 마틸드, 산적山賊을 평생 동안 미칠 듯이 사랑한 가스트로의 수녀원장을 상상해보라. 스땅달의 『연애론』은 그가 마틸드와의 절망적인 사랑에 고민하고 있을 당시 이따금 머리가 명료해졌을 때 아무렇게나 써두었던 단편斷片들로 이룩된 것이다. 따라서 '병자가 스스로 증세를 적은 임상기록'이라 할 만한 것이어서 여타餘他의 수다한 연애론에 비해 한결 생생하고 공감을 불러일으키는 이유가 바로 여기에 있다.

연애감정을 '공감'이라든가 '재생再生 욕망'이라고 하는 일반적 원리를 비롯해서 성욕이나 리비도에서 연애를 연역演繹하는 소위 프로이트 식 연애론, 또한 '사랑은 능력'이란 사랑의 생산성을 무한히 강조한 에리히 프롬의 최근의 이론에 이르기까지 실로 유사 이래 무수한 동서고금의 시인, 작가, 철인들이 온갖 표현으로 사랑에 관한 정의定議를 내리는 데 싫증내지 않았지만, 실상 '사랑이란 무엇인가'에 관해 아무도 정확하게 표현할 수 없다는 것—이것만이 우리가 알고 있는 전부이다. 그렇다는 것은 사랑 속엔 어떤 경우에도 우리가 이성異姓으로 이해하거나 의지로써 통활할 수 없는 마술적魔術的인 요소가 반드시 존재하기 때문이다—라고 나는 말할 수 있다.

단 한 번만이라도 이 사랑이란 광증狂症—이라고 나는 말한다—에 사로잡혀본 적이 있는 자라면 대답해보라. 내 말이 틀렸는가?

위대한 셰익스피어의 작품에선 예외없이 모든 사랑은 '첫눈에 반해서' 시작된다. 스땅달의 표현을 빌린다면 그건 바로 '벼락의 일격'이다. 어쨌든 사랑이 어떠한 형태로 시작됐건 간에, 벼락의 일격이건 혹은 기왕의 다른 정서가 서서히 변형되어 사랑으로 발전했건 아무튼 사랑하는 자의 감정 속엔 최소한도 맹목적인 요소가 반드시 존재하는 법이다. 이성異姓으로 따지면 절대로 서로 용납할 수 없는 대상들을 사랑은 융합시키기 때문이다. 대체 누가 사랑을 이성理性의 명령으로 시작하며 이성의 동의를 얻은 뒤에 사랑을 하겠는가? 만약에 그런 사람이 있다면 정말 한번 구경하고 싶다. 사랑은 대개는 이성의 추인追認조차 기대할 수 없는 경우가 허다하다. 사랑이 생긴 뒤에 이성의 판관判官이 뒤늦게 그걸 심리하고 심판해봤자 사랑의 감정을 추호도 약화시킬 수도 없는 것이다. 아무리 현자賢者라도 사랑에 빠졌을 땐 이따금 바보가 되기도 한다는 사실을 그대는 모르는가? 사랑엔 도덕이 없는 것이다.

흔히 아름답고 지적인, 모든 것을 갖춘 것 같은 여성이 많은 훌륭한 남성들의 구애를 거들떠보지도 않고 형편없는 건달 때문에 일생을 망치든가 반대로 누구에게나 선망을 받는 최고의 지성과 매력을 겸비한 남자가 자기보다 모든 것이 열등한 여성의 사랑을 얻으려고 필사의 노력을 아끼지 않는 경우는 소설이나 현실에서 얼마든지 볼 수 있지 않는가?

우리는 애착을 갖는 얼굴에서 그 얼굴 자체가 아니라 우리가 보고자 하는 것을 보는 법이다. 우리가 그리워하는 대상은 그 자체가 우리에게 작용해온다기보다 우리 자신이 그렇게 만들어놓은 것이다. 그의 시선, 그 미소, 그에의 추억이 우리를 사로잡는 것은 실상 우리 스스로가 그에게 그럴 힘을 부여했기 때문이고, 그럼에도 그 힘은 우리 자신보다 강하다! 그리고 그렇게 한 우리 자신은 정말로 왜 그랬는지를 정확히는 알지 못하는 것이다. 결국 두 사람의 '만남'에는 언어로 설명할 수 없고 이성으로는 이해할 수 없는 어떤 힘이 작용한다고 말할 수밖에 없다.

그러니 그대는 사랑에 관해 이러쿵 저러쿵 너무 따지지 않는 게 좋다. 우리가 사랑하는 대상이 어떤 사람이든 그게 무슨 문제인가. 사랑의 대상이 우리에게 불러일으키는 체험의 양과 힘이 중요한 것이다. 사랑하는 대상의 가치는 우리들 자신의 헤아릴 수 없이 많은 생각과 감정을 그 대상에게 불어넣고 그 대상을 위하여 얼마나 소비했느냐에 따라 높아지기도 하고 낮아지기도 하는 것이지 그 대상 자체가 적극적으로 무얼 주는 것은 아니기 때문이다.

요컨대 '사랑하는 능력'이 중요한 것이다. 사랑을 아는 방법은 오직 한 가지, 스스로 사랑을 체험하는 길밖에 없다.

사랑하라. 그리하여 그대 스스로 그걸 터득하라.

주신酒神에게 갈채를

스트라빈스키는 그를 처음 대하는 사람에겐 예외없이 다음과 같은 질문을 반드시 던졌다고 한다(그것도 대개는 첫 질문으로). "당신 돈 많소?"

예술가와 가난, 또는 청빈清貧이란 일반적인 관념으로 머리가 꽉 차있거나 혹은 이같은 상식화된 선입견을 지니고 스트라빈스키를 처음 만나는 사람에겐 이보다 더 심술궂고 야속한 대접도 드물 것이다. 분명 그들은 머리에 꽝! 한 대 얻어맞은 기분이 되었으리라. 그러나 이 사실은 스트라빈스키의 지인知人들이겐 워낙 유명했던지라 실상 그를 처음 만나러 가는 인사들은 대부분 이같은 예비지식 덕택에 전혀 당혹하지 않았다고 한다.

이골 스트라빈스키가 돈에 특별히 관심이 많았다는 사실은 잘 알려진 일이지만(그는 인색하기 짝이 없는 구두쇠로서 돈에 얽힌 그의 분쟁은 저 유명한 '발레뤼스' 얘기에서도 자주 언급되고 있다) 도대체 처음 만나는 모든 사람에게 이같은 질문을 던지는 정도라면—그게 유머로서가 아니라고 볼 때—분명 그것은 상대방을 판별하는 하나의 시금석試金石으로 사용했으리라 짐작해서 별 오류가 없을 것 같다. 만약에 상대가 돈이 없다고 하면—그 때문에 그에게 '흥미가 없다'는 결론을 즉각 내리지는 않겠지만, 적어도 돈이 많은 상대방일 때는 (돈을 너무도 좋아하는 스트라빈스키인 만큼) '계속 그와 사귈만하다'는 판단을 내리기 위해서 이 판별기준을 사용했으리란 말이다.

우리가 상대방의 인품을 판별하는 방법은 수없이 많고 사람은 또 누구나 저나름의 관점과 기준을 지니고 있게 마련이다. 이 여러 가지 판별기준 가운데 내가 오랫동안 써먹어왔고 또 상당히 효과도 거둔 하나의 판별법이 있는데, 그것은 즉 술을 이용한 것이다. 나는 대체로 처음 대하는 상대에게 (남녀 구별 않고) 거의 예외없이 다음과 같은 질문을 반드시 던지곤 한다.

"술 좀 하세요?"(이 질문의 대상이 된 많은 사람들이 내 말의 진실을 입증할 것이다)

반응은 대체로 세 가지 정도로 구별할 수 있다.

"글쎄요. 왕년엔 꽤 했지만 몸 때문에 요즘은 금주했습니다."(그가 진짜로 마셔본 적이 있다고 치면 이건 조금 봐줄 만한 경우이고) 혹은 "술은 전혀 못합니다."

"네. 좀 합니다."(이런 사람은 주량이 대단한 실력가라 짐작해서 틀림이 없다.)

"고주망탭니다."(이 부류에 애교 있는 주당이 많지만 그렇다고 결코 광태를 부리지는 않는 진짜 술꾼들이다.)

첫 번째 부류의 사람을 나는 '별 볼일 없는 친구들'이라 치부해서 일치감치 내 구획선 밖으로 금그어버리는 게 보통이다(물론 예외는 있을 수 있다). 그렇다는 것은 그 사람 자체에 대한 판단이라기보다 나와의 계속적인 교제의 가능성이 배제된다는 뜻에서이다.

왜냐하면 우리는 이른바 비즈니스가 아닌 한 대개는 하루일이 끝나고 땅거미가 지기 시작하는 저녁 무렵 사람들과 만나 담소하게 되는데, 이럴 때 서로 부담없이 얘기하면서 긴장을 풀고 흥을 돋울 수 있는 것으로 술만큼 좋은 것도 없기 때문이다(정말이지 저녁 때 오랜만에 만나 '식사나 하실까요? '라고 정중하게 말하는 사람처럼 촌스러워 보이는 것도 없다). 결코 짧게 살았다고는 할 수 없는 나의 생애에서 술 좋아하는 사람 치고 도량이 좁은 사람을 보지 못했다. 또한 술을 멋있게 마실 줄 아는 사람치고 멋없는 사람도 만나보지 못했다(물론 이 역逆도 역시 진리라는 건 아니다). 세상에 술의 진정한 맛과 도道를 알지 못하는 사람과 무슨 얘기를 할 맛이 나겠는가?

이렇게 해서 결국 나는 처음 알게 되는 사람과도 소위 '한잔' 하게 되는 경우가 많은데, 실상 이때야말로 내가 상대방의 사람됨을 판별하는 절호의 기회가 되는 셈이다. '술 앞에선 만인이 평등하다'는 말도 있거니와 대체로 사람들은 특별한 경우를 제외하고는 술좌석에선 스스럼없이 겹겹이 걸친 온갖 종류의 가장假裝을 벗어버리기가 일쑤이기에 말이다.

우리가 사무실에서 매일처럼 대하는 얼굴 뒤에서, 다방이나 거리에서, 기타 장소에서 자주 대하던 낯익은 얼굴 뒤에서 우리는 비로소 서서히 정체를 드러내는 낯선 모습을 발견하게 되리라. 그 사람과 몇달 동안 술 없이 사귀는 것보다 단 세 시간만 함께 술을 마셔보라. 술이야말로 그 사람의 됨됨이를 알아볼 수 있는 가장 정확한 시금석試金石이라는 걸 알게 되리라.

사실 내가 처음 만나는 사람과 술을 마시는 것은 주로 전략적 목적 때문이라 해도 과언이 아니다. 그렇다는 것은 나로선 좀체로 취하지 않기 때문이고, 따라서 언제나 유리한 고지高地를 확보할 수 있기에 말이다. 사람들의 술 마시는 태도도 천태만상이거니와 어쨌든 취해도 누구나 '자기식'으로 취하기 마련이라 알콜로 인해서 야기되는 효과와 양상에 의해 상대가 계속 사귈 만한 사람인가 아닌가를 판단 할 수 있는 것이다.

예리한 심리적 통찰력을 지녔던 미국의 심리학자 윌리엄 제임스에 의하면, "알콜이 인류를 지배하는 이유는 멀쩡할 때의 냉엄한 현실과 준엄한 비평정신에 의해 땅바닥에 지지눌린 인간의 신비적 기능이 알콜에 의해 자극받게 되는 데에 있다"는 것이니, 바로 이 자극받은 '심리적 기능'이 각자의 속에서 어떤 식으로 발휘되는가를 관찰하는 것은 정녕코 흥미있는 일이 아닐 수 없다(물론 알콜은 인간 속에서 잠자고 있는 수성獸性만을 일깨우는 수도 있다. 하지만 어떤 반응이 나타나느냐는 순전히 그 사람 됨됨이에 달려 있는 것이다).

한편 보들레르도 알콜을 '개성 증가수단'의 하나로 (마약과 더불어) 높이 평가하고 있다. 시성詩聖 이태백은 주흥이 도도하게 오르면 그때야 비로소 시를 읊기 시작했다지 않은가? 세상의 온갖 '회담'(정치적이건 상업관계이건)도 성공으로 이끌려면 '술적인 분위기'가 있어야 한다는 것은 외교관계나 상업차관관계의 여러 가지 사례가 이를 증명하고 있다. 소련 외상 몰로토프를 만났을 때 식사를 하면서(물론 술도 포함해서) 비로소 진의眞義를 털어놓았었다고 영국의 수상 이든은 그의 『회고록』 가운데서 고백하고 있다.

만물의 영장인 인류가 저 멀리 아득한 신석기시대로부터 마셨다는 술, 이집트의 파라오였던 람세스 3세가 죽어서도 피라밋으로 계속 나르게 했다는 술—이 위대한 인류의 발명물의 하나인 영묘한 알콜의 마력魔力을 맛보지 못한 자는 불행한지고!

죽은 사람의 무덤에도 우리는 술을 뿌리지 않는가!

일곱 개의 베일

"인간은 일곱 개의 베일을 갖고 있다"는 말도 있듯이, 우리는 누구나 나이를 먹을수록 더욱 세련되는 저나름의 수많은 가면을 지니게 마련임을 마침내 인정하게 되는 것은 확실히 슬픈 일이다.

흔히 우리는 인생의 어떤 시기에 인간이 완전히 허위 없이 살 수 있다고 믿는다. 혹은 적어도 자기만은 허위 없이 살 수 있노라고 확신하는 때가 있는 법니다. 그러나 이같은 절대적 순수와 극단적인 결백도 어느덧 점차 허위와 기만에 조금씩 자리를 양보하게 되는 때가 반드시 온다. 그것이 이르거나 늦거나에 차이가 있을 뿐, 어쨌든 저항하며 마지못해 굴복하든가 적극적으로 긍정하든가 간에 결국은 허위를 받아들이고 인정하게 되는 것은 사회적 동물로서의 우리 인간의 피할 수 없는 운명이 아닌가 싶다.

그리고 이같은 추이推移를 가리켜 세상에선 흔히 '현명'이라고 표현하고 있다. 혹은 '철이 들었다'고. 또한 그것은 일반적으로 연령이나 경험에 정비례하는 것으로 이해되고 있는 것도 사실이다. 생물학적인 용어를 빌린다면 그것이야말로 개체의 바람직한 '적응'이 되는 셈이다.

결국 사회 안에서 끝까지 타협하지 않고, 진실을 허위와 적당한 비율로 흥정하지 않을 때 그는 사회에서 탈락되어 소위 자연도태돼버리는 것이라고—일반적으로 믿고 있다는 말이다. 흔히 너무 고지식하거나 철두철미 진실되고자 하는 사람이 세상에서 이른바 '출세'하지 못하고 실패자, 낙오자가 되거나 종종 사람들로부터 소외되는 것은 바로 그 때문이다. 그는 그들과 다르기 때문에 배척받고 또는(그의 진실 자체가) 무언無言으로 허위를 규탄하거나 (그의 진실에의 용기와 대담성으로써) 그들의 가면을 벗기려고 하기 때문에 세상 사람들에게 두려움의 대상이 되고 동시에 적이 되는 경우는 얼마든지 상상할 수 있다.

끝까지 자기 내면의 소리에만 충실하고자 노력했기 때문에 사람들로부터 백안시되고 결국은 사회 속에서 파멸해간 사람들의 예를 우리는 역사 속에서 어렵지 않게 찾아볼 수가 있는 것이다.

"인간이 인간인 것은 인간과 인간과의 결합 때문"이라고 오토 폰 기르케가 말했지만, 생각건대 우리가 인간과 인간과의 결합인 사회생활을 영위하는 데 있어 각자가 쓰고 있는 '허위의 탈'은 치열한 생존경쟁에 있어 누구나 지녀야 하는 필수불가결의 무기인 양 보인다. 다시 말하면 인간 각자의 각자에 대한, 또는 사회에 대한 어느 정도의 허위는 마치 어떤 종류의 곤충에게 보호색이 필요하듯이,

그리고 그들의 보호색이 곧 생존본능—자기 보존본능의 한 구현具現인 것과 마찬가지로, 인간이 살아가는 데 있어 자기 자신을 방어하는 수단으로서 인간 각자가 지닌 자기 보존본능의 일단一端이랄 수 있는 것이다.

어린애가 거짓말하는 것을 본 적이 있는가? 그대들은 자신이 인생에서 첫 거짓말을 했던 경험을 기억하고 있는가? 그리고 그것이야말로 다름아닌 자기 방어본능의 무의식적인 발로였음을 생각해 본 적이 있는가?

어린애가 거짓말을 하기 시작할 때 그는 이미 어린애가 아니다. 그의 첫 거짓말은 바로 그의 유년시절의 종언을 고하는 조종弔鐘인 것이다. 그것은 바로 단일한 자아에서 또 하나의 다른 자기, 즉 사회적 자아가 분리되는 시점이 되기 때문이다. 흔히 우리는 유년시절을 '잃어버린 천국'이라 부르며 다시는 돌아갈 수 없는 이 시절에 대해 슬픈 노스탤지어를 품게 되지만, 그것은 바로 이같은 어린이의 세계란 온전히 '즉자적卽自的인 나'로서 자족自足하는 시기이기 때문이다.

거기엔 갈등도 투쟁도 없는 단일한 자아가 아무런 방비 없이 존재하고 있을 뿐이다. 그러나 조만간에 '대자적對者的 나'가 나타나 이때부터 그의 내면엔 즉자와 대자 사이의 영원한 분쟁—한 인간 내부의 영원한 드라마가 시작되는 것이다. 그리하여 '본래적인 자아'와 '사회적 자아'의 끊임없는 갈등과 투쟁 한가운데서 가혹한 심판관으로 군림하여 우리를 끝없이 괴롭히는 것도 바로 이 대자적 자아이다. '인식의 시초는 바로 천국의 상실'이란 말도 이같은 관점에서 이해될 수 있다.

'본래적 나'로 살 것인가, 아니면 '일상적 나'(사회적 나)로 살 것인가로 끊임없이 투쟁하는 가운데 아마도 이때부터 우리는 각자가 여러 개의 얼굴을 지니기 시작하는지도 모른다. 어떤 의미로 사회적인 나로서 행하는 약간의 허위와 기만은 실상 '본래적인 나'를 보호하기 위한 방어수단인지도 모른다. 우리가 순수하게 본래적인 자아를 벌거벗은 모습 그대로 자기 표면에 드러내게 될 때 대인관계, 대사회관계에서 아무 손상 없이 그걸 보존하는 것이 과연 가능할 것인가?

"나는 야누스와 같은 두 개의 가면을 지닌다. 한 쪽은 웃고 한 쪽은 우는—그리하여 사람들 앞에 나설 땐 나는 재빨리 쾌활의 가면을 얼굴에 덮는다"고 한 키르케고르의 고백도 다름 아닌 이와 같은 뜻에서였으리라. 스스로 자신에 대하여 '오식誤植 활자'란 슬픈 의식을 지니고 영원한 우수 속에서 살다 간 키르케고르가 만약에 야누스의 웃는 가면을 가지고 사회 속에 어울리지 않았던들 그의 고독한 본래적인 자아는 그토록 철저히 보호될 수는 없었을 것이다.

또한 "고독은 그 아무것도 스며들어올 수 없는 일곱 개의 거죽을 갖고 있다"고 니체가 스스로를 규정한 말 속에서 우리는 일곱 겹의 '사회적 나'란 가면으로 단단하게 싸여져 안전하게 보호되고 있는 고독, 즉 그의 본래적 자아를 쉽게 상상할 수 있다. 흡사 신성불가침의 피풍지대인 양 온갖 허위와 기만으로부터 동떨어져 고독하게, 순수하게 거기 존재하고 있는 진실된 자아의 모습을.

우리는 누구도 다른 사람의 진실을—그 마음속에 진정으로 무엇이 일어나고 있는지를 정말은 알지 못한다. 그러나 이 사실이 온갖 인간적인 따뜻함—애정, 동정, 연민, 신뢰 …… 등을 부정하는 것은 아니다. 우리가 타인을 알 수 없다는 바로 그 사실이 우리를 멀게도 만들고 가깝게도 만드는 것이다. 모든 인간의 마음이—그 속의 온갖 비밀의 소리, 온갖 비밀의 모습이 벌거벗은 채 마치 유리 진열장 속의 물건들마냥 누구의 눈에도 비친다면 인간 사이의 온갖 아름다운 결합은 불가능할 것이다. 암묵의, 공통된, 그래도 견고한 토대가 없어져버릴 것이기에, 그리고 그 토대란 바로 일곱 개의 베일일 것이므로.

결국 이 안전하고 두터운 베일 뒤에서 우리 인간은 몸서리나게 고독한 존재로서 각자의 무서운 실존 위에 떨면서 오직 홀로 서 있을 뿐이다. 그러니 꿋꿋이 서서 견디는 법을 배우는 게 중요하다. ㊖

그대는 충분히 고뇌하고 방황했는가

인간은 누구나 결국은 돌아가는 지점이 있는데(의식적이건 무의식적이건 간에) 그것은 원점原點인 동시에 귀착점이 아닌가 싶다. 적어도 의식적인 사람은 자기가 결국은 그곳으로 돌아갈 지점—목표인 동시에 중심인—을 끊임없이 추구하고 그곳에 도달하기 위해 온갖 노력을 경주競走한다.

일생 동안 전력으로 탐구해도 그것이 무엇인가를 파악조차 못하고 그야말로 암중모색暗中摸索 속에서 죽어가는 사람도 있고, 그것을 뚜렷이 인식하고 확고한 신념을 가지고 목표를 향해 꿋꿋하게 걸어가지만 결국은 도달하지 못하는 수도 있으며,(적어도 전진한다) 혹은 그것이 무엇인지도 알고 있고, 거기에 도달하기 위해 노력해야 한다는 내적 명령을 뚜렷이 의식하면서도 용기나 신념의 결핍 또는 능력의 부족으로 애초부터 포기하거나 도중하차하는 사람도 있을 것이다. 그리고 도대체 이같은 '귀찮고 까다로운' 일 따윈 애당초 생각조차 않거나(이른바 사고 없는 사람들) 또는 미리 외면하거나 적극적으로 회피하는 사람들도 있다. 그리고 아마도 이 마지막 부류에 속하는 경우가 대부분의 사람들의 삶이 아닌가 싶다.

그런데 누구나를 막론하고—만약에 그가 도달한다면—결국은 돌아가야 하는 그곳은 두 길밖에 없다고 나는 생각한다. 즉 하나는 신神이고 하나는 자기 자신이다. 신을 발견해서 두 손을 벌리고 그에게 자기 존재를 전적으로 의탁하는 자는 지복至福한 사람이다. 이때 신은 진리이며 빛이고 동시에 사랑이기 때문에 일체가 그에게서 비롯되고 그에게로 귀착되므로 행복한 '자기 포기'야말로 구원의 반석이 된다.

왜냐하면 온갖 사물의 근원이며 질서의 중심은 바로 유일한 신, 하나님뿐이기 때문이고, 만물이 그 근원으로 돌아가는 것이 본도本道일 것이기 때문이다. 이럴 때 일체는 화해되고 용서되고 통일된다. 혼돈은 질서로, 암흑은 빛으로, 죄과는 은총으로 …… 온갖 의혹과 갈등은 극복되고 영혼은 마침내 안식을 얻게 된다. 마치 아사야 선지자가 기록한 바와 같이 "네 허물을 빽빽한 구름의 사라짐 같이, 네 죄를 안개의 사라짐 같이 도말塗抹하였으니 너는 내게로 돌아오라"는 소리를 듣게 되는 것이다.

결국 문제가 되는 것은 신앙이다. 키르케고르가 신앙을 가리켜 "육만 길 물 위에 뜨는 것" 이라고 표현한 것도 이런 뜻에서였을 것이다. 헤엄치는 인간의 경험과 연관시켜 신앙을 이런 식으로 비유한 것보다 더 적절한 표현을 나는 알지 못한다. 진정한 신앙은 산을

명하여 바다가 될 수 있게 하는—이라기보다 그렇게 될 수 있다고 믿는 '힘'인 것이다. 그러나 신앙이란 '맹목적으로 믿는' 것이 아니라 신을 인식하고 그에게 일체를 귀속시키는 일종의 '지성의 동의' 라고 할 수 있다.

물론 이건 출발점이란 뜻에서이고 진정으로 '육만 길 물 위에 뜰 수 있기 위해선' 전존재를 건 비약을 감행해야 한다. 그런데 이와 같이 지성의 동의를 기초로 그것이 비약을 이룩하는 데엔 반드시 은총이 있어야 하지 않나 싶다. 여기에 모든 것이 걸려 있는 것이다. 하지만 대체 성자聖者들을 제외하고 몇 사람이나 거기에 도달할 수 있단 말인가? 게다가 현대엔 확실히 성자도 없는 것이다.

이와 반대로 신앙이란 지성의 동의를 거부하고 오로지 자기의 중심에로 돌아가 자기 존재 위에다 일체를 쌓아올리는 사람들이 있다. 이들은 모든 것은 자아로부터 비롯되고 자아에로 귀착되기 때문에 자기 자신이 바로 중심이며 기초인 것이다. 그는 오로지 자기 자신 위에 두 다리를 뻗고 꿋꿋이 서 있으니 확실히 강하고 명철한 자임엔 틀림없다. 그에겐 신은 존재하지 않는다. 또는 그는 신과는 무관하다. 따라서 그에겐 영혼의 구제 같은 건 아무래도 좋은 것이다. 그의 삶의 궁극의 목표는 자아의 완성, 즉 '자기실현'이 아닌가 싶다.

전자前者의 경우 궁극의 목표는 영혼의 구제이며 따라서 구제받기 위해선 첫째로 자기 포기가 선행되어야하므로 이 두 입장은 완전히 반대극에 자리잡고 있다고 할 수 있다. 전자의 극단적인 형태로 나타나는 인간형이 성자나 순교자들이고 후자의 예로선 정신적인 영웅이나 예술의 순교자를 들 수 있겠는데, 이들은 양자가 다 자신의 목표를 끝까지 추구하고 자기의 신념을 철저히 체현體現해 보인 사람들임엔 틀림없다.

또한 그런 면에서 완전히 반대의 의미로 '자기 완성'에 도달한 사람들이 아닐까? 그리고 이 양 극단의 희귀한 사람들의 중간에 대부분의 사람들이 존재하고 있는 것이다. 인류의 대부분이. 낳아서 기르고 자라서 사랑하고 죄를 짓고 그리고 죽어가는 모든 사람들이.

삶은 수수께끼다. 게다가 이 수수께끼를 풀 수 있을 만큼 우리의 일생은 충분히 길지 못하다. 아니다. 그건 시간의 문제가 아니고 우리 인간 지력知力의 한계 때문인지도 모른다. 그 비밀의 암호를 판독할 수 있는 열쇠를 아무도 찾지 못하므로 …… 그러나 그건 문제가 아니다. 중요한 것은 그걸 찾아내는 결론에 있는 것이 아니고 '탐구하는 과정'에 있기 때문이다—라고 나는 생각한다.

그와 마찬가지로 우리가 결국은 도달해야 하는 지점이 어딘가, 그리고 그 목표에 도달하게 되는가 않는가의 문제도 실상 결과보다는 그럴려고 노력하는 과정이 중요한 것이다. 진리 자체가 아니라 진리를 탐구하기 위해서 우리가 치르는 노력의 열도와 질량이 귀중하다는 말이다. 비록 도로徒勞에 불과하게 될지라도, 설사 그걸 미리 알고 있다고 할지라도, 좌우간 모색하고 방황하며 쉬임없이 노력하는 그곳에야말로 진실로 인간 가치의 성지聖地가 있지 않겠는가?

막심 고리키의 노모는 늘 다음과 같이 말했다고 한다. 신이 인간에게 묻는 것은 단 하나, 즉 "그대는 충분히 고뇌하고 방황했는가?"라는 것이다. 이 말은 파우스트의 너무나 유명한 구절—우리 인류에게 영원한 구제가 되는 말, "뉘 만일 언제나 노력하여 쉬지 않으면 우리 그를 구할 수 있노라"를 생각케 한다.

그렇다. 가장 나쁜 것은 무관심이요, 게으름이다. 그럭저럭 되는 대로 사는 취생몽사醉生夢死의, 이른바 '반수半睡의 삶'처럼 타기할 만한 것도 없다. 내 생각 같아선 만약에 지옥이란 게 있다면 사후에 지옥으로 가야 할 무리는 바로 이들이 아닌가 싶다. 「묵시록」에 있는 다음 구절을 상기해 보라.

> 너는 미지근하여 뜨겁지도 아니하고 차지도 아니하매
>
> 나 너를 내 입에서 배앝아버리리라.

인생은 끊임없는 시행착오의 연속이다. 그러나 '인간은 노력하는 동안은 미혹迷惑되느니', 만약에 우리가 '보다 높은' 곳을 향해 쉬임없이 정진하려는 노력을 멈추지 않는다면 설사 캄캄한 충동 속에서 이 삶을 잘못 껴안은들 어떠랴.

찬사를 두려워하라

"은銀은 도가니로, 금金은 풀무로, 사람은 칭찬으로 시련한다"는 말이 있다. 따라서 남의 숭배와 찬사에 도취된다는 것은 어리석은 일이다. 그렇다고 반드시 어리석은 자만이 이 위험한 칭찬의 함정에 빠진다는 것은 아니라는 데 문제가 있다. 아무리 명철한 정신을 지닌 강인한 영혼도 아첨과 진정한 찬사를 쉽사리 가려내기란 어려운 법이다. 칭찬이란 흡사 사람을 마취시키는 달콤한 독약과도 같아서 이 유혹을 끝까지 이겨내려면 비상한 정신력이 필요하기 때문이다. 명예욕은 성현 공자께서도 극복하지 못했다지 않은가. 온갖 허영과 세속적 욕망에서 벗어난 정신에게 있어서조차 마지막 '걸림돌'이 되는 게 바로 이 칭찬의 마력이 아닌가 싶다.

"웃는 얼굴에 침 못 뱉는다"는 말도 있거니와 자기에게 진정으로 찬사를 바치는 사람(적어도 표면적으로는 그렇다는 말이다. 깊숙이 숨어 있는 진실이야 누가 알겠는가?)의 코빼기에다 대고 욕을 할 수는 없는 법이다. 누가 (자기 없는 곳에서) 자기를 칭찬했다는 말을 들으면 기분 좋아하고, 반대로 자기를 욕했다는 소리를 듣게 되면 발끈하는게 말하자면 인간의 본능적인 반응이다.

실상 엄밀히 말하면, 자신이 어떤 사람들의—그것이 비난이건 칭찬이건 간에—논의의 대상이 되었다는 사실은 결코 유쾌한 일이 못된다. 흡사 자신이 발가벗긴 채 도마 위에 올려져서 난도질당하는 것과 뭐가 다르겠는가? 자기가 하나의 객체로서 다른 사람들에 의해 마구 이름 붙여지고 값이 매겨진다는 것—그것이 평가절하이든 절상이든 그건 문제가 아니다—은 이유 여하를 막론하고 소름끼치는 일임엔 틀림없다. 다만 대부분의 경우 사람들이 평가절상의 대우를 받았을 땐 칭찬의 마력에 녹아 자신이 객체로서 취급된 '자기모독감'을 거의 느끼지 못할 뿐이다.

대체로 인간은 누구나 칭찬에는 약한 법이다. 어떤 사람을 넘어뜨리려면 비난이나 공격의 화살을 쏘는 것보다 칭찬이나 아첨의 술잔을 권하는 것이 훨씬 효과적임을 그대들은 알고 있는가?

왜냐하면 그가 마시는 술잔은 비록 취하도록 달콤하긴 하나 그 속엔 무서운 독이 들어 있기 때문에 …… 때때로 비난이나 욕설은 오히려 그 표적이 된 대상을—그가 조금이라도 용기가 있다면—자극해서 더욱 분발하게 하는 원동력이 되는 수가 허다하다. 게다가 천재란 바람을 거슬러 더욱 세차게 타오르는 불길과도 같아서 외부의 장애나 도전에 의해 좌절되기는커녕 오히려 그 때문에 더욱 굳건히 자기를 구축할 수 있는 계기가 되는 것이다. 비록 천재가 아니더라도 그가 나약한 정신력의 소유자가 아닐진댄 그렇게 되는 것은 얼마든지 가능하다.

그러나 칭찬은 그를 쉽사리 무장해제시켜버리는 것이다. 더욱이 남의 칭찬이 자기기만의 감정과 손을 잡을 땐 그것처럼 위험한 일도 없다. 흔히 세속적인 성공과 명성의 정점에 이르렀을 때, 난관 속에서 그토록 순수하고 견고하던 정신이 쉽사리 부패하거나 허물어져버리는 예를 우리는 얼마든지 알고 있다. 명성이란 것이 그렇게도 자주 고독과 창조의 적敵으로 지적되는 것은 바로 그 때문이다.

특히 예술가의 경우 그것은 너무도 무서운 진실로서 나타나는 예를 우리는 허다히 보아왔다. 더욱이 대중의 인기를 생명처럼 생각하는 사람들, 배우나 연주자 또는 무용가들처럼 항상 관객이란 대중과 직접 대면하고 그들의 박수와 영광의 정도에 따라 성공이 측정된다고 여겨지는 예술가들에게 있어선 남의 찬사란 필요불가결한 영양소와도 같아서 그들은—특별한 예외를 제외하고는—그것이 없으면 조만간에 자멸하고 말게 되기 때문에 자기기만에 빠질 위험이 훨씬 많은 것이다. 즉 상대방의 칭찬이 아첨이나 동정임을 뻔히 알면서도 스스로 그렇게 믿고자 하지 않는다는 말이다. 그리하여 그들은 마침내는 찬사를 구걸하거나 강요하기에까지 이르는 비참한 지경에 처하게 되는 수가 얼마나 많은가?

소위 대중매체에 의해 대중의 총아가 된 인기 연예인의 경우 진실된 '본질적인 나'로서 사는 것이 다른 사람들의 경우보다 몇 배나 더 힘드는 것도 바로 그 때문이다. 중세의 엄격한 가톨릭 교회에서 배우를 몹쓸 직업으로 낙인찍어 끝내는 그들을 교회의 은혜로 포용하지 않았던 것도 바로 그러한 이유 때문이 아니었나 싶다.

내가 알고 있는 사람 가운데 꽤 저명한 여배우가 있는데 그녀는 상당한 천품을 타고났는데다 무척 영리했다. 나는 그녀가 올챙이 배우 시절에 그녀를 알았고, 한때는 그 재능에 아낌없는 찬사를 보내기도 했다. 문화부기자란 직업적 이유로 자연히 그녀와 자주 접하게 되었으며 그녀의 천품, 그녀의 매력, 또한 그녀의 노력에 대해 나는 기회 있을 때마다 역설하기도 했던 것이다.

그녀가 한창 이름을 날리기 시작할 무렵 그녀는 항상 이렇게 말하곤 했다.

"응, 갠 내 팬이야."

"그 친구 내 신도信徒라구."

"그 친군 내 교도敎徒야."

말하자면 그녀가 들먹이는 이름 중엔 그녀의 숭배자밖에 없었다. 온 세상이 다 그녀 편이었다. 그녀는 찬사와 아첨에 길이 들어버렸기 때문에 그 반대의 경우를 참지 못했다.

그런데 이와 같이 들뜬 자기도취도 그 당시의 그녀로선 그다지 어리석게 보이지 않았거니와 오히려 그것도 하나의 애교로 봐줄 수 있었다. 그녀는 말하자면 아직도 형성形成의 첫 단계에 들어선 단순한 한줌의 밀가루 반죽에 지나지 않았기 때문이다. 따라서 그같은 우쭐댐이나 자기도취도 한때의 객기客氣로서 너그러이 봐 줄 수도 있었다는 말이다. 후에 어떤 놀라운 현상을 빚어놓기 위해 완성을 향해 가는 과정에서 필연적으로 범하게 되는 과오에 불과한 것이라고.

그리고 세월은 흘러 나는 10년 이상을 그녀를 보지 못했고 그녀의 연기 또한 접할 기회가 없었으나 참으로 우연한 계기로 우리는 다시 만나게 되었다. 내가 놀란 것은 그녀가 조금도 변하지 않았다는 사실이다. 그녀는 여전히 그 옛날의 모호한 밀가루 반죽인 채—다만 그때는 어떤 형성도 가능한 유연한 상태였으나 이제는 딱딱하게 굳어져 발전이 정지되어 있었던 것이다.

최근 그녀의 연기가 가짜였음은 누구나 다 알고 있다. 그런데도 그녀는 되풀이하고 있었다. "그 사람들은 모두 내 교도라구!" 맙소사! 사람이 마흔이 넘어서도 터무니없는 자기도취에 빠져 있는 모습은 추하기 마련이니 그걸 목격하는 것은 확실히 유쾌한 일이 못 된다. 게다가 그녀가 '자신의 교도'라고 믿어 마지않는 바로 그 사람이 그녀의 등 뒤에선 마구 그녀를 헐뜯고 있다는 사실을 그녀가 알았다면! 과연 그녀는 진정으로 그렇게 믿고 있는 것일까? 아니면 그렇게 믿고자 하는 자기기만에 불과한 것일까?

젊은 그대들이여! 남의 칭찬을 두려워하고 경계하라. 특히나 그대 앞에서 쏟아놓는 찬사는 무조건 깎아 들을수록 좋은 것이니.

그대 스스로 이해하기를 힘쓰라

다른 사람에게 자기 자신을 이해받고 싶다는 갈망은 우리 인간의 타고난 공통된 본능이다. 우리는 종종 '남이 이해하든 말든 그게 무슨 상관'이냐고 큰소리치기도 하지만 그럴 때조차도 최소한도 한 사람 이상의 이해자를 필요로 하는 뿌리 깊은 소망을 심중에 지니는 법이다. 대체 자기가 잘못 이해되기를 바라는 사람이 어디 있겠는가?

인간들이 모여서 사는 곳엔 언제, 어디서나 어떤 종류의 '관계'가 있게 마련이다. "인간이 인간인 것은 인간과 인간과의 결합 때문"이라는 오토 폰 기르케의 말은 그런 의미에서 두고두고 음미할 가치가 있는 것이다. '결합'이란 실상 이해 없이는 불가능할 것이기에 말이다. 우리가 서로 미소를 교환하고, 마주치는 눈길, 온갖 손짓, 숱한 얘기들이며 아우성, 이 모든 것이 따져보면 결국 서로 이해받기 위해서 혹은 인정받기 위해 허덕이는 본능의 발로 이외 아무것도 아니다. 그것이 의식적이거나 무의식적이라는 차이만 있을 뿐 …… 만약에 이같은 노력이 성공만 한다면, 즉 우리 각자가 서로 완전한 이해에 도달하게만 된다면 그것이야말로 지상의 천국이리라. 온갖 분격, 온갖 증오, 갈등 따위에 얽힌 비극이 실상 우리가 서로 이해하지 못하는 데서 초래되기 때문이다.

이 바람 거센 삶의 광장에서 진정으로 서로 이해한다는 것, 서로 신뢰한다는 것, 이것처럼 인간이란 존재를 아름답게 보이게 하는 것도 없다. 그러기에 아마도 이해한다는 것은 사랑하는 것보다 훨씬 더 힘든 일인지 모른다. 왜냐하면 사랑이란 (적어도 일반적으로 사랑이라고 부르는 그러한 의미에 한해서) 매우 종종 이해 없이도 가능한 것이기 때문이다. 사랑하게 되면 이해하게 되고, 이해하게 되면 사랑하게 되는 수는 있어도 이 두 가지가 반드시 공존共存하는 것은 아니다.

비단 남녀간의 사랑뿐 아니라 부모의, 자식의 또는 형제의 …… 사랑이 이해 없이도 얼마든지 가능한 것이니 그것은 피로 연결된 본능적인 사랑인 까닭이다. 실상 부모의 자식에 대한 사랑만큼 몰이해한 맹목의 사랑도 있을까? 그러면서도 그것은 더없이 거룩한 사랑인 것이다. 사랑하기 위해선 이해가 반드시 조건이 되는 것은 아니기 때문이다. 또한 사랑은 정녕코 이해를 결과시키는 것도 아니다. 부모나 자식 간의 몰이해와 그로써 빚어지는 애정의 갈등은 투르게니예프 이래로(혹은 그 이전부터) 가장 흥미진진한 문학 작품상의 주제主題가 되어왔으며 아마도 우리 인간의 속성이 변치 않는 한 영원히 그럴 것이다.

또한 남녀 간의 애정을 상상해보라. 흔히 '사랑은 이해'라는 표현을 하지만 이건 너무 소박한 생각이다. 남녀간의 사랑은 자주 이해 없이도 가능하고, 오히려 서로를 너무 속속들이 이해하고 있으면 사랑할 수 없어지게 되는 수가 허다하다. 사랑이란 대체로 한순간의 만남, 신비로운 무언無言의 교감交感에서 비롯되는 것이니까.

그러나 이해는 다르다. 이해란 저절로 되는 게 아니고 우리는 어디까지나 노력해서 이해에 도달해야 하는 것이다. 다른 사람을 이해하려면 무엇보다 관대한 마음을 지니고 있어야만 한다. 대체로 사람들은 자기를 이해받고 싶은 갈망엔 급급하면서도 남을 이해하는 데엔 인색한 법이다. 인심이란 야속한 것이어서 다른 사람이 자기를 이해하지 못할 땐 원망하거나 비난하면서도 반대로 자기가 남을 이해해줘야할 차례가 되면 냉담하고 완고해지기 일쑤다. 실상 이 같은 현상이 반대로만 되어도 이 세상은 한결 훈훈한, 살기 좋은 곳이 될 것이다. 우리가 '그러고자 한다면' 어떤 사람도 이해할 수 없는 경우란 거의 없다. 개체個體는 각자 저나름의 개성과 특정을 지니고 있게 마련이지만 어쨌든 우리 모두가 '인간'이라는 점에선 일치하기 때문이다. 같은 인간의 입장에서 이해할 수 없으란 법이 어디 있겠는가?

우리가 관대한 마음을 지니고 동정심에 마음을 열고 귀를 기울이면 사방에서 인간들의 외치는 소리를 듣게 되리라. "나를 이해해 다오!"

이 애타는 호소에 어떻게 감히 귀를 틀어막겠는가? 문제는 완고한 마음이다. 마음이 완고한 자에게는 이같은 외침이 들리지 않을 것이기 때문이다. 인간은—우리들 약한 인간은 언제나 서로에게, 누군가를 향해서, 혹은 보이지 않는 어떤 존재에게 자기의 존재를 알리고 호소하게끔 태어난 것이다. 이 거센 삶의 물결을 타고 실상 우리 모두가 어디서부터 왔고 어디로 갈지 모르매 이 험악한 항로에서 서로 의지하지 않으면 우리는 함께 익사하고 말 것이다. 그러니까 우리 인간 상호간의 이해는 인간이 공존하기 위해서 필요한 토대가 되는 셈이다.

어린이가 혼자서 노는 광경을 눈여겨 보았는가? 아무 가치도 없는 물건들—어른들 눈으로 볼 땐 다만 집안을 어지럽히기만 할 뿐인 도무지 쓸모없는 잡동사니—깨어진 사금파리며 부러진 막대기, 헝겊조각과 조갑지며 돌멩이들 따위로 이룩된 어린이의 왕국을. 이들은 이 하잘것없는 물건들을 정성껏 간수하고 이것들로 이룩되는 하나의 세계에 크나큰 행복을 느끼는 걸 누구나 이해한다.

하루종일 깨어진 조갑지에 흙을 퍼 나르고, 뜯어 모은 풀을 돌멩이로 으깨고, 사금파리에 머문 오색 영롱한 햇빛에도 황홀해한다. 왜냐하면 아이는 동화의 세계속에서 살고 있기 때문이다. 우리 눈으로 볼 땐 더러운 흙이 그에겐 귀한 쌀이 되고, 돌멩이로 짓찧은 풀포기는 맛있는 김치가 되는 것이다. 우리는 누구나 이같은 어린이의 세계를 이해한다. 그러기에 그 모든 잡동사니를 존중해줄 수 있는 것이다. 그것은 우리 모두가 한 번은 이같은 세계를 거쳐왔기 때문이다.

그와 같이 우리가 남을 이해한다는 것은 바로 그 사람의 신화神話를 이해하는 것이고, 따라서 그걸 존중해준다는 걸 의미한다. 우리는 누구나 스스로의 신화를 지니고 있는 것이다.

진정한 이해란 상대방의 세계 속에 자기를 세워볼 때 비로소 가능하게 된다. 참으로 남을 이해하는 것이 어렵다는 게 바로 이 때문이다. 남을 비난하거나 단죄斷罪하긴 쉬워도 참으로 이해하기는 어렵다. 그것은 우리 모두가 자기가 가진 자[尺]로써 남을 재려고 하기 때문이다. '너희가 측량한 바 측량함으로써 측량함을 받을 것이니' 그대들이여! 감히 자신의 자로써 남을 재지 말 일이다.

남이 자기를 이해해주지 않는다고 불평하고 한탄하기에 앞서 먼저 그대 스스로 남을 이해해보려고 애써보라. 그리고 그대 자신 스스로를 이해하려고 노력하라.

삶의 아이러니

펵 오래 전 일이지만 내가 모 대학 도서관을 자주 이용하고 있을 당시 그곳의 사서司書와 친히 사귀게 되었는데, 그녀는 별명이 '미스 말뚝'이었다.

쭉 곧은 키에 흡사 말뚝처럼 꼿꼿한 자세로 걷는데다 어디에 있든—사무실에선 물론이고 어떤 모임에서나 하물며 처음 소개받는 좌석에서도—일단 자리에 앉았다 하면 한결같이 딱딱하고 냉담한 얼굴로 마치 말뚝인 양 박혀서 도시 말이 없었기 때문에 얻게 된 별명이었지만, 본인 자신 미상불 이 닉네임이 싫지는 않은 모양이어서(때때로 그걸 오히려 즐기는 것 같았다) 복도에 지나가는 발소리를 듣고 같은 동료가 "어이, 말뚝!" 하고 부르면 "왜 그래!"하며 무심히 다가오곤 했고, 이따금 내가 다방이나 기타 장소에서 내 친구에게 소개하면서 "이 친군 별명이 말뚝이야"하면 재미있다는 듯이 큰 소리로 웃기도 했다. 그리고는 그 말의 산 증거라도 제시하려는 듯이 웃음을 거두고선 엄숙한 얼굴의 뻣뻣한 자세로(결코 고개를 숙이지는 않았다) 자기소개를 하고는 말뚝인 양 박혀 앉아 거의 한마디도 않는 게 보통이었다. 그래도 '미스 말뚝'은 상당한 유머 센스도 지니고 있었고, 또 저나름의 고집과 실력이 있었던지라 동료들도 함부로 얕보지는 못했다.

그런데 내가 실상 그녀에게 흥미를 느끼게 된 것은 뭐 이같은 별명 때문이 아니라 그녀가 늘상 공공연히 자살을 찬미하고 있었던 까닭이다. 그녀의 말인즉 요컨대 "인생은 살 만한 가치가 없으며 따라서 자살이야말고 가장 현명한 태도요, 자살자는 신분의 고하高下나 지적知的 수준의 여하를 막론하고 존경받아 마땅하다"는 것이었다. 어설픈 니힐리즘이나 막연한 자살동경론을 뒤죽박죽으로 펼쳐놓는 그녀의 유치한 이론에 나는 어이가 없었지만 그녀의 태도는 상당히 진지했고, 또한 내겐 그것이 퍽 재미가 있었다. 게다가 그녀는 노상 옆에 두고 애독하는 까뮈의 『시지프스의 신화』(번역판)를 거꾸로 꽂아놓음으로써 이 실존주의 작가에 대한 특별대우를 과시하기도 했는데, 내가 명색이 까뮈의 제자요 실존주의의 사도使徒라면 자살은 커녕 '자살방지협회'라도 조직해서 자살금지에 앞장서야 마땅할 게 아니냐고 웃으면서 놀려대면 아주 정색을 하고선 "그건 그거고, 이건 이거니까"라고 퉁명스레 대꾸해서 나를 어리둥절하게 만들기도 했다.

그리고는 매일처럼 열심히 얼굴을 마시지하고 '주름살이 생길까봐' 웃음도 억지로 참으며, 다방에선 혹시 '병균이 옮을지도 모르니까' 반드시 왼손으로 찻잔을 들고 커피를 마시는 데에 아주 철저했다. 그리고 언제나 이 모든 걸 유유히 공언公言하는 것이었다. "살기 싫다면서 병은 옮을까봐 되게 겁내네"하고 놀려대면 "그건 딴 문제지" 했다. 하긴 그건 옳은 말이긴 했다.

"인생이 살 가치가 없다면 왜 당장이라도 죽지 않지? 그렇게 자살을 찬미만 하지 말고 솔선수범해보시지 그래." 그러면 자기는 용기가 없다. 평생 실천할 수는 없을 것이다. 그래서 누가 만약 자살했다면 그가 비록 식모라 할지라도 자기는 그 사람을 존경하노라고—게다가 유감히도 자기는 인중人中이 유난히 길기 때문에 틀림없이 장수할 것이라고 덧붙이길래 나 또한 그 점에 있어선 전적인 동감을 표시했던 것이다.

그럭저럭 그녀도 이제 40대 중반에 접어들었으며 지금은 뉴욕에서 건재하고 있거니와 모르긴 해도 온 세상 사람들이 다 자살해도 그녀만은 안하리라고 나는 확신한다.

그런데 문제는 제 2, 제 3의 '말뚝'이 이외에도 많다는 데에 있다. 우리 주변엔 이른바 '자살동경자'의 부류에 속하는 젊은이들이 꽤 많이 있지만, 그것은 예민하고 심각한 감수성을 지닌 영혼이라면 마치 홍역처럼 한 번은 치워야 할 청춘의 병과도 같은 것이어서 대개는 극복하게 되는 게 정상적인 현상이고 또 마땅히 그래야만 한다.

인생을 진지하게 사색하는 사람치고 대체 한 번이라도 자살에 관해 성찰해보지 않은 사람이 있을까? "가장 중요한 철학적인 문제는 하나밖에 없으니 그것은 곧 자살이다"라고 까뮈도 말했지만, 인생이 살 만한 가치가 있느냐 없느냐를 따지는 것은 오성悟性의 범주範疇나 우주의 근본체계를 탐구하는 것보다 확실히 우선적인 중대한 문제임엔 틀림없다.

그러나 까뮈의 경우 인생이 무의미하다는 명제命題는 결국 '그럼에도 불구하고 살아야만 한다'는 결론을 이끌어내기 위한. 자기의 사상을 전개하기 위한 하나의 출발점이 되고 있다는 걸 알아야 한다. 앞서 말한 '말뚝'의 경우나 그외 막연한 염세주의자나 인생무의미론자들의 가장 큰 위험은 까뮈의 출발점을 종착점으로 삼는 데에 있는 것이다.

흔히 '살아서 뭣해? 인생이란 그저 그런 것인데' 라든가 '자살만이 최고의 미덕'이라고 입버릇처럼 되풀이하는 사람들을 가끔 보지만, 원래가 이런 유형의 인간들은—'말뚝'의 경우와 꼭같이—절대로 자살하지 않는 법이다. 이런 사람들은 엄밀히 말하면 영원히 죽지 않는다. 왜냐하면 그들은 한 번도 진짜로 살아본 적이 없기 때문이다.

대체로 인간이 성찰省察에 의해서, 즉 이론이나 주의 때문에 자살하는 경우는 지극히 희귀한 법이다. 키레나이의 헤게지아스는 자살을 가장 열렬히 찬미했거니와 그의 많은 제자들이 그의 학설을 실행에 옮겼기 때문에 자실에 대한 교수를 금지당하기까지 했지만 그 자신은 자살하지 않았다. 또한 염세주의철학의 화신化身이라 할 쇼펜하우어도 알뜰히 장식된 책상 앞에 앉아 항상 인생의 무의미함을 논하면서도 많은 일을 하며 오랫동안 살다 병사病死로써 생을 마쳤던 것이다.

오히려 자살자를 자살로 이끄는 것은 대부분 구체적 삶에서 야기되는 사건인 수가 많다. 흔히 실연失戀이나 불치의 병, 또는 생활고로 인한 자살보도가 신문에 자주 나기도 하지만, 설사 이들이 인생에 대한 성찰에 의해 자살의 결론에 도달했다 할지라도 상기上記한 구체적 이유—삶을 저해沮害하는 결정적 요인이 없었던들 틀림없이 그들은 계속 살아갔을 것이다. 왜냐하면 이론은 삶을 능가할 수 없을 것이고 생명은 정녕코 주의主義보다 강한 것이기 때문이다.

참으로 살아보지 않은 자만이 회색이론을 늘어놓으며 잘못된 우월감에 빠져 있는 법이다. 두뇌 속의 절망과 심정이 당하는 절망은 하늘과 땅의 차이가 있다는 걸 그들은 모르는 모양이다. 진정으로 절망해서 이 삶을 거역하려고 했을 때 삶에의 애착이 얼마나 가슴을 태웠던가를, 절망에 빠져본 사람이라면 누구나 인정하리라. 그대가 생명을 거역하고자 했을 때만큼 생명이 끈질기게 달라붙은 때가 있었던가?

'삶에 대한 절망 없이는 삶에 대한 사랑도 없는 법'이니 이거야말로 삶의 아이러니가 아니고 무엇인가? 인생이 살 만한 가치가 있는가 없는가를 따지기 전에 삶은 이미 우리에게 주어진 것이니, 젊은 그대들이여, 왜 사느냐를 묻기 전에 어떻게 살까를 탐구하라!

3만 권 독파

위대한 욕설가

프랑스의 유명한 가톨릭 작가 레옹 블로와는 예언자적 신앙과 열화熱火같은 문필로써 자크 마리탱 부처를 포함해서 수많은 청년들을 가톨릭으로 개종하게 만들었지만 실상 그는 '위대한 욕설가' 였다.

그는 '걸인乞人작가'라 불릴 정도로 평생을 비참한 가난 속에서 허덕이면서도 스스로 자신의 천직天職이라 확신한 바 위대한 욕설가로서의 기능을 결코 중단한 적이 없었다. 그는 욕을 했지만 '아주 잘 했던'것이다.

거칠은 묘사법과 불과 같은 문체를 가지고 그는 아무리 권세있는 사람들에 관계되는 경우라 할지라도—졸라, 위고, 르낭, 공쿠르 형제도 이에 포함된다—듣기에도 어마어마한 형용사와 가장 맹렬하고 무자비한 질책을 서슴없이 퍼부었는지라 누구나 이 개종자改宗者의 글을 읽고는 간담이 서늘해졌다고 한다.

실상 그는 19세기와 20세기의 과도기에 처한 유럽의 부르조아들에게 그들의 행복과 안일이 종말에 가까웠다는 사실을 예언하는 동시에 그들을 말살하고자 했던 것이다.

이런 의미에서 그는 재난과 벌을 예언하는 구약시대의 예언자와 흡사한 데가 있었다. 따라서 당연히 그는 그 시대엔 환영을 받지 못하고 오히려 냉대를 감수했지만, 20세기에 들어와서는 그의 진가와 현대성이 인정되고 이른바 현대 종교사조의 선구자로까지 추앙받기에 이르렀다.

생각건대 어느 시대, 어느 사회를 막론하고 이 레옹 블로와 같은 위대한 욕설가가 한두 사람쯤은 반드시 있어야 하지 않나 싶다. 어느 사회에나 으레 썩은 일면을 지니고 있는 법이고, 정녕코 누구나 알고 있으면서도 외면해버리는 '진실의 소리'를 사람들의 귀에 주저 없이 들려줄 필요가 있을 것이기 때문이다. 더욱이 오늘날과 같이 현저한 집단의식 속에 인간의 진실이 깊숙이 매장되고 있는 현실에서랴!

그러나 주위를 둘러보라. '이러쿵 남의 흉, 저러쿵 남의 욕'이나 지껄여대는 치사한 소인배小人輩들만이 시장바닥의 파리떼처럼 우글거릴 뿐이다. 일반대중은 말할 것도 없고 소위 엘리트를 자처하는 지도급 인사들조차—정계나 재계, 하물며 문화계와 상아탑 속의 학계, 신성한 종교계에서까지—서로 상대방을 헐뜯고 손가락질하기에 바쁜 현상이 아닌가. 그것도 상대의 면상에다 대고 하는 경우보다 뒤통수에다 대고 주먹질을 하거나 돌을 던지기가 일쑤다. 다만 식자識者들의 경우 '고상한 어휘'를 골라 욕설을 하는 게 다를 뿐이다.

참으로 레옹 블로와같은 위대한 욕설가가 나타나 서로 헐뜯는 소인배들의 간담을 서늘하게 하는 불칼[火劍]같은 말로써 그들의 정신이 번쩍 들게 해준다면 좋으련만(이런 갈망은 누구에게나 있을 게다). 필시 한 사람쯤은 어디선가 숨쉬고 있을 것도 같은데. 그렇다면 그대여, 모습을 나타낼지어다! 그리하여 그대 입을 열어 불의 혀를 가지고 파묻힌 진실의 소리를 홍수마냥 쏟아놓을지어다.

그대가 천사의 날개를 타고 오든 혹은 메피스토펠레스의 담요를 타고 오든 실상 그건 문제가 아니라네.

소음 공해

괴테는 젊은 시절 자신이 소음에 특별히 약하다는 사실을 발견하고는 고통 속에서 할 수 없이 그걸 감내堪耐하는 대신 적극적으로 극복해야겠다고 결심, 매일처럼 프랑크푸르트의 광장에 가서 귀를 찢는 듯한 나팔소리를 (입을 악물고) 몇 시간이나 들으며 서 있곤 했는데, 이같은 훈련의 결과 그는 웬만한 소음에는 끄떡도 하지 않는 완강한 집중력을 획득하게 되었다고 한다.

반대로 카프카는 겨울에도 내의 없이 견딜 만큼 인내력이 강했지만 조그만 소리에도 참지 못해 귀에다 솜을 틀어막고, 또 거기다 쿠션까지 눌러대고야 겨우 잠들 수 있었다 한다.

한편 발자크는 집필 도중 시끄럽게 군다고 하숙집 주인과 대판 싸움을 벌이고는 몇 달이 멀다 하고 하숙을 옮겨다닌 것으로 유명하다(뭐 이같은 일화는 능히 한 권의 책이 될 정도로 열거할 수 있다).

그러나 오늘날과 같은 끔찍한 소음공해의 소굴 속에서 버둥

거려야 하는 우리들의 입장에서 본다면 그래도 한결 행복한 고요 속에서 살 수 있었던 이들의 푸념은 때로 엄살에 지나지 않는 것처럼 생각되기 조차 한다. 바야흐로 소음공해는 인류에게 가장 위협적인, 저주할 신형新型 악마로 군림하고 있기 때문이다.

온갖 종류의 소음—그 중에서도 라디오나 텔레비전 등의 전파 소음은 어디에서고 우리를 따라다닌다. 길에서도, 차 속에서도, 하다못해 병실에서까지, 깊은 산중의 절간에서조차 이 지긋지긋하게 달라붙는 전파귀신으로부터 피할 도리는 없는 것이다.

발자크가 살아 있다면 사흘이 멀다 하고 하숙을 옮길 것이고, 설사 태연자약한 노老 괴테라 한들 히스테리를 일으키고 말 게다.

버스를 타보라. (모든 운전기사는 하나같이 귀머거리인지) 어떤 차 속에서건 라디오의 볼륨은 최대의 상태에서 왕왕거려 귓속에선 이명耳鳴이 날 지경이다.

볼륨 좀 줄이라는 고함이 목구멍까지 차올라오지만 문득 다른 승객들의 얼굴을 살펴보면 너무나 태연해서 (그들은 괴테 식 수련이라도 쌓았단 말인가? 아니면 청각이 마비됐단 말인가?) 그만 꿀꺽 삼켜버리고 만다.

차나 한 잔 마시고 쉬고 싶어 다방에 들어가본다. 여기에도 이 망할 놈의 소음공해는 입을 쩍 벌리고 있으니—스테레오 스피커에서 흘러나와 사방 벽을 때리는 무시무시한 소음에 그만 귀가 얼얼해지고 만다. 목청이 찢어져라 외쳐대는 이른바 절규의 노래—이쯤 되면 음악이 아니라 숫제 미친 지랄이다.

하지만 아무리 둘러봐도 볼륨을 낮춰주십사 갈망하는 얼굴은 찾아 볼 수 없다. 오히려 스피커의 소음에 질세라 경쟁하듯 더욱 고성으로 떠들어댈 뿐.

어쩌다 택시라도 탈라치면 이건 또 손님에게 서비스 정신 발휘한답시고 갑자기 카 스테레오 볼륨을 올려놓는다.

"제발 볼륨 좀 줄여주세요!" 애원하다시피 하면 머쓱해서 꺼버리고는 흡사 진기한 동물이라도 발견한 것처럼 백미러로 흘깃흘깃 살피는 것이다. 제에길헐!

그러면 사방이 벽으로 밀폐된 자기 방 속은 가장 안전할 것 같지만 천만의 말씀이다. 비좁은 골목에 서로 밀쳐내듯 촘촘히 들어선 이집 저집으로부터 시합이라도 하듯 끝없이 울려퍼지는 라디오 소리는 벽 속에라고 뚫고 들어오지 않을 리 없다.

이렇게 되면 누구나 서로가 가해자고 피해자가 아닌가? 세상이 이런 판에 너도 나도 집착해 마지않는 이 문명의 이기利器를 나 혼자 아무리 저주해봤자 소용없는 일이다. 그렇다고 이 나이에 새삼스레 괴테 식 훈련을 시작할 수도 없으니, 아아, 아我!

미챠의 교훈

도스토예프스키의 소설 『카라마조프 가家의 형제들』 속에는 미챠란 주인공이 흡사 고아와도 같이 버림받은 불우한 어린 시절, 거리에서 자기에게 호두 1파운드를 사준 일이 있는 마을 의사의 온정을 평생토록 잊지 못해 23년이 지난 뒤에 (그때 그는 이미 어엿한 육군장교가 돼 있었는데) 이 은혜를 베풀어 받은 사람을 찾아가 감사를 털어놓는 감동적인 장면이 있다.

이 미챠는 철두철미 슬라브적인 인물로, 소박하고 강건하며 박력이 있지만 무모하고 격정적인데다 자제력이란 거의 없고 도대체 그에겐 서구적 조화된 지성이란 손톱만큼도 없다.

그는 색욕의 노예가 되어 방탕한 생활을 하기도 하나 근본적으로는 선하고 그럴 수 없이 너그럽고 게다가 마음속 깊이 고결하려는 욕구를 항상 지니고 있다.

그리하여 그는 젊은 한때의 패기覇氣로 위기에 처한 연대장을 재정적으로 구해준 일이 있지만 이 사실을 마음속에 치부해두지는 않는다.

말하자면 그는 자기가 입은 은혜는 아무리 사소한 것이라도 기억해 두지만 자신이 남에게 베푼 은혜는 쉽사리 잊어먹을 수 있는 사람이다.

이와 반대로 흔히 자기가 입은 은혜는 쉽사리 잊어버리면서도 남에게서 받은 피해나 자신이 남에게 베푼 은혜는 기억하는 것이 대체로 우리들 인간의 속성屬性이 아닌가 싶다. 마치 자기가 꾸어준 돈은 기억하면서 남에게서 빌린 돈은 쉽사리 잊어버리는 것처럼(실상은 그 반대라야 하는데).

인심이 각박해질수록 이러한 현상은 두드러져가는 것 같다. 그저 공짜라고 하면 너도 나도 허겁지겁 달라붙는 인심이지만 따지고 보면 이 세상엔 엄밀한 의미에선 완전한 공짜란 없는 법이다. 설사 남에게서 냉수 한 그릇을 얻어먹었다 할지라도 후에 언젠가는—어떤 형태로든 반드시 계산서가 돌아오기 마련이라 생각하는 것이 정신위생상 대단히 좋다.

사람들은 너무나 쉽사리 이 사실을 잊어버리는 것 같다. 남에게 베푼 은혜는 설사 그것이 목숨을 구해준 행위라 한들 잊어버리는 게 상책이다. 후에 그 보상을 기대했다간 반드시 실망하게 되기 마련이니까. 더욱 나쁜 것은 상대방에 대한 원망으로까지 발전하게 되는 것이다.

"아니, 지가 그럴 수가 있어? 누구 덕에 저렇게 출세했는데

…… 운운云云"

"망은忘恩에도 분수가 있지. 개구리 올챙이 시절 생각 못하고 ……."

이런 식의 원망과 힐난은 주변에서 흔히 듣는 바다. 이같은 현상이 거꾸로만 된다 해도 인간관계는 한결 부드러워질 것이고 이 세상은 훨씬 더 평화로운 곳이 될 텐데 ……

인생 70이란 충분히 긴 세월이라 누구나 살아가노라면 한두 번쯤은 누구에게선가 배신도 당하고, 자기도 모르는 새 남에게 피해를 입히는 수도 있게 마련이다. 적든 많은 남에게서 도움을 받기도 하고, 나 또한 남을 도와주기도 하는 것이다.

문제는 이에 대하는 우리의 태도이다. 실상 선행이란 바로 자기가 '선행을 베풀었다는 만족감' 자체가 하나의 완전한 심리적 보상이 되는데 무엇 때문에 그 이상의 대가를 기대한단 말인가?

네게 대해 행한 수십 번의 비행非行도 너를 위해 베푼 단 한 번의 선행에 의해 상쇄해버릴 것—이것은 실상 상대방을 위해서보다 자기 자신을 위해서 좋은 것이다. 그만큼 마음이 평안해질 테니까.

하지만 이렇게 생각하는 것은 쉽지만 실천하는 것은 그렇게도 어려운 일이다. ㊣

3만 권 독파

흔히 '아라비아의 로렌스'로 알려져 있는 T. E. 로렌스는 『지혜의 일곱 기둥』이란 책을 쓴 저자답게 대영박물관의 도서 3만 권을 독파讀破했다고 한다.

물론 로렌스에 관해선 아랍인의 권익을 옹호한 '사막의 영웅'이란 칭호와 더불어 너무도 믿을 수 없는 수수께끼 같은 면모가 과장돼 전해내려오고 있는 만큼 이런 전설적인 인물에 얽힌 이야기는 무엇이나 조금은 깎아들어야 할 게다.

그러나 옛날에 내가 처음 이같은 사실을 읽었을 땐 (그땐 대학생이었는데) 그걸 곧이곧대로 믿고선 대체 3 만 권의 도서를 독파하려면 1년에 몇 권의 책을 읽어야 할까? 하고 너무나 감탄하고 질린 나머지 그걸 계산을 해본 적도 있었다. 로렌스의 경우 47세에 죽었으니, 대체로 10세 때부터 책을 읽었다고 봐준다면(설마 이때부터 대영박물관을 드나들었을까마는) 40년을 쳐준다 해도 줄잡아 평균 하루에 적어도 두 권은 읽은 꼴이 된다.

게다가 그는 집필도 하고, 열풍 속의 사막의 전투에도 참가하고 했으니 대체 그는 자면서도 책을 읽었단 말인가—이렇게 생각하고 도저히 그를 따라갈 수는 없을 것 같아 절망했던 기억이 난다.

하긴 그는 매일처럼 대영박물관의 도서관에서 한 아름의 책을 빌려와선 침대 위에 누워 그걸 읽다 잠이 들고, 눈을 뜨면 또다시 계속해서 읽고 …… 를 되풀이 했다니 어쨌든 3만 권을 죄다 '빌려갔다'는 도서관 직원의 증언은 참말인지도 모른다.

나는 도서관에 갈 때마다 이 로렌스의 일화를 생각하지 않을 수가 없다. 그리고 어떻게 보면 끔찍이도 길다고 할 수 있는 우리의 일생이 너무도 안타까울 만큼 짧게 느껴지는 것도 바로 이 도서관이란 장소이다. 평생 걸려 읽어내리더라도 도서관의 서가에 들어찬 저 책들 중 몇 분의 1 밖에 정복할 수 없으리란 탄식이 절로 나오기 때문이다.

이런 의미에서 나는 인생이 마냥 길게 뻗쳐 있다고 느끼는 젊은 남녀들에게 종종 도서관에 가보기를 권하는 바이다.

어떤 의미로 볼 때 우리의 삶은 온갖 종류의 '만남'으로 이루어져 있다. 즉 대상과의 만남—그 대상이 무엇이건 간에—인간이건 사물이건 하나의 관념이건 상관없이—이 만남 속에서 우리는 '느끼고, 생각하고, 발견하고, 사랑하고' 그리고 성숙해가는 것이다.

그런데 이 수많은 만남의 대상 가운데 아마도 서책書册만큼 성실한 벗도 드물 것이다. 인간은 때로 배신하기도 하고, 떠나가 버리기도 한다. 또한 거의 언제나 인간관계란 실망과 환멸을 불러오기가 일쑤다.

그러나 책이란 한결같다. 그것은 우리가 부를 때 응답해주지만 싫증이 나서 돌보지 않아도 우릴 버리지는 않는다. 그리하여 언제든지 생각날 땐 거리낌없이 또다시 손을 뻗쳐도 변함없이 호응해주는 것이다.

물론 서책은 그 자체가 인생은 아니다. 그러나 우리가 삶 속에선 절대로 얻을 수 없는 깜짝 놀랄 세계가 거기선 기다리고 있는 것이다. 평생에 한두 번쯤은 책 속에서 '운명적인 만남'을 경험한 사람은 나 이외에도 많이 있으리라.

삶에 절망했을 때 용기를 주었거나 회의에 대한 확신을, 의문에 대한 해답을 제시해준 그러한 책은 반드시 있는 법이다.

『의지와 표상으로서의 세계』 속에서의 니체와 쇼펜하우어의 해후, 또한 괴테가 『윤리학』 속에서 만난 스피노자의 경우처럼.

이같은 희유한 '만남'을 찾아 우리 모두 열심히 책을 읽자. ㊞

겉늙은 젊은이

많은 사람들이 요즘 젊은이들은 너무나 약삭빠르다고 혀를 차는 것을 나는 여러 번 보았다.

또 젊은 사람들이 너무 일찍부터 세파世波에 순응하는 데에 급급한 현상을 개탄하는 사람도 많이 만나봤다.

물론 그들은 대부분 '우리가 젊었을 때엔'이라고 서두序頭를 시작해서 점잖은 충고로 끝을 맺는 이른바 기성인들뿐이었지만, 나 역시 이따금 그렇게 생각하기도 했거니와 또 실제로 그런 청년들을 자주 접해보기도 했다. 또한 그런 종류의 젊은이가 소설에도 자주 등장하기도 한다. 물론 요즘 젊은이가 전부 그렇다는 것은 아니다.

다만 그것이 지배적인 추세라는 데는 많은 사람들이 의견을 같이 하고 있고, 이것은 어느덧 하나의 통념이 돼버리지 않았나 싶다. 그러나 젊은이들에게도 할 말은 있을 것이다. 그들을 그렇게 만든 것은 사회와 시대라고, 그럴듯한 변명과 항의로 대응할 것이다.

말하자면 요즘 같은 세상엔 약삭빠르게 처세하지 않으면 이 살벌한 생존경쟁에서 낙오자가 되기 딱 알맞다는 것이다. 곤충이 보호색을 필요로 하듯이 그들도 자연도태自然淘汰되지 않으려면 약삭빠른 처세술을 매끄럽게 갈아둬야 한다는 것일 게다.

그들의 말도 옳다. 그러니 젊은이들이 마치 숫돌에 칼을 갈듯이 세파에 순응할 수 있도록 그늘의 능력을 쉬지 않고 갈아두는 것도 좋다. 다만 그것 때문에 젊음을 잃어서는 안되지 않는가? (라는 것은 우리 주변에 겉늙은 젊은이가 너무 많은 것 같기에 말이다)

정말이지 왜 그렇게 겉늙은 젊은이들이 많을까? 혹시나 너무 일찍부터 시대의 총아가 되고자 안간힘을 쓴 나머지 그들은 일찌감치 노인이 돼버렸단 말인가? 한번 생각해볼 문제다.

한 나라에 젊은이다운 젊은이들이 점차 줄어든다는 것은 실로 무서운 미래를 예감케 하기 때문이다. 늙은 청년이란 생각만 해도 징그럽다. 겉늙은 젊은이란 흡사 엽록소 없는 잎사귀와도 같은 것이다. '젊음을 잃고 나선 죽게끔 만들어진 사람을 신神의 총아寵兒' 라고 하는 이유도 바로 여기에 있지 않나 싶다.

괴테는 83세가 되어 죽을 때까지 한 번도 삶에 대한 경이감驚異感을 잃어본 적이 없었다고 한다. 그를 끝까지 지탱케 해준 원천이며 그의 끊임없는 창작의 원동력이 된 것도 바로 이 삶에의 경이감과 열정이었던 것이다. 그리하여 그는 83세로 죽었지만 청년으로 죽었으니, 괴테 속에는 늙은이란 아예 없었기 때문이다.

어린이가 끊임없이 온갖 주위의 현상에 놀라고 신기해하며 지칠 줄 모르고 호기심에 눈을 번뜩이는 것을 보라. 그에겐 삶은 무한한 가능성으로 열려 있는 하나의 경이, 미지의 신비인 것이다. 그리고 우리는 누구나 한 번은 이런 시절을 거쳐오지 않았는가?

만사에 무감동해진다는 것은 슬픈 일이다. 그럼에도 불구하고 사람들은 흔히 나이를 먹고도 감동을 잘하면 마치 '철이 안 들어서' 그런 것이라 생각하고 비웃어버리기가 일쑤다. 그리고는 무감동, 무력감을 흡사 달관達觀인 양 착각하고 있으니 이야말로 개탄할 일이 아닐 수 없다. 아무리 시대가 변한다 해도 인간의 본질이 변하는 것은 아니다. 풀 한 포기, 꽃 한 송이에도 심장이 떨리는 환희를 느낄 수 있고 생명의 신비를 감지할 수 있는 능력은 정녕 만물의 영장인 우리 인간만의 전유물이다.

젊음이란 바로 감동하는 마음속에 있는 것이니, 세상의 젊은 이들이여! 언제나 감동하는 마음을 지니고 삶에 대한 경이감과 열정을 영원히 잃지 말자.

콤플렉스

존경할 만한 지그문트 프로이트가 소위 심층심리학深層心理學을 개발한 이후 한때는 정신분석의 유행이 세계적으로 범람한 적이 있었다.

그리고 그 파문은 인간생활의 모든 영역에 미쳤으니, 이를테면 문학, 미술, 종교, 습속習俗, 도덕, 윤리, 교육, 사회과락의 전분야가 프로이트 심리학의 충격을 받았으며 막대한 영향을 입었던 것이다.

그리하여 정신분석을 행하며 하의식下意識, 억압된 충동, 금지, 회화에 있어서의 정착定着, 콤플렉스 등등의 말을 사용하는 것이 널리 유행했는데, 그 중에서도 콤플렉스(복합심리)만큼 식자識者들 간에 자주 애용 내지는 남용濫用하게 된 말도 드물지 않나 싶다.

정확하게 말하면 실제로는 콤플렉스란 말을 써야 할 때가 아닌데도 공연히 페단트리(pedantry)를 과시하느라고 이 말을 아무 때나 마구 갖다 붙이는 경우도 자주 보게 된다.

뿐만 아니라 "그 친구 콤플렉스가 많아서 야단이야" 또는 "그렇게 콤플렉스가 심한 사람은 곤란하단 말야 ……" 등등 흡사 콤플렉스란 걸 굉장한 인격의 결함이라도 되는 양 백안시白眼視하거나 동정심을 발휘하는 현상도 자주 목격하게 되는데—그리고 더욱 딱한 것은 이같은 취급을 당하는 본인들도 자기가 무슨 낙오자나 된 것처럼 그 때문에 고민하고 부끄럽게 여기는 것을 종종 보는데, 실상 따지고 보면 대체 콤플렉스 없는 사람이 어디 있단 말인가? 정말 그런 사람이 있다면 한번 구경하고 싶다. 그건 분명 단세포單細胞 동물과 같은 괴물에 속할 테니까.

생각건대 콤플렉스는 인격의 결함이라기보다 심리상태의 한 양상, 아니 더 보편적으로 모든 인간이 의식 속에 지닌 구성요인이 아닌가 싶다. 그러니 문제는 이 콤플렉스 자체에 있는 것이 아니고 우리가 각자 그것을 어떻게 다루고 이용하느냐에 있는 것이다.

흔히 콤플렉스의 해소解消에 관해 심리학자들이나 교육자들이 자주 역설하지만, 물론 그것이 성공하는 경우 원만한 사회생활을 할 수 있는 무난한 인격형성에 도움이 될지도 모른다. 그러나 이것은 어디까지나 소극적인 방법이다.

좀 더 적극적으로 각자가 자신이 지닌 콤플렉스를 잘만 이용하면 흔히 대인관계, 대對 사회관계에서 많은 갈등을 빚게 되는 이 콤플렉스가 얼마나 많은 창조적 작업의 원동력이 되는가를 알게 될 것이다.

동서고금의 온갖 천재의 위업이나 창조적 행위도 실상 대 사회와의 마찰과 갈등에서 이룩되는 수가 허다하고, 그 밑바닥에 깔린 온갖 유형의 콤플렉스가 동기가 된 경우를 우리는 얼마든지 발견할 수 있다.

마치 콤플렉스의 화신化身과도 같은 도스토예프스키나 보들레르 또는 들라크루아, 그리고 이상李箱을 상상해보라. 이들에게 콤플렉스가 없었다면 과연 그와 같은 불후의 걸작들을 남길 수가 있었을까?

물론 재능과 정열이 없이는 불가능하겠지만, 요컨대 이들은 자신들의 콤플렉스를 생산적인 방향으로 돌려 최고의 높이까지 이끌어올렸던 것이다.

저 위대한 나폴레옹조차 '코르시카 콤플렉스'가 없었다면 …… 과연 유럽을 지배할 수 있었을까를 감히 상상해본다. 콤플렉스는 한 유효한 '밑천'이다. 그러니 우리는 각자가 우선 자신의 콤플렉스를 정확히 파악하고 그걸 잘 '키워서' 생산적인 방향으로 활용하기를 노력해야 할 것이다.

여행은 헛수고

여행하기 좋은 계절이다. 여행사마다 손님 유치誘致 작전에 다양한 경쟁술을 발휘하고 있고 신문 또한 '관광 안내'나 '명소 소개' 등으로 한몫 단단히 거들고 있다.

참 마음처럼 계절을 타는 것도 없는 성싶다. 그리고 이걸 교묘하게, 약삭빠르게 이용하자는 것이 바로 여행사의 상술商術인 것이다. 아니 오히려 상술이 인간의 마음보다 앞질러 계절을 타게 되었다. 그리하여 여행하고 싶은 마음을 전염시키고, 사람들은 정말로 떠나고 싶은 갈망에서라기보다 너도 나도 떠나는 여행대열에 끼이기 위해서 여행가방을 챙기는 수가 더 많게 되었다.

연휴마다 가족동반 또는 무슨 단체, 무슨 클럽 해가지고 고속버스 터미널로 밀려드는 인파를 상상해보라.

어느 곳이나 여행사의 손길이 미쳐 있고 웬만한 장소면 이들의 상술에 의해 정복되지 않은 곳이 없으니 이젠 번잡한 도시를 떠나 혼자 조용히 여행을 즐길 수도 없게 되었다.

어디를 가보나 땅 이름만 다를 뿐이지 똑같은 모양의 도로, 어디나 따라다니는 상표, 선전간판, 서울 말씨? (좌우간 서울 사람 없는 곳은 없으니까) 서울 뺨칠 정도의 물가 …… 등등, 여행에서 얻을 수 있는 신선미와 낯선 매혹은 기대할 수조차 없게 되었다.

실상 여행을 값진 것으로 만들어주는 것은 바로 이 낯설음과 미지에 대한 기대와 발견인 것인데도. 여행은 우리를 낯선 고장, 낯선 얼굴들, 낯선 언어와 풍습 가운데로 인도해가므로 우리는 평소 우리를 방어해주던 안전한 온갖 습관으로부터 유리된 채, 말하자면 우리 자신의 본질이 벌거벗은 채 표면에 떠올라오게 되는 경험을 하게 된다.

우리가 떠나온 '그곳'엔 손만 뻗치면 한밤중 어둠속에서라도 원하는 물건을 더듬어 찾을 수 있고(이를테면 물주전자는 오른편 머리맡에, 전기 스위치는 왼쪽 문 곁에 또는 아스피린은 책상 가운데 서랍에, 식으로) 말하자면 사물은 낯익은 모습으로 언제나 거기에(즉 바로 있어야 할 곳에) 있는 것이다.

그러나 여행은 이 모든 것으로부터 우리를 떼어놓는다. 그래서 우리는 당황하게 되고 곧잘 서투른 실수를 저지르거나 때론 불안에 사로잡히기도 한다. 자기가 지긋지긋해서 팽개쳐버리고 온 그곳이 불현듯 그리워지고 흡사 용감한 탈출이라도 감행하는 것처럼 빠져나온 온갖 '일상성'의 견고한 벽이 이젠 더 이상 자기를 방비해주지 않는 것에 공포를 느끼기조차 하는 것이다. 그러나 바로 이러한 것이 여행을 귀중한 것으로 만드는 이유이다.

왜냐하면 우리는 평소와는 '다르게' 느끼고 발견하기 때문이다. 여행이란—고향 또는 첫사랑 같은 것처럼—우리가 이 삶에서 보유할 수 있는 몇 안되는 유보조항留保條項 중의 하나이다. 사람들이 흔히 '새 출발'을 위해 여행을 시도하는 것은 그 때문이다. 그 밑바닥엔 현실로부터 도피하고자 하는, 매일매일 단조로운 생활의 리듬을 깨뜨리고자 하는 은밀한 욕구가 깔려 있는 것이다.

어느 날 갑자기 '식탁을 털고, 나부끼는 머리를 하고' 훌쩍 아무데나 혼자서 …… 그러나 이젠 그것조차 즐기기가 어렵게 되었다. 어디나 같은 곳, 낯선 고장은 다시는 없다!

아, 여행이란 헛수고!
훗날 사무쳐 알게 되리니
머무를 것, 그리고 조용히 지키는 것
스스로를 제한하는 당신의 자아를.
— 고트프리트 벤

선사된
순간

이따금 문득 천상에서 내려지는 것과도 같은 희한한 순간을 경험할 때가 있다. 불현듯 행복이, 온갖 가능성이 흡사 반짝반짝하는 금가루처럼 하늘에서 떨어져내려오는 것처럼—마치 빛이 손에 잡힐 듯이, 잡으려고 손만 뻗치면 대번에 움켜잡힐 것처럼. 그리고 갑자기 자기가 '살고'있음을 강렬하게 느끼는 것이다.

누구나 평생에 몇 번은 이같은 순간을 체험했으리라. 설사 그걸 정확하게 포착하지는 못할지라도. 실상 무엇 때문에 또는 어디서 그것이 오는가를 합리적으로 설명하기는 불가능하다. 다만 그같은 순간을 유발誘發시키는 요인을 지적할 수 있을 뿐이다. 햇빛, 봄대기, 저녁 어스름에 풍겨오는 꽃향내, 또는 한 잔의 술, 그리고 음악의 어떤 악장, 아찔한 해후邂逅, 그리고 온갖 아름다운 것들 …… 좌우간 매개媒介는 얼마든지 있을 수 있다.

이같은 순간은 예고 없이 불시에 찾아왔던 것처럼 또 그와 같이 순식간에 사라져버리지만, 하도 생생하기 때문에 흡사 무슨 빛줄기가 육체 속을 강렬하게 꿰뚫고 지나간 듯이 느껴지는 것이다. 그럴 땐 혈관 속에 음악이 흐르고, 자기도 모르게 입술 위엔 미소가 떠오르고 자신도 이해할 수 없는 멜로디가 입술 사이로 새나옴을 느끼게 된다. 온 몸의 섬유는 흡사 팽팽히 당겨진 악기의 줄인 양 자칫 퉁기기만 해도 온갖 미묘한 소리들이 아름다운 가락되어 흘러나올 듯 ……

그리하여 자신의 내부에서 소용돌이치며 어우러지다 마침내 잔잔한 물결처럼 서서히 밖으로 흘러나오는 음악에 스스로 도취되어 한 순간 머리 위를 지지누르는 생존의 끔찍한 짐은 어디론가 날아가고 우리의 무겁고 외로운 실존은 무언가 아래서 떠받쳐주는 듯한 보이지 않는 거대한 힘에 의해 흡사 에테르인 양 높이높이, 가볍게 가볍게 날아오르는 것 같은 느낌이 되는 것이다. 이야말로 하늘에서 주어진 선사된 순간이 아니고 무엇이랴.

존재는 그 자체가 음악이 되고, 춤이 되고, 미소가 되고, 새가 되고, 마침내 공기처럼 되는 것이다! 정신과 육체가 완전히 조화된 순간, 우리의 실존이 이 지상과 미소로써 악수하는 순간, 나 자신이 내면적으로 완전히 통일되는 그러한 순간이다. 저 신앙심 깊은 노老 헨델이 눈이 멀고 나서도 "모든 것은 좋다!"고 외친 긍정의 순간도 바로 이같은 체험이 아니었나 싶다. 아무리 헨델이라 한들 항상 그와 같이 느낄 수는 없었을 게 아닌가.

생각건대 인생에서 이같은 선사된 순간을 자주 경험하는 사람이 가장 행운아가 아닌가 싶다. 그야 일생을 그런 것의 연속으로 살 수 있다면 그보다 더 바랄 것이 없겠지만 그건 절대로 불가능할 테니까. 그걸 꿈꾼다는 것 자체가 망상이다. 대체로 젊고 건강할 때엔 누구에게나 이같은 순간이 자주 찾아오는 법이다. 매혹의 순간, 도취의 순간—빛처럼 거품처럼 무섭게도 빨리 사라져버리는 것.

하지만 그 여운은 오래도록 남아 우리의 길고 긴 나머지의 단조롭고 무미한 나날들을 견딜 수 있게 해주는 것임에랴! 중요한 것은 삶을 긍정하는 일이다. 그러나 매순간마다 그걸 지속시키는 것은 지난至難한 일이다. 이 삶에서 내게 주어졌던 온갖 '선사된 순간'에 내가 무한한 감사를 드리고 싶은 것도 바로 그 때문이다.

흥분제

청소년들의 LSD와 마리화나 따위 흥분제 사용이 미국에선 커다란 사회문제로 등장한 지 퍽 오래되었으며 요즘도 오히려 그 복용자 수는 늘어나고 있는 걸로 알고 있다.

우리나라에서도 얼마 전 대마초를 피웠다는 이유로 가수들이 출연 정지를 당했거니와 대마초 가수들의 자성自省하는 태도가 지상에 보도된 일도 있지만, 실상 아편이나 또는 알콜을 비롯한 온갖 종류의 흥분제나 마취제에 대한 인간의 호기심이나 집착은 원시시대부터 있어왔고 인류가 존속하는 한 결코 종식되지도 않을 것이다.

원시인들은 자연 그대로의 약초나 이상한 풀 같은 걸 용케 찾아내서는 그걸 본능이 명하는 대로 적당히 배합해서 약이나 또는 주술呪術 효과로도 사용했으며 오늘날도 아프리카나 남미의 오지奧地 가운데 잔존하는, 귀순하지 않은 원주민들은 한 모금에 전신이 황홀경에 몰입되는 강력한 마취제나 흥분제를 사용하고 있다는 기사를 읽은 일이 있다. 다만 문명이 발달할수록 그 제조방법이 세련돼 가는 게 다를 뿐이다.

대체 흥분제나 마취제가 그토록 우리 인간을 매혹하는 이유는 무엇일까?

호기심, 도피욕, 망각을 바라는 마음 …… 여러 가지 동기를 나열할 수 있겠지만 요컨대 이같은 약물이 현실에선 도저히 불가능한 '어떤 상태에 도달'할 수 있게 해주기 때문이 아닌가 싶다. 그것 없인 절대로 도달할 수 없는 그러한 상태로 이끌어주기 때문에 한 번 그걸 경험한 사람이면 누구나 되풀이하고 싶어지고, 그리하여 점차 손을 뗄 수 없게 되는 것이다. 이같은 상용자常用者 내지 중독자를 파멸로 이끌어가는 과정을 다룬 영화나 소설도 꽤 많다. 그런데 왜 그들은 그러한 상태에 도달하려고 하는가? 그들은 현실을 도저히 참을 수가 없기 때문이다.

따라서 이같은 약물은 구제가 되는 셈이다.

"오, 공평하고 영묘하고 강력한 아편이여!"라고 『아편 중독자의 고백』을 쓴 드 퀸시는 절규하고 있다.

또한 보들레르는 「개성 증가 수단으로서 술과 아씨슈(Hachisch) 마약과의 비교론」이란 글을 썼거니와 (그는 아씨슈 클럽과 관계를 맺고 있었다) 그의 『인공 낙원』은 그가 아편을 상용하지 않았던들 정녕코 쓰여지지는 못했을 것이다. 하긴 보들레르뿐만 아니라 에드가 앨런 포우, 테네시 윌리엄즈 등 수많은 예술가들이 아편을 상용했다는 것은 잘 알려진 사실이다.

아마도 이들은 다소간 혹종의 '영감을 얻기 위한' 수단으로 흥분제에 손을 뻗쳤는지도 모른다. 실상 적지 않은 예술가들이 자극제나 흥분제를 매개로 영감을 기대하기도 하고 또 더러는 성공하는지도 모른다.

하지만 설사 그런 경우라 할지라도 이같은 외계의 매개를 통해 이룩된 예술작품은 진정한 창조는 아닐 것이다. 창조란 스스로 속에서 생성生成되지 않으면 안 되는 것이다.

예술가가 자극을 얻기 위해 흥분제에 의존하게 되면 그때부터 그는 막바지를 향해 달리는 것과 같다. 보들레르조차 나중엔 '일체의 흥분제 폐지'란 맹세를 수없이 되풀이했다.

그러나 결국 그 때문에 그는 실어증失語症과 반신마비로 비참한 최후를 마쳤다. 그가 손을 떼려고 했을 땐 이미 너무 늦었던 것이다. 무서운 일이다.

천재들의 죽음

대학의 자유와 대학신문의 자율

서울대 개교 40주년 기념 특별호(1986. 10)에 붙여

나는 대학신문사에 두 번이나 '입사'한 경력이 있지만, 실제로 그곳에서 일한 기간은 퍽이나 짧았다. 그리고 두 번째의 경우엔 여러 가지 이유에 의해 가능한 한 편집과 제작엔 관여하지 않을 작정이었기 때문에, '조사부장'이란 직함으로 발령을 받았다. 그렇지 않았던들 나는 바람 세기로 소문난 대학신문사에 두 번이나 입사하는 우愚를 범하지는 않았을 것이다. 따라서 엄밀한 의미에선, '대학신문 제작과 편집과정에 대한 회고기'의 필자로서는 적임자가 아니라고 생각한다. 다만 내가 봉직했던 시기가 두 번 다 60년대 격동기로서, 대학의 자유와 대학신문의 자율을 요구하는 학생들의 요구와 학생들의 자중自重을 요청하는 대학당국의 태도가 신문사 자체내에서도 여러모로 충돌, 쌍방의 마찰이 첨예화尖銳化했던 때였으니만큼, 한 번은 나 자신 당사자로서, 그리고 두 번째는 목격자요 증인으로서

당시의 상황에 대해 몇 마디 증언할 수는 있을 것 같다.

내가 처음 대학신문에 발을 들여놓은 것은 64년도였다. 그때 나는 경향신문사 문화부 기자로 있었지만, 일간지의 생리에 염증이 난데다 다시 공부를 하고 싶던 차에 나의 은사되시는 당시 서울대학 총장 신태환교수님의 권유로 선뜻 자리를 옮겼던 것이다. 그러나 신문사 자체내에 팽배한 자율의 의기는 마침내 대학당국과의 극한대립으로까지 몰아가, 불안한 소용돌이의 와중에서 나는 그만 조선일보 문화부로 다시 자리를 옮기고 말았다. 방학 직전 발령이 났기 때문에 4개월 정도 봉직한 기간에 내가 실제로 신문 제작에 참여한 것은 두어 번 정도에 그친 셈이었다. 다만 「한국문학 어디까지 왔나」를 특집으로 꾸민 한 판을 짰던 기억은 지금도 생생하다. 원고 애먹이기로 유명하다는 이어령씨의 원고를 얻어내기 위해 당시 선생의 사무실인 경향신문사의 논설위원실로 가서 거의 물리적인 수단을 써서 (사무실에 감금해서) 쓰게 한 후 소기所期의 목적을 달성했던 일이 특별히 기억에 남는다.

그리고 두 번째로 내가 다시 대학신문사로 돌아온 것은 1965년 가을이었는데, 이 역시 나의 은사이신 유기천교수님이 신태환 총장의 후임으로 부임했을 때였다. 이번에도 마침 유총장의 권유가 있었기에, 극도로 악화된 건강으로 일간지의 격무를 감당하기 힘들었던 차에 선뜻 응했던 것이다. 이렇게 볼 때 내가 대학신문에 들어가게 된 것은 두 번의 경우 다, 특별히 대학신문에서 일해야겠다는 무슨 신념 때문이었다기보다 '가능한 한 학구적인 분위기 속에서 자신의 시간을 많이 갖고 싶다'는 나 자신의 이기적인 욕구가 주된 작용을 했다는 것을 고백해야겠다. 그리고 두 번 다 나는 유감히도 이와 같은 내심의 욕구를 전혀 충족시킬 수 없었다는 것도. 한 번은 신문사내의 극한적인 상황 때문에, 또 한 번은 나 자신의 건강 악화로 인해 나는 이 직장을 떠나야 했던 까닭이다.

요즘은 대학신문의 체제나 성격, 그리고 신문사의 조직기구 등이 어떻게 돼있는지 잘 모르겠으나, 아마 60년대와 70년대에 비해 크게 달라지지는 않았으리라고 생각한다. 여러 가지 사유로 인해 70년대까지는 나는 학생기자들 중 한두 사람과 꾸준히 접촉이 있었고 덕택에 신문도 자주 볼 기회가 있었지만, 80년대에 와선 어떤 의미로든, 대학신문과 관련될 기회도 없었거니와 또 사실 나 자신 신문사에 관심이 없어진 것도 사실이다.

그런데 오랫동안 줄곧 세대교체 되는 학생기자들과 꾸준히 접촉하면서 나는 최근에 올수록 학생기자들의 연령(자연적 연령이 아니라 정신연령)이 점차 낮아진다는 인상을 받았다. 그렇다는 것은 이들의 학생기자로서의 기량이 원숙하지 못한 것으로 느껴졌다는 뜻도 된다. 왜일까?

내 생각 같아선 학생기자의 임기를 단축시킨 데에 주된 원인이 있지 않나 싶다. 당시만 해도 학생기자의 임기는 원칙으로 2년이었으나 본인이 원한다면 1~2년 연장하는 것은 예사였으므로 3~4년 경력의 베테랑 학생기자들도 꽤 있었다. 전국의 우수한 인재들이 다 모였다는 서울대학교에서, 그것도 치열한 경쟁률을 뚫고 학생기자로

선택된 이들의 품성과 자질이 요즘이라고 해서 근본적으로 옛날보다 떨어진다고 생각되지는 않는다. 다만 기자로서의 수련과 경험이 부족하기 때문일 것이다.

사실 4·19 이후 전반적으로 불어닥친 자유의 바람을 타고 대학신문의 어용화御用化를 성토하며, 문자 그대로 '학생을 위한, 학생에 의한 신문'의 자율과 권익을 옹호하기 위해선 극한적인 투쟁도 불사했던 학생기자들의 요구에 끊임없이 시달려온 대학당국으로선 특히나 다루기 힘든 고참기자들은 골칫거리였을 것이다. 심지어 당시 대학신문에 관계했던 문리대의 K교수는 "학생기자들은 머리가 더 이상 굵어지기 전에 내보내야 한다"는 의견을 서슴없이 발표했다는 소리까지 들었다. 말하자면 하향식下向式으로 다루기 쉬운 동안만 그들을 신문제작에 참여시키겠다는 소리다. 그러니 학생들은 처음 입사했을 때의 약간 어리둥절한 상태에서 겨우 벗어나 막 신문제작의 참맛을 알려고 할 때 신문사를 떠나야 하는 것이다. 그러나 내가 대학신문사에 있었던 64~65년도만 해도 3년 이상 경력의 학생기자가 적어도 서너명은 있었던 걸로 기억하고 있다. 당시 학생기자들의 자질도 우수했지만, 그들의 패기 또한 대단했다. 학생기자 이외에 전임기자로선 부국장을 포함해서 나까지 모두 네 명이었다. 그때만 해도 대학신문의 운영권은 학생처에 있었고, 주간과 편집국장은 조교수 이상의 본교 교수를 총장이 임명하게 돼 있었다. 또한 여러 명의 교수들이 편집고문으로 있으면서 편집국회의에 참석하는 한편 번갈아 사설을 집필했다. 학생기자는 원칙적으로 사설엔 손을 댈 수 없었다. 이런 상황이었던 만큼 신문의 편집·제작에 있어 학생들의 의견과 주장을 전적으로 반영한다는 것은 불가능했다.

물론 대학신문은 단순한 학생신문이 아니요 대학의 언론을 대변하는 신문이라 할 때, 전적으로 학생들의 주장만을 반영할 수는 없다. 다시 말해 그것은 대학의 주된 구성요소인 학생과 교수 및 대학당국의 의견이나 요구를 정확하게 파악하고 조정해서 반영할 의무가 있을 것이다. 그러나 당시의 대학신문의 운영과 조직 속에서는 이와 같은 삼자三者 합의에 의한 조화된 '대학언론'을 대변하는 이상적인 신문을 제작한다는 건 바랄 수 없는 일이었다. 더욱이나 대학의 자유와 대학신문의 자율에 대한 학생들의 요구와 이에 대한 학교당국의 태도가 첨예하게 대립하고 있었던 당시엔 자연히 대학신문은 운영권을 쥐고 있는 학교당국의 반半기관지적 성격을 띨 수밖에 없었다.

이렇게 해서 일어나게 된 것이 이른바 '대학신문 사칙社則개정안' 파동이었다. 그것은 "대학신문의 근본은 어디까지나 대학의 주인공인 학생들에게 있는 만큼, 전적으로 학생들의 의견과 주장을 살려야하며 그러기 위해선 학생들만의 힘으로 만들어져야 한다"는 취지에 입각해서 대학신문의 독자적 운영권을 쟁취하고 편집·제작의 자율권을 확보하고자 사칙을 개정하자는 데서 일어난 운동이었다. 학생기자들은 만약에 자신들의 요구가 관철되지 않으면 총사퇴라도 하겠다는 결의로 대학당국과 극한적인 대치상태에 있었다. 그리고 전임기자들은 학생기자들에 대립하는 당국의 편이 아니라 어디까지나 학생기자들과 행동을 같이한다는 일념으로 편집진이 일체가 돼 있었다. 지금은 고인이 된 당시 편집국장 민병구閔丙久교수는 '일단유사시'에 대비해서 전임기자들은 다른 직장을 찾아 보라는 권유를 했을 정도로 모두가 비장한 각오로 각자 사표를 호주머니에 넣고 다녀야 될 판이었다. 이러한 때 마침 내가 미처 새 일자리를 찾아보려고 하기도 전에 조선일보사에서 오라는 권유가 있었기에 나는 아쉬움을 남긴 채 대학신문을 떠났다. 따라서 나의 첫 번째 대학신문시절은 '사칙개정안 파동'으로 시작되어 투쟁의 소용돌이 한가운데서 떠나버린 셈이 되었다.

생각하면 나는 대학신문사에 발을 들여놓자마자 다시 나와버린 격이 됐지만, 그 짧은 기간에 신문을 만들었다는 기억 대신, 매일처럼 비장한 각오로 회의에 회의를 거듭했던 기억만 남아 있다. 때로는 편집국에서, 때로는 대학가의 어떤 식당 한 방에서 대학신문의 진정한 자율과 독립권을 쟁취하기 위한 열띤 발언들이 격류처럼 쏟아져 나왔던 저 끝날 것 같지 않던 회의의 연속 …… 그때의 절박한 투쟁에 동참했던 사람들의 고뇌와 열의가 헛된 것이 아니었다는 것을 증언하기 위해서도 오늘의 대학신문 기자들 가슴속에도 그와 같은 순수한 열의와 불굴의 투지가 끊임없이 불타주었으면 한다. 젊은이의 용기는 바람이 거셀수록 더욱 세차게 타오르는 불과 같은 것이 아닌가!

번역자의 양심

1983년 3월 16일부터 18일까지 스위스의 제네바에선 국제해적 출판물 전시회가 열린다는데, 이 이색적인 전시회엔 세계 각국의 무단복제 출판물뿐 아니라 각종 무단번역 출판물까지 전시된다는 소식이다. 대만과 더불어 세계적인 해적출판국으로 알려져 있는 우리나라로선 이같은 국제적인 행사에서 공식적으로 '불명예'를 과시하게 될 터이니 식자識者들은 누구나 얼굴이 뜨거워지지 않을 수 없게 되었다.

지식과 정보를 일종의 재산으로 평가하는 현대 국제사회에서 해적출판왕국이란 오명을 벗기 위해선 우리나라도 하루빨리 국제저작권조약에 가입해야 한다는 주장이 문화계 일각에서 수년 전부터 있어왔고 저작권 가입의 득실得失에 관한 문제도 기회 있을 때마다 거론되곤 했지만 가까운 시일 안에 실현될 것 같지는 않다. 이번 제네바에서 열리게 되는 전시회를 계기로 다시 한번 문화계와 출판계

안에서 저마다 그 득과 실에 대해 설득력 있는 주장을 내세우고 있고 매스컴에서도 이 문제를 크게 다루고 있는데, 이 기회에 우리나라 출판물의 거의 4분의 1을 차지하고 있는 번역도서에 관련해서 번역자의 사명에 대해 좀 생각해보자.

1982년 한 해 동안 우리나라에서 발행된 신간서적이 초판의 경우 모두 1만 7천 6백 여종으로, 이 중 3천 3백 여종이 번역도서로 밝혀져 있다. 그러면 전체 도서의 23%에 해당하는 이들 번역서의 역자들은 과연 어떤 사람들인가?

'번역업'이라는 것이 우리나라에선 아직 전문적 직종으로 확립돼 있지 않기 때문에 엄밀한 의미에선 직업적인 '번역가'는 거의 없다고 해도 과언이 아니다. 그렇다는 것은 직업인으로서의 번역가의 권익이 제도적으로 보장돼 있지 않다는 뜻도 된다. 게다가 우리나라엔 '번역가 양성소'나 혹은 대학에서 '번역과' 같은 걸 두어 전문적인 번역가를 길러내고 있지도 않으니, 대체로 대학에서 어학이나 외국문학을 전공한 사람이 자연히 번역에 손을 대게 마련이다. 아무튼 외국어에 능하면 당연히 우수한 번역가가 될 수 있다고 생각하는 위험한 논리가 지배적인 통념이 돼 있을 정도니까. 번역의 진정한 본질과 번역가의 막중한 사명감을 올바르게 이해하고 실천하고 있는 역자가 과연 얼마나 될까는 심히 의심스럽다.

1960년대까지만 해도 문학작품의 경우 대개는 대학에서 외국문학을 전공한 학자나 교수가 거의 독점하다시피해서 외국문학을 번역도서로 자주 접해본 독자라면 누구나 영문학엔 주로 누구 누구,

불문학엔 누구 누구, 독문학엔 누구 누구 …… 이런 식으로 같은 이름을 언제나 역자로 대하게 됐던 사실을 기억하고 있을 것이다. 그러나 70년대 이후 출판계가 활발해지고 군소 출판사가 대거 진출하게 됨에 따라 외국의 번역도서도 무더기로 출판하게 되자 자연히 역자 기근현상이 일어났으며, 따라서 외국어를 좀 한다 하는 사람이면 너도나도 한두 권 정도의 번역서에 손을 대게 되었다.

번역가란 것이 직업인의 장르로서 확립되지 못하고 있는 데다 등록도 안돼 있는 관계로 현재 역자로서 활약하고 있는 수가 얼마인지는 집계돼 있지 않으나 대체로 대학교수를 비롯해서 기자, 문필가 및 대학원 학생들이 역자의 대부분을 차지하고 있지 않나 싶다. 그리고 번역한 원고를 출판사에서 이른바 'rewrite'하지 않아도 되는 완벽에 가까운 원고를 넘기는 역자의 수가 지극히 적다는 것은 출판계에서 널리 알려진 사실이다. 하물며 노벨상 수상작품을 비롯한 최근의 베스트셀러 물物의 경우 몇 군데 출판사에서 경쟁이 붙게 되는 게 보통이고, 그렇게 되면 결국 한 권의 책을 몇 사람(심하면 10명 이상)이 찢어서 이른바 '날치기 번역'을 해서 엉뚱한 이름을 빌려 출판하거나 일본의 번역판을 중역한 것을 버젓이 원서에서 번역한 것처럼 행세하는 것도 공공연한 비밀이 돼 있다. 독자를 기만하는 이런 엉터리 역서가 양심적인 출판사에 의해 신빙성 있는 역자가 한 역서보다 호기好機를 먼저 잡을 수 있고 게다가 더 많이 팔리는 것도 개탄할 일이 아닐 수 없다.

출판사측으로선 번역일 경우 드문 예외를 제외하고는 모두가 인세印稅가 아니고 원고를 매절하는 형식을 취하기 때문에 가능한 한 싼 원고료로 만족하는 대학원생이나 혹은 어쩔 수 없는 상황에 있는 역자들에게 날치기 번역을 시켜 'rewrite'를 하는 게 훨씬 경제적인 것임은 두말할 필요도 없다. 이러한 조건으로 여럿이 갈라서 한 작품을 번역하는 데다 자기 이름도 나가지 않으니 역자들도 양심적으로 성의를 다할 이유가 없을 것이다. 한 권의 책을 통독하지도 않고 머리부분, 몸통부분, 꼬리부분만 각각 떼어갖고 무책임하게 한 번역을 출판사에서 얼기설기 꿰맞추어(이른바 rewrite) 버젓이 한 권의 책으로 내놓는 것을 독자들이 접하게 된다고 상상만 해도 등골이 서늘해진다. 문자 그대로 이런 '해적판' 지식을 섭취하고도 자신이 기만당한 것도 모르는 독자들만 불쌍하게 되는 것이다. 결국 희생자는 주로 앞으로 지식계의 중추역할을 담당하게 될 젊은이들이라는 사실을 생각해보라.

출판계의 이와 같은 악습을 뿌리뽑고 선의의 독자들을 저질도서의 공해로부터 구출하기 위해서도 여러 가지 무리는 따르겠지만 하루빨리 우리나라도 세계저작권조약에 가입해야 되리라고 본다. 그렇게 되면 원저자에게 지불해야 될 로열티(책값의 7%)를 생각해서라도 자연히 번역도서 선택에도 신중을 기하게 될 것이고 우수하고 양심적인 역자에 의한 성실한 번역을 시도하게 될 것이기에 말이다.

'20세기는 무엇보다도 번역의 시대'라고 어떤 프랑스의 석학은 주장했다지만 과연 오늘날의 세계문화는, 번역의 문화라 해도 과언이 아니다. 전인류가 이른바 단일세계를 지향하고 있는 현대에선 번역이 없다면 어떻게 언어와 문자가 서로 다른 인류 상호간의 의사소통과 지식의 전달이 가능하겠는가? 고대 로마와 그리스의 문명에 접하고 불교와 이집트의 신비를 이해하며 기독교의 전래가 가능했던 것도 결국 번역이 있었기 때문이니 인류문명은 말하자면 번역의 문명인 셈이다. "현대 세계는 번역을 지향하는 무한한 기계와도 같다"란 말은 그러니까 조금도 과장이 아닌 것이다. 오랫동안 문학상의 자료에 관한한 자족적自足的인 나라로 유명했던 프랑스에서조차 이제 번역물은 총 인쇄량의 10%를 초과하는 것으로 밝혀지고 있다.

이러한 의미에서 볼 때 번역자의 임무가 얼마나 중요하며 인류의 단일세계화에 번역자가 공헌하고 있는 몫이 얼마나 엄청난가를 실감할 수 있다. 그러나 "번역(traduction)은 배반(trahison)이다"라는 말도 있듯이 번역처럼 완벽을 기하기 어려운 작업도 없으며, 때론 사소한 오역誤譯이 엄청난 해악을 초래할 수도 있는 것이다. 번역에 있어 실로 이 오역의 문제는 심각한 난제이다. 역자는 신이 아니므로 언제나 오역의 가능성은 있는 것이며 엄밀하게는 어떤 말도 그 의미를 고대로 전달할 수는 없기 때문이다. 극히 하찮은 오역으로 인해 외교상으론 두 국가간에 분쟁을 유발할 수도 있고 정밀과학분야에선 다수인간의 생명을 앗아갈 수도 있으며, 미학상으로 잘못된 번역이나 졸렬한 번역은 원저자와 그의 조국의 명예에 누를 끼치기도 한다. 참으로 길버트 하이트의 "졸렬한 저작은 한갓 실수에 불과하나 훌륭한 저술의 졸렬한 번역은 하나의 죄악"이란 말은 지언至言이다.

원저작의 내용에서 '아무것도 바꾸지 않고 아무것도 빼지 않고 또한 아무것도 덧붙이지 않고서' 원저자의 의도를 그대로 전달해야 하는 데에 실로 번역의 어려움이 있지 않나 싶다. 나 자신 십수년간 번역을 반직업으로 하다시피 해오면서도 완벽한 번역은 불가능하다고 느끼는 것은 바로 그 때문이다.

우리가 어떤 사물이나 사상을 표현하려면 그것에 맞는 언어는 두 개도 세 개도 아니고 단 하나뿐인 것처럼, 번역에 있어서도 원저자가 표현하고자 한 것을 우리말로 옮길 수 있는 언어는 오직 하나밖에 없다. 그래서 뻔히 알면서도 이 '오직 하나의 적절한 표현'을 찾아 공연히 사전을 뒤적이지만 아무 소용도 없고 결국은 자기 자신이 그걸 생각해내야 하는 것이다. 게다가 자기에게 생소한 영역의 술어나 전문용어에 대해선 비록 그것이 극히 하찮은 것일지언정 그 방면의 전문가에게 반드시 문의해봐야 한다.

내 생각 같아선 우리나라의 숱한 오역이나 졸역은 번역자의 무지 탓도 있겠지만 많은 경우 역자의 성의부족이나 무책임에서 비롯되는 것이 아닌가 싶다. 어려운 부분은 슬쩍 '빼먹고' 자신이 이해하지 못하는 사항도 '적당히 얼버무려' 넘기는 무책임하고 무성의한 번역자의 '양심'이 문제인 것이다. 엄밀하게 말하면 모든 번역은 그 분야의 전문가가 담당하는 게 가장 바람직하겠지만, 우리나라는 아직도 전문적인 번역가가 없는 실정에서 '외국어에 능하고 문장력이 있는' 사람들이 번역가 행세를 할 수밖에 없는 이상 최소한도 자기에게 생소한 분야에 대해서는 기초적인 공부 정도는 할 성의가 있어야 할 것이다. 그렇게 되면 적어도 무용가 파블로바가 드루리 극장의 매니저와 '약혼'(engagement는 약혼의 뜻도 되고 계약의 뜻도 되니까)했다거나 위대한 비극배우 엘레오노라 두제를 "오, 환기통이여!"(Düse는 독일어로 환기통이란 뜻이니까)라고 부르고 유명한 설화 속의 인물 틸 오일렌슈피겔을 "틸 율렌! 거울"(Til Eulenspiegel 중 spiegel은 독일어의 거울이란 뜻) 식으로 번역하는 우愚를 저지르지는 않을 게 아닌가.

'번역은 제 2의 창조'라는 긍지를 갖기 위해서도 번역에 종사하는 이라면 누구나 한번쯤 반성해 볼 일이다.*

* 저자가 이 글을 쓴 뒤 몇 년이 지나 1987년도에 마침내 우리나라도 세계저작권협회에 정식으로 가입했다.

흡연
예찬

오래 전부터 인류는 담배를 피우는 사람과 피우지 않는 사람의 두 패로 갈라져 있었지만, 오늘날의 세계는 단순히 이같은 두 패의 사람들로 갈라져 있는 것에 그치지 않고 양자는 날카롭게 대립되어 자칫 충돌을 면치 못할 사태에까지 이르렀다. 서로 사이좋게 지내던 흡연가와 비흡연가들이 아주 하찮은 사건을 계기로 마치 원수처럼 다투게 될 날도 머지 않았으리라 본다.

흔히 끽연을 즐기는 사람들은 이 인류 최고의 쾌락 가운데 하나라 할 정신적인 기쁨을 맛보지 못 하고 있는 비끽연가를 딱하게 생각하고 공격하기 일쑤다. "대체 사람이 술도 안 하고 담배도 안 하고 무슨 맛으로 산담?" (물론 비끽연가도 몇 가지 유형이 있으니, 첫째 아예 담배 같은 덴 관심도 없고 오히려 담배연기라면 질색을 하는 진짜 염연가와 다음으로 담배를 몹시 피우고는 싶으나 체질상 맞지 않아 처음부터 포기한 사람, 그리고 마지막으로 상당한 기간 담배에 맛을 들였으나 건강상 또는 도덕적 뭐 그 비슷한 이유로 용감하게―또는 어리석게도―금연을 단행한 사람 등인데, 마지막 부류의 금연가는 적어도 한 번은 니코틴의 마력을 체험했다는 점에서 그래도 나은 편이지만, 그 기쁨을 알면서도 거부했다는 점에선 제일 용서받지 못할 자가 아닌가 싶다.)

끽연가들의 이같은 동정심과 경멸이 뒤섞인, 잘난 척하는 공격에 대해 비끽연가들 쪽에서도 물론 할 말은 얼마든지 있다.

"원, 세상에 즐길 수 있는 쾌락이 얼마든지 있는데 술 담배 안 한다고 살 맛이 왜 없겠느냐?"

옳은 말이다. 게다가 담배 피우는 사람들이 그렇지 않은 사람들에게 어느 정도 피해를 입히고 있다는 건(물론 순전히 육체적인 면에서이지만) 끽연가들도 인정하고 있다. 담배연기가 인체에 해롭고 폐암에 간접적인 원인이 된다는 것은 거의 통설이 돼 있고 담배가 건강에 해롭다는 글귀를 담뱃갑 속에 삽입하는 조치도 세계적인 것이 돼 있다. 세계보건기구(WHO)가 1980년을 '금연의 해'로 정하고선 '건강이냐, 끽연이냐, 그것을 결정하는 것은 바로 그대들 자신'이란 임숙한 슬로건을 내걸고 대대적인 금연운동을 벌인 지도 이미 몇 년이 되었다.

보통 흡연가는 비흡연가보다 수명이 10~15년 짧다고 하거니와 영국 같은 나라에선 적어도 연年 사망자 5만 명이 직접 끽연에 연유한다는 보고도 나와 있다(통계상으로 증명되었다고 하지만 맹세코 나는 통계 같은 건 믿지 않는다. 그것처럼 부정확한 건 없으니까).

이러니 건강하고 오래 살고 싶은 것은 만인 공통의 염원이라

많은 사람이 담배로부터 등을 돌리고 '정신력과 도덕적 행복감을 가져다주는 유익한 발명'(임어당의 표현)을 거역하고 있는 것은 유감이지만 사실이다.

영국의 생물학자 홀데인(J. B. S. Haldane)에 의하면 흡연은 인류 역사상 4대 발명 중의 하나라는데 말이다.

하지만 한때 저들에게 최고의 기쁨을 선사해주었던 끽연을 저버리는 저들의 배은망덕한 행위를 이젠 탓할 수도 없게 되었다. 실제로 금연가들이 날로 늘어가고 있다는 통계는 계속 나오고 있다.

우리나라만 해도 1981년 이전까지는 담배 판매율이 매년 5.5퍼센트 증가했지만, 1982년엔 불과 1.2퍼센트의 증가율을 보였을 뿐이라는 것이 전매청의 추산이다. 최근 말레이시아 정부에선 흡연가에겐 정부융자금마저 거부했다는 기사를 읽었다. 그 이유인즉 '흡연가는 돈을 태울 능력이 있으므로 정부융자금 같은 건 필요 없을 것이기 때문'이라는 것이다(연초사업을 정부의 전매사업으로 하고 있는 우리나라에선 아마도 전매수익을 올리기 위해서 그 반대의 조치를 취할 법도 하다).

그러나 어떤 가혹한 시련이나 무시무시한 통계에도 굴하지 않고 어떤 굉장한 유혹에도 넘어가지 않는 진짜 끽연가는 인류가 존속하는 한 영원히 없어지지 않으리라고 나는 확신한다. 그들은 최후심판날(정말 그런 게 있다면)까지도 끊임없이 즐겁게 담배연기를 마실 것이다. 왜냐하면 끽연으로 인해 생기는 모든 피해는 한결같이 육체적(또는 물질적)인 것인 데 반해 그로부터 얻는 것은 순전히 정신적인 것이기 때문이다. 끽연이란 만물의 영장인 우리 인간만이 향유할 수 있는 고귀한 정신적 기호요 최고의 지적 향락이라는 나의 의견에 진정한 끽연가라면 누구나 동의할 것이다.

사실 동물이 담배를 피우는 것을 보았는가? 그러니 이와 같은 특권을 포기하느니 그들은 차라리 몇 년의 수명을 기꺼이 할애하는 편을 택할 것이다. 소중한 정신적 쾌락의 하나가 빠진 70평생보다 그걸 향유할 수 있는 60평생이 더 나을 것이기 때문이다.

게다가 이 세상엔 언제나 예외가 있는 법이라 우리나라의 공초 선생(오상순씨)은 그 이름처럼 평생 담배연기를 마시고 살았지만 장수했고, 중국의 대석학이요 세계적인 작가인 임어당(이야말로 흡연가 제씨들의 괴수로 받들 만한 인물로, 그는 한때 3주간 어리석은 금연을 단행한 후 "양심의 가책을 느끼고 길이 니코틴 신전의 사제가 되겠노라"고 맹세했다)은 죽을 때까지 문자 그대로 굴뚝처럼 쉬임없이 연기를 뿜어댔지만 일흔이 넘도록 건강하게 살았으니 자기의 경우도 그러지 말란 법이 어디 있는가?

그런데 문제는 이에서 그치지 않는다. 즉 바야흐로 끽연은 끽연가 자신에 국한된 문제를 넘어서 비끽연가의 '권리 침해'라는 중대 국면에까지 발전되었다는 말이다. 다시 말하면 여태까지는 막연히 끽연가를 혐오하고 담배연기에 불평을 토하던 비끽연가들이 자신들의 혐오감을 보호받아야 할 권리로써 주장하고 나선 것이다.

끽연가에게 끽연권이 있는 것과 마찬가지로 염연가에겐 염연권이 있어야 한다는 것, 환경권의 하나인 공기를 마실 수 있는 권리는 헌법상 생존권적 기본권의 하나이며 법이념적인 강령적 권리로 인정될 수 있기 때문에 이 권리를 침해당하지 않을 권리가 누구에게나 있다는 것이 이들이 주장하는 요지이다. 즉 '금연 청구권'을 법률로서 확립해야 한다는 것이다.

사실 미국을 비롯한 선진국에선 이 환경권을 기반으로 이미 '끽연 규제법'을 제정한 사례가 있지만, 그곳의 끽연가들이 법이 제정될 당시 어떤 거부반응을 보였을지 나로선 심히 궁금한 일이 아닐 수 없다.

하긴 하루바삐 선진국으로 발돋움하려면 만사에 있어 선진국의 행위를 재꺽재꺽 모방할 필요가 있다고 생각하는 사람들이 많은지도 모른다. 또한 무슨 일에나 권리니 침해니 명예니 손해배상이니 들고나와 사실을 꼬치꼬치 따지려 드는 사람들이 이 세상엔 언제나 있는 법이다.

흡연의 경우도 마찬가지다. 담배를 피우는 사람도 남이 내뿜는 담배연기를 과히 기분좋게 마시지는 못하거늘 하물며 담배를 피우지 않는 사람이 담배연기를 싫어하는 것은 너무도 당연하다. 그 점에 대해 끽연가들은 언제나 비끽연가들에게 미안하게 생각하고 있는 건 사실이다. 특히나 골초들의 노랗게 진이 밴 청결치 못한 손가락이나 옷깃 어디에서나 풍기는 역한 니코틴 냄새를 기분좋게 느낄 사람은 거의 없을 것이다.

그러나 이런 외견상의 사소한 불쾌감은 서로 마음만 통하면 문제가 되지도 않는다. 원래가 염연가였던 어떤 독일 사람은 골초인 여성과 연애한 덕분에 오히려 끽연가가 되었노라는 글을 어디선가 읽었다. 즉 그는 애연가인 애인과 키스할 때마다 담배 냄새 때문에 도저히 견딜 수가 없었다. 그래서 결국 생각해낸 것이 자기도 애연가가 돼야겠다는 것이었고 이래 그는 한 번도 담배에서 손을 뗀 적이 없다고 한다.

아마도 매사에 무감동하고 원칙만 내세우는 도덕가연然한 사람들, 감수성도 없고 시적인 정서란 도대체 이해하지도 못하는 사람들은 위의 독일인과 같은 경우에 처한다면 정녕코 반대의 태도를 취하리라고 나는 확신한다. 즉 그는 애인에게 담배를 당장 끊든가 그렇지 않으면 헤어지겠다고 단호히 선언하고 나설 것이다.

원컨대 나는 그들이 아무쪼록 후자의 길을 택하기를 바란다. 그렇게도 옹졸하고 멋없는 이기주의자를 사랑하느니 차라리 파이프와 연애하는 편이 훨씬 나을 것이라 생각되기에 말이다(내 말이 틀렸는가?).

바야흐로 '신성한 금연 청구권'의 확립을 주장하며 '끽연규제법' 제정을 역설하고 있는 모범적인 염연가 제씨들은 말할 것도 없이 그들의 아내나 애인이 (만약에 그네들이 끽연가라면) 금연을 단행하지 않는 경우 이혼이나 이별도 불사할 것임에 틀림없다.

그들의 주장은 구구절절이 옳다고밖에 할 수 없으나, 온갖 통계와 과학적 분석을 시시콜콜히 열거하면서 흡연의 유해성, 나아가 흡연가가 비흡연가에 끼치는 가공할 해독성을 지적하고 있기 때문이다. "끽연시엔 약 30여종의 해로운 복합화학물질이 발생하는데 이것이 체내에 흡수되지 않고 그대로 내뿜게 되는 경우 훨씬 더 해롭다. 사무실 안에서 끽연했을 때 실내공기는 표준허용기준보다 약 36배 이상 오염된다. 또한 실내에서의 한두 대의 끽연은 비끽연자에게 네다섯 개비의 담배를 피우는 것과 같은 화학적 복합물을 흡수케 한다 ……" 등등. 도대체 사는 데 있어 이와 같은 사실들을 시시콜콜히 알 필요가 어디 있는가?

옛날 사람들은 이런 따위는 전혀 알지도 못했고 알려고도 안 했지만 다들 건강하게 장수하지 않았는가? 이런 것들이야말로 문명과 과학이 삶을 오염시키는 단적인 예가 아닌가 싶다. 공기를 오염시키고 인간의 수명을 갉아먹는 것은 오히려 매연과 가스이고 그걸 내뿜는 공장과 자동차가 기실 그 '원흉'인 것이다. 담배연기 정도는 기껏 그 말단 방조범幇助犯밖에 되지 않는 것을 원흉도 처벌하지 못한 상황에서 (그렇다는 것은 기존의 '환경 보전법'에서 매연은 엄연히 규제하고 있지만 거리와 하늘을 뒤덮은 새까만 매연은 날로 짙어만 가는 것 같으니 말이다) 약자인 방조범만 처벌하겠다는 것인가?

그러나 어쨌든 비끽연가들이 '금연 청구권'을 갖게 될 날도 머지 않았을 성싶다. 종내엔 그들이 승리하게 될 테니까. 다만 확실한 것은 '끽연규제법'이 제정된다 해서 '진짜 끽연가'들이 전향하리라고 생각한다면 그것처럼 오산은 없다는 것이다. 마치 온갖 과학적 통계와 분석을 근거로 아무리 끽연의 유해성을 역설한다 해도 그것이 담배맛을 떨어뜨리게 할 수는 없는 것과 꼭 같이. 내가 여기서 구태여 '진짜 끽연가'라고 못 박는 것은 이 세상엔 두 종류의 끽연가가 있다고 믿고 있기 때문이다.

지금은 고인이 된, 진실로 끽연의 도사라 할 임어당은 "조금도 고통을 느끼지 않고 담배를 끊었다는 사람은 진짜 흡연가가 아니라"고 명쾌하게 정의했다. 그에 의하면, 그들이 담배 피우는 습관을 마치 헌신짝 버리듯이 쉽게 떨쳐버릴 수 있다는 자체가 그들이 조금도 담배를 배우지 못했다는 증거라는 것이다. 사람들은 그들을 '의지가 강하다'고 흔히 감탄하지만 기실 그러한 사람들은 진정한 흡연가가 아닌 것이고 또 평생 흡연가가 돼본 적도 없었다고. 동감이다.

그들에게 있어선 흡연이 진정으로 정신적 만족과 도덕적 행복감을 가져다 주는, 순전히 정신적인 행위인 적이 한 번도 없었을 것이다. 흡사 매일 아침 세수하고 양치질하는 것처럼 어떤 심령의 만족도 가져다 주지 않는, 순전히 물리적이고 동물적인 습관에 불과한 것이니까. 따라서 이같은 습관은 다른 습관과 대치함으로써(이를테면 껌을 씹는다든가) 쉽게 떼버릴 수가 있는 것이다. "이러한 사람들이 과연 셸리의 『종달새』나 쇼팽의 《녹턴》에 황홀하게 저들의 영혼을 감응시킬 수 있을지 의심스럽다"라고 그는 꼬집었다. 존경하는 임林옹께서 '끽연 규제법'을 제정한다는 소릴 듣는다면 과연 어떤 얼굴을 할까? 그가 살아 있어 그 신랄한 독설로 한바탕 통쾌하게 저들을 야유하는 소리를 들을 수 없다는 게 유감천만이다.

원래 담배라는 이 신묘한 물건은 15세기에 콜롬버스의 아메리카 대륙 발견의 산물로 유럽에 도입되어(동양엔 17세기) 삽시간에 전인류를 지배해버렸지만, 멕시코나 페루의 고분에서도 담뱃대가 발굴되었다니 인류는 아득한 옛날부터 끽연의 즐거움을 알고 있었음에 틀림없다. 담배라는 tobacco란 말도 실은 미국의 토인들이 쓰던 Y자형의 담뱃대를 뜻하는 것이었다니, 미국의 토인들이 오늘날 문명인인 우리가 '끽연 규제법' 운운하는 걸 본다면 얼마나 딱한 생각이 들까? "흥, 문명이란 것도 별것이 아니었군!"하고 조소할지도 모른다. 선조들이 발명해낸 인류의 최고특권의 하나를 포기하려고 드는 오늘날의 후손들을 어리석고 배은망덕한 못난이라고 얼마나 괘씸하게 생각할 것인가?

마음이 울적할 때나 분통이 터질 때 또는 가슴이 답답할 때도 한 대의 담배를 입에 물고 그 연기를 깊이 들이마시면 어느새 연기를 바라보는 동안 울분도 가라앉고 가슴이 트임을 느끼게 되는 이 희한한 진정제, 서로 어색하거나 서먹서먹한 사이에서도 담배 한 가치씩 나누어 피우며 말없이 허공에 떠도는 연기를 바라보노라면 어느덧 자연스럽게 말문을 열게 해주는 친절한 구원자, 철학자의 입에서 지혜를 끌어내고 어리석은 인간의 입을 닫게 하며 시인에겐 영감의 불꽃을 붙여주는 이 기막힌 발명물을 거역하는 자는 불행한 지고! 일촉즉발의 싸움도 때론 담배 한 대로 막을 수도 있는데, 이제 이 '평화의 사도'를 아무 데서나 마음대로 이용할 수도 없게 된다면 앞으로 이 세상은 얼마나 더 시끄럽게 될까?

동방예의지국인 우리나라 국민들이야 서로 점잖은 만류의 말 한마디면 족히 태우던 담배도 꺼버릴 아량이 있거늘 구태여 법을 만들어 규제까지 할 필요가 어디 있는가?*

* 그러나 결국 법이 승리했다. 2010년 5월 27일 '국민건강증진법' 중 금연을 위한 조치를 법률화함으로써 이제는 공공장소 등에서 담배를 함부로 피울 수 없게 되었다.

혼자 가는 사람
니체

"고독에의 성향은 정신의 징후이며 정신을 재는 척도"라고 키르케고르는 말한 적이 있지만, 참으로 니체만큼 이 말의 진실성을 웅변해 주는 경우도 드물다. 니체는 철두철미 고독을 지향했고 평생을 고독 속에서 살았으며 몸서리나는 고독 속에서 죽어갔다.

그리고 그는 죽어서도 고독했고 사후 1세기가 가까워오는 오늘날까지 여전히 고독한 존재로 남아 있다. 왜냐하면 고독하다는 것은 바로 이해받지 못한다는 것을 의미할진댄 시대를 앞질러 산 니체는 생전에도 이해받지 못했고 오늘날까지도, 야스퍼스가 적절히 요약한 것처럼, 니체가 어떤 인물인가, 니체가 무엇을 했는가에 대해선 아직도 미결정인 채로 남아 있기 때문이다.

'초인'을 부르짖은 위대한 긍정의 철학자 니체에게 있어 고독은 삶의 반려요 피할 수 없는 운명이었다. 그리고 그는 이러한 그의 운명을 사랑했다. 아니 그걸 견뎌내기 위해선 의지로써 사랑해야만 했다. 그의 유명한 '운명애(Amor Fati)'는 바로 그런 뜻으로 받아들여야 하지 않을까?

야스퍼스도 말한 것처럼 참다운 사교란 오로지 같은 수준에서만 가능한 법인데, 니체의 비극은 동시대인들 가운데서 그러한 대상을 발견할 수 없었다는 데 있었다. "일곱 살이라는 거짓말 같은 어린 나이에 나는 이미 어떤 사람의 말도 내게 도달하지 못하리라는 것을 알았다"라는 그의 고백만 봐도 알 수 있다. 그러므로 어릴 때부터 니체는 "고독을 사랑하여 자기 생각에만 골몰했었다. 그는 어느 정도 인간사회를 피했고 그래서 자연이 숭고한 아름다움으로 장식해준 고장을 무척 사랑했다"라고 그의 어릴 때 벗 빌헬름 핀더는 그를 묘사하고 있다.

거대한 인파 한가운데 살고 있으면서도 니체는 언제나 황야 속에 있는 기분이었다. "나는 언저리에 느껴지는 소름끼치는 정적이다. 고독은 그 아무것도 스며들어올 수 없는 일곱 겹의 거죽을 갖고 있다. 사람들 사이로 가본다. 그들과 인사를 건네본다. 그러나 이것들은 단순히 새로운 황야에 불과하다." 이렇게 탄식한 사람의 일생은 순전히 인간적인 측면에서만 본다면 확실히 지옥이었음에 틀림없다. 아마도 그것은 그의 천재가 지불해야했던 대가였는지도 모른다.

니체가 자신의 철학을 전수傳授할 수 있는 유일한 대상이라고 생각했던 루 살로메는 니체를 처음 만나본 인상을 묘사했을 때 실상 그의 본질을 꿰뚫어본 것이었다. "고독—이것이 니체의 풍모가 사람의 마음을 사로잡는 최초의 강한 인상이었다. 군중 가운데서 이런 모습의 인간을 상상하기란 어렵다. 이런 모습은 빗나가 서 있는 자, 단지 홀로 서 있는 자라는 인상을 주는 것이다."

프리드리히 니체는 1844년 10월 15일에 태어나 20세기가 막 시작된 1900년에 죽었으니 그의 죽음과 함께 19세기는 끝난 셈이었다. 그러나 45세에 정신의 붕괴를 겪고 이후 죽을 때까지 무려 11년간을 정신병원에서 외부와는 단절된 채 완전히 자기만의 세계에 갇혀 살았던 그는 자신의 저서가 마침내 차츰 높은 명성을 얻게 된 것도 전혀 알지 못했다.

니체는 할아버지가 교구감독까지 지낸 경건한 프로테스탄트 집안인 목사의 아들로 태어나 어렸을 땐 사람들이 '성전 속의 예수'처럼 생각했을 정도로 신앙이 깊은 소년이었다. 불행히도 다섯 살 때 아버지를 여의었으나 그의 천재는 일찍부터 꽃피어 미래의 그의 운명을 예고하는 듯 싶었다. 자기는 언제나 남과는 다르다는 느낌을 가지고 늘상 동급생들과는 잘 어울리지 못했지만, 열 살 때 이미 모테뜨를 작곡했고 50여 편의 시를 썼으며 열네 살 때부터는 하루도 빠짐없이 자기 성찰을 위한 일기를 썼다. 대학생의 신분으로 교수의 논문만 싣는 학술지에 논문이 실려 격찬을 받았으며, 박사시험을 치르기도 전에 파격적으로 대학교수(바젤 대학)가 되었으니 니체의 수업과 교육은 스물네 살로 완전히 끝났던 것이다. 요컨대 그는 대학교수가 재직중에 바랄 수 있는 모든 것을 20대 중반에 거의 다 성취한 셈이었다. 즉 그는 존경받는 젊은 학자요 그의 말과 판단은 사람들에게 진지하게 경청되었으며, 제자들은 그를 따랐고 그 또한 제자들에겐 좋은 스승이었다. 남보다 앞서 정교수가 되었고, 게다가 경력의 최고단계에 도달해서 독립적인 생계를 영위하게도 되었으며 진실한 벗도 생겼다.

그러나 이와 같은 복된 조건도 니체의 비길 데 없는 천부적 재능과 천재적 천성을 위해서는 단순히 자기실현의 부수적인 한 전제에 지나지 않았던 것이다. 도대체 시민으로서의 편안한 생활은 그에게 맞지도 않았고 그가 바라는 바도 아니었다. 그리하여 그는 진정한 내면의 요구에 따라 계속해서 저술을 했거니와 이 저작활동이 결국 그를 시민적, 학문적, 사회적인 인습에 대한 극단적인 대립에로 이끌고 갔던 것이며, 마침내 그를 고독한 예외자요 격노한 예언자가 되게 한 것은 정녕코 환경이 아니었다. 니체 스스로 이 길을 선택했던 것이며 아마도 그의 천성 때문에 처음부터 결정된 숙명이었던 것이다. 그리고 그는 이러한 숙명에 집착했던 것도 사실이다.

그러나 이러한 그도 평생토록 '정신의 반려'에 대한 갈망을 끝내 버리지 못했다. 고독을 지향하는 정신일수록 마음으로는 진정으로 자신을 이해해줄 한 대상을 뜨겁게 갈구하는 법이다. "나는 인간을 찾았다. 나는 인간을 요구했다. 그러나 내가 찾아낸 것은 나 자신뿐이었다. 하지만 나는 이미 나를 요구하지 않는 것이다." 이렇게 탄식한 니체 앞에 어느 날 마침내 한 인간이, 루 살로메란 젊은 여성이 나타났다. 38세란 뒤늦은 나이에. 그는 자신의 붕괴해버린 삶을 다시 한 번 정리할 희망을 불러일으켜주는 한 인간에 조우遭遇한 것이라는 느낌을 루에게서 받았다. 그리하여 그는 평생 동안 갈구했으나 정녕코 불가능하리라고 생각했던 정신의 반려를 마침내 만났다는 행복감과 더불어 온갖 가능한 희망과 계획을 그 위에 쌓아 올렸던 것이다. 그러나 4월에 만난 이들의 우정은 11월에 이별이란 쓰라린 결말을 가져왔을 뿐이었다.

니체의 기나긴 인고忍苦의 생애에서 단 한 번만 허용되었던 이 덧없는 '행복'은 생각하면 불행한 그에게 베풀어진 신神의 마지막 자비가 아니었나 싶다.

니체와 루 살로메의 헌정시

루가 「삶에의 기원」을 쓴 것은 스물한 살 때였다.

1882년 4월, 루는 로마에서 니체의 친구인 철학박사 파울 레의 소개로 니체를 알게 되었는데, 두 사람은 만난 첫 순간부터 서로가 강한 정신적 친화력親和力을 느꼈다. 이른바 자매혼姉妹魂의 발견으로서 특히나 니체 편에선 자신의 붕괴해버린 삶을 다시 한번 정리할 희망을 불러일으켜주는 한 인간에 조우遭遇한 것이라는 느낌을 루에게서 받았다. 이때 루는 21세, 니체는 38세로 유성流星 같은 그의 생애의 마지막 단계에 와 있었다. 그리하여 그는 평생 동안 갈구했으나 정녕코 불가능하리라고 생각했던 정신의 반려伴侶를 마침내 만났다는 행복감과 더불어 온갖 가능한 희망과 계획을 그 위에 쌓아 올렸던 것이다. 그러나 루 편으로 볼 땐 그와의 만남은 한 깊은 정신적 체험, 즉 우정과 찬탄과 공감을 불러일으키는 체험 이상의 것은 아니었다.

4월에 만난 이들은 5월엔 레와 레의 어머니와 더불어 넷이서 루체른으로 여행했으며, 같은 해 7월, 바이로이트에서 바그너의 《파르지팔》 초연 때 모든 열광적 바그네리언들이 바이로이트에 모였을 당시 니체는 (바그너와 결렬된 뒤였으므로) 혼자 예나에 가까운 타우텐부르크에 체류하면서, 축제가 끝난 후 자기를 방문해달라고 루를 초대했다. 그리고 루는 이에 응해 니체의 누이 엘리자베드와 함께 타우텐부르크로 왔다.

루가 타우텐부르크에 머물다 간 '한 달'은 니체에겐 실로 평생에 '단 한번만 허용됐던 행복'이었다. 그가 진정으로 인간적인 삶을 누린 것은 아마 이때가 처음이요 마지막이었다. 니체와 루는 똑같은 느낌을 갖고 있어 서로 마주 보고만 있어도 대화가 이루어졌으며 그것이 의미하는 바 가장 높은 뜻에서 '사상과 이념의 완전한 일체감'을 맛보았다. 그리하여 이 목가적인 타우텐부르크의 한 달이 끝나고 루가 떠나게 됐을 때 그녀는 이별과 추억의 선물로 「삶에의 기원」이란 시를 니체에게 헌정했던 것이다.

정녕 친구가 친구를 사랑하듯
나 너를 사랑하노라, 수수께끼의 삶이여—
네가 나를 환희에, 또는 슬픔에 떨게 하건
네가 내게 행복을, 또는 고통을 가져다주건 상관없이.
네 모든 무자비함에도 불구하고, 나는 너를 사랑한다.
하지만 네가 날 파멸시켜야 한다면

아프게 나는 네 팔에서 빠져 나오련다.
흡사 친구가 친구의 팔에서 빠져 나오듯이.

있는 힘을 다해서 너를 안는다!
네 자신의 불꽃으로 나를 태워다오.
투쟁의 불길 속에서
네 아득한 본질의 수수께끼를 풀게 해다오.

수천 년에 걸친 존재와 사고思考를
네 두 팔 안에 간직하게 해다오!
설사 네가 더 이상 내게 줄 행복을 안가졌다 해도
그래도 좋아—아직도 너는 내게 줄 고통을 가졌으니.

니체는 이 살로메의 시에 영감을 받아 즉시 이를 대본으로 한 가곡(피아노 반주가 붙은 독창곡)을 작곡해서 당시 베니스에 있던 음악가인 그의 친구 페터 가스트에게 작자를 밝히지 않은 루의 시 사본과 함께 악보를 보내면서 이렇게 썼다.

나는 청중에게 들려줄 수 있는 노래를 만들고 싶었소. 그들을 매혹해서 내 철학으로 이끌기 위해서요. 「삶에의 기원」이 그럴 수 있을지 보아주오. 위대한 가수라면 내 육체로부터 영혼을 분리시킬 수 있을 텐데. 어떤 영혼들은 이 노래를 들으면 더욱 자신을 숨길지도 모르겠소. 내 작곡을 검토해서 아마추어적인 결점을 고쳐주겠소?

이에 대해 가스트는 니체의 음악에 대한 감상을 다음과 같이 써 보냈다.

「삶에의 기원」 속에서 당신이 나타낸 그 강하고 밀도있는 심오한 정신 상태 때문에 무서울 지경이었소. 내게는 너무 어둡게 보이는 이런 호소로 당신의 철학이 진정한 영양분이 되게끔 사람들을 이끌 수 있으리라고 생각되진 않소 …… 만약 당신이 그 시를 빼놓고 음악만 내게 보냈다면 나는 그걸 십자군행진곡으로 생각했을 거요. 기독교적이고 호전적인 노래 말이요. 가끔 나타나는 불협화음을 듣고 맹렬하게 서로 부딪치는 방패들을 연상했다오 …… 소리로 표현하니 복수심에 불타고 호전적인 감동을 맛보게 된다는 말이요.

가스트는 니체의 부탁대로 이 작품을 손봐줬는데 너무 여러 번 수정을 했기 때문에 실상 가스트의 작품이라 하는 게 정당했다. 그래서 1887년 《혼성합창과 오케스트라를 위한 삶의 찬가》란 제목으로 라이프치히에서 이 작품이 출판됐을 때 니체는 표지에 가스트 이름을 작곡가로 밝히기를 주장했으나 가스트의 사양과 출판사의 거절로 니체의 곡으로 표기되었던 것이다.

타우텐부르크에서 루가 니체와 작별하고 레의 집이 있는 스티베로 떠나면서 둘은 레와 함께 가을에 라이프치히에서 재회하기로 약속했다. 거기서 앞으로 셋이 함께 착수하게 될 '공동연구계획'에 대해 구체적인 의논을 할 작정이었다. 아마도 그들의 겨울학업 무대는 파리가 될 터였다. 그러나 니체가 가슴 부푼 기대를 안고 먼저 라이프치히에 와서 초조하게 친구들을 기다렸으나 그들은 좀체로 나타나지 않았다. 고통스러운 기다림 속에서 그는 자신이 《삶의 찬가》를 작곡했다는 것과, 독일 제일급의 합창단인 리델 합창단에서 음악협회 회장인 리델 교수의 편곡으로 이 노래를 부르게 될 것 같다는 편지를 루에게 띄웠다. "그렇게 된다면 우리 두 사람이 함께 후세에 도달하는 하나의 오솔길이 될 수도 있겠지요—다른 몇 갈래 길은 그대로 둔다고 치더라도"라는 암시를 덧붙여.

니체가 루의 시에 얼마나 애착하고 있었으며 아울러 자작의 《삶의 찬가》에 얼마나 커다란 의미를 부여하고 있었는가는 이 편지 구절만 봐도 알 수 있다. 실제로 니체는 1888년까지—아마도 종생토록 이같은 신념을 지니고 있었다. 니체의 저작 중에서 가장 서정적이고, 가장 읽을 만한 저서라 할 『이 사람을 보라』(1888년 집필) 속에서 그는 다음과 같이 고백하고 있다.

> 나의 《삶의 찬가》는 내가 비극적 정열이라고 부르고 있는, 저 더할 나위 없는 긍정적 정열이 최고도로 내 안에 깃들고 있었던 무렵의 정신 상태를 적잖이 표현하고 있다.
>
> 나를 기념해서 이것이 노래불려질 때가 기필코 오리라—그것에 대해 오해가 있기에 말해두지만 그 가사는 나의 작품이 아니다. 그것은

당시 내가 친밀히 사귀었던 젊은 러시아 여인 루 폰 살로메 양의 놀라운 영감의 소산이다. 이 시의 마지막 몇 마디에서 어떤 의미를 발견할 수 있는 사람이면 누구나 어째서 내가 그것을 선택해서 찬양했는지를 짐작할 것이다. 그것들은 위대함을 성취하고 있다. 고통은 삶에 대한 장애로 생각되지는 않는다. "설사 네가 더 이상 내게 줄 행복을 안 가졌다 해도—그래도 좋아—아직도 너는 내게 줄 고통을 가졌으니." 아마도 나의 음악 역시 이 점에서 위대함에 도달한 것이다.

라이프치히에서의 괴로운 기다림 끝에 드디어 루는 레를 동반하고 니체에게 왔지만 이 기쁨에 넘친 재회는 쓰라린 이별을 가져왔을 뿐이었다. 니체는 열광적으로 루를 학업계획 속으로 끌어들이고 그녀와 타우텐부르크에서의 친밀감을 회복하려고 필사적으로 노력했으나 루에 대해 니체와 마찬가지로 애정을 느끼고 있던 레의 방해로 뜻대로 되지 않았다. 레는 비열하게 니체를 속이고 겨울학기에 파리에서 다시 만나자는 막연한 약속만 남겨놓고 둘은 함께 레의 집이 있는 스티베로 떠났다.

니체가 라이프치히 역에서 친구들을 전송한 것은 11월의 첫 일요일이었다. 겉으론 아무것도 변한 게 없었지만 뭔가 니체는 괴롭고 불안한 예감을 느꼈다. 그것은 루를 다시는 만날 수 없으리란 불안, 그녀를 영원히 잃었다는 쓰라림이었다. 니체의 예감은 옳았다. 실제로 이것은 둘의 영원한 이별이 되었던 것이다. 이후 둘은 다시는 만나지 못했다.

기차가 출발하기 직전에 니체는 자작시 「새로운 콜롬버스」를 써서 루에게 주었다. 결국 이 시는 이별의 선물이 되고만 것이다.

친구여—콜롬버스는 말했다—다시는 믿지 말라
어떤 제노바 사람도!
언제나 푸른 물결을 응시하고
먼 곳으로부터 유혹을 너무 받는다!

그는 사랑하는 사람들을 곧잘
아득한 공간과 시간 속으로 끌어들인다
우리들 머리 위에선 별이 나란히 빛나고
우리 주위엔 영원이 으르릉거린다.

그러나 실제로 니체가 이 시를 창작한 것은 아직도 루 살로메라는 여성을 알기 전이었다. 당시 그는 『즐거운 지식』을 탈고한 후 정신이 비상한 고양高揚 상태에 있었다. 이 시가 탄생한 배경에 대해선 루 살로메가 『작품에서 본 니체』 속에서 다음과 같이 설명하고 있다.

니체가 1882년 『즐거운 지식』을 탈고했을 때 …… 그는 이름이 없고 알려져 있지 않은 무시무시한 세계의 어느 해안에 배를 댄 것이라고 생각했다. 그곳은 아마도 사상이 접근할 수 있고, 사상이 파괴할 수 있는 모든 것의 피안彼岸에 위치해 있으리라는 것 이외에는 아직은 아무것도 알 수 없었다. 개념에 의한 새로운 비평의 온갖 가능성으로부터 격리되어 아득히 멀리 뻗쳐 있다는 무한한 대양—그는 온갖 비평에서 벗어나 피안의 벌판을 붙들었다고 믿었다. 이와 같은 확신이 주는 고양된 환희가 그가 자신의 『즐거운 지식』의 증정본에 쓴 시 「새로운 콜롬버스」 속에 표현된 것이다.

니체가 바로 이같은 기분 속에서 제노바에 체류하고 있을 즈음 로마로 초청하는 레의 편지를 받았는데, 이때 처음으로 그는 살로메 양의 이야기를 듣게 된 것이었다. 레는 이 편지 속에서 니체와 자기가 살로메 양과 더불어 '성스러운 삼위일체'로 공동연구에 종사하자는 제안을 했던 것이다. 물론 그 계획은 루 쪽에서 발의된 것이었지만.

그러나 그 당시 니체는 레의 제의에 충분히 흥미를 느꼈지만 전혀 심각한 것은 아니었다.

그는 자신의 사상에 사로잡혀 있었다. 그는 이상한 충동에 이끌려 레에게 답장도 않은 채, 아무에게도 알리지 않고 갑자기 제노바에서 시실리로 갔다. 마치 콜롬버스처럼 그도 새로운 세계, 즉 '영원회귀의 세계'를 발견했다고 믿고 있었다. 그는 자기가 세상을 뒤흔들 어마어마한 비밀을 간직한 채 낯선 사람들 속에 혼자 있는 것이라고 생각했다. 이러한 흥분에 떨면서 그는 위대한 제노바 인, 콜롬버스의 모범을 좇아 작은 돛단배를 타고 멧시나로 향했는데,

『새로운 콜롬버스』가 쓰여진 것이 바로 이때였다. 아마도 이같은 전후사정 때문에 그는 라이프치히 정류장에서 루와 헤어질 때 이 시를 헌정했을 것이다. '니체=콜롬버스와 루 살로메', 이 두 개의 형상이 그의 마음 속에서 융합되었는지도 모른다.

그가 루에게 이 시를 써주었을 때만 해도 그는 자기들의 재회를 믿었다. 아니 믿고자 했다. 그러나 라이프치히에서 병들고 외로운 마음으로 그는 2주일이나 헛되게 친구들을 기다렸지만, 그들은 소식이 없었다. 마침내 니체는 자기가 배신당했음을 눈치챘다. 그는 호되게 농락당한 기분이었다. 그는 단순히 루를 잃었을 뿐만 아니라 친구 레조차 잃은 것이며 더욱이나 모욕을 당한 것이었다. 그리하여 그는 '개가 상처를 입으면 사람들을 피해 담벽을 따라 숨어서 가듯이' 상처받은 가슴을 안고 독일로부터, 사람들로부터 모습을 감추고 이전에 그가 운명적인 여행을 시작했던 콜롬버스의 도시 제노바로 다시 갔다. 이렇게 해서 역사적인 '니체―루 에피소드'는 종언을 고했다.

그러나 니체의 마음속에선 '루 체험'은 결코 끝난 게 아니었다. 그것은 그의 남은 생애에 끝까지 그를 지긋지긋하게 따라다녔다. 또한 그의 사후에까지.

만약에 니체가 루에게 정신적인 우정만을 느꼈던들, 또한 세 사람의 관계가 레와의 삼각관계로까지 얽히지 않았던들 그는 오랫동안 루와 나란히 갈 수 있었을 것이며, 그렇듯 모욕적인 방법으로 버림받지 않을 수도 있었으리라. 그러나 그렇게 되었다면 위대한

『짜라투스트라』는 결코 탄생하지 않았을 것이다. 혹은 전혀 다른 모습의 짜라투스트라가 되었을지도 모른다. 『짜라투스트라』의 초인에 대한 웅대한 비전은 극한의 고통을 감수한 니체의 빛나는 정신의 투영이며, 초인의 이상은 운명에 대한 필사적인 저항이었기 때문이다. 그는 그렇게 해서 자신을 절망에서 끌어올릴 필요가 있었던 것이다. 그리고 그는 승리했다. "나는 이 심연에서 수직으로 날아올라 나의 정상에 도달했다네"라고 그는 『짜라투스트라』 제 1부를 완성한 직후 친구 오버벡크에게 보낸 편지에서 쓰고 있다.

> 루와의 교제는 후에 그것을 통해 내가 『짜라투스트라』를 쓸 수 있게끔 성숙시켜준 믿을 수 없는 행복이었다. 루는 내가 만나본 사람 중에서 제일급의 인간이었으며 그녀가 나와 정신적 결합을 하려고 하지 않은 데서 온 실망은 내 생애에서 가장 컸던 실망이었다.

이것이 니체가 1884년 '루—에피소드'에 대해 표명한 그의 궁극적이고 종말적인 견해였다. 그리고 그는 죽을 때까지 이같은 견해를 바꾸지 않았다.

1889년부터 이후 10년간 정신병원에 있으면서 붕괴되어가는 정신 속에서 필사적으로 기록한 그의 『최후의 고백』은 어느 페이지나 루에 대한 절규와 탄식이 들리지 않는 곳이 없을 정도다. 하지만 항용 우리는 놓쳐버린 대상에 대해서만 미련을 갖는 법이다. 니체가 젊은 시절 사랑을 성취할 수 있었던들 정녕코 그 반대의 결과를 가져왔으리라. 또한 '루—체험'과 같은 체험을 20대에 겪었던들 그것은 훨씬 다른 영향을 미쳤으리라. 그러나 그는 너무나 늦게 '자신에게는 불가능하다고 단념한 해후'를 경험했으며 거기다 온갖 희망을 필사적으로 쌓아올렸던 만큼 그 좌절이 가져다주는 비극은 치명적일 수밖에 없었다.

우리가 그리워하는 대상은 실상 우리가 창조해낸 일류전에 불과한 것이다. 니체도 그걸 너무나 잘 알고 있었다. "한때 나는 루를 나의 아스파시아에 대한 꿈이 현실로 나타난 것이라 생각했는데 이 같은 일류전에 대한 나의 의지가 바로 내 파멸의 원인이었다"고 단언하고 있으니까. 루는 그의 상상에서 나온 허구이기 때문에, 바로 그렇게 때문에 영원히 그의 영혼 속에 살고 있는 것이다. 그는 영원히 그것으로부터 벗어날 수가 없다. 그래서 마침내 그는 절규한다.

"나는 이 정신병원을 뛰쳐나가서 루와 더불어 통 속에서 살련다!"

괴테의 사랑

흔히 괴테를 일러 '정열의 천재'라고 하지만, 그가 일흔이 넘어서도 청년과 같은 '정열적인 상황'에 다시 한번 빠져들어갔던 사실을 생각할 때마다 나는 그의 위대한 정열에 대해 새삼 경탄하지 않을 수 없게 된다. 또한 이와 같은 괴테의 상황을 나는 이따금 자신을 분발시키는 자극제로 삼고 있는 것도 사실이다

74세 되던 해 노 괴테는 뵈멘으로 온천여행을 했는데, 그가 묵었던 마리엔바트의 숙소 주인의 손녀였던 열아홉 살 난 우를리케 폰 레베조프를 사랑하게 되었다. 처음엔 이 품위 있는 처녀에 대해 아버지와 같은 애정을 느꼈을 뿐이지만 차츰 자신도 모르게 청년 같은 정열로까지 발전해서 마침내 구혼까지 하게 되고 결국 거절당하게 되지만, 이때 괴테가 겪었던 괴로움을 생각하면 천재의 위대한 능력을 다시 한 번 확인하게 된다. "그때의 괴로움은 노 괴테를 쓰러뜨려 마침내 그는 파멸할 뻔했다"라고 괴테의 만년에 언제나 그의

곁에 있었던 에커만은 쓰고 있다.

괴테 스스로도 고백한 것처럼, 이것은 그의 생애의 마지막 '가장 행복했던 사랑의 몸과 마음을 뒤흔들어놓는 듯한 패배'였거니와, 참으로 74세가 되도록 삶에 대한 경이감을 조금도 잃지 않은 채 온갖 감동에 민감한 '석화石化되지 않은 심장'으로써 기쁨에도, 고통에도 뿌리까지 갈 수 있었던 데에 괴테의 진정한 위대성이 있지 않나 싶다. 그는 괴로워하는 데 있어서도 진정 타인의 추종을 불허하는 천재였다.

생각건대 괴로워하는 것은 하나의 커다란 능력이다. 신이 우리 인간에게 태워준 가장 위대한 능력은 사랑하는 것과 괴로워하는 능력이 아닌가 싶다. 만약에 우리에게 사랑하는 능력만 있고 괴로워할 수 있는 능력이 없다면 우리는 아무것에도 도달하지 못할 것이다. 왜냐하면 우리는 괴로움을 통해서만 진정한 사랑의 기쁨을 알 수 있기 때문에. 어둠을 거쳐서만 빛에 도달할 수 있는 것처럼. 이것이 피조물인 우리 인간존재의 모순이며 본질인 것이다.

항용 보다 많이 사랑하는 자는 보다 많이 괴로워하기 마련이다. 또한 한층 많이 괴로워하는 영혼은 한층 많은 은총을 입은 영혼이 아닐까? 괴로움을 많이 겪은 영혼일수록 보다 굳세어지는 법이니까. 그렇다. 신은 우리 영혼을 굳세게 해주기 위해서 우리에게 괴로워하는 능력을 주신 것이다. 세상의 모든 괴로워하는 영혼들에게 나는 이 말을 해주고 싶다. 마치 고산준령高山峻嶺의 험한 기후 속에서 자란 식물이 부드러운 평지의 토양에서 자란 초목보다 강인한 것과 같다.

그와 같이 괴테처럼 위대한 심혼을 지녔던 천재는 괴로워하는 데에도 범인이 따라갈 수 없는 비범한 능력이 있었던 것이며, 이 능력이 바로 그를 74세란 나이에 『마리엔바트의 비가』란 위대한 걸작을 낳을 수 있게 했던 것이다. 우를리케 양에 대한 사랑과 그 좌절로 인해 생겨날 수 있었던 이 연가는 문학사에서 사랑을 얘기할 때 즐겨 인용되곤 하는 걸작이거니와 이 시를 씀으로써 그는 사랑의 상처에서 벗어날 수 있었던 것이다.

이 비가 속에서 괴테는 그의 개인적인 소망, 희망 및 욕구 그리고 인간 속에 숨어 있는 신적인 것에 대한 신앙과의 결합을 가장 감미롭게 노래하고 있다.

내 가슴속에 있는 티없는 순결은 영원히 명명命名할 수 없는
수수께끼를 풀면서
보다 높은 것, 보다 순수한 것,
미지의 것에 감사하는 마음으로 헌신하고 싶은 충동에 넘친다.
그것은 경건한 마음이라 할 것이니―내 그녀 앞에 나서면
이같은 높은 행복을 얻었음을 느끼노라.

괴테에게 노년에 이르러서도 꺼지지 않는 정열과 고통에의 위대한 능력이 없었던들 이와 같이 아름다운 시구는 영원히 존재하지 못했을 것이고 우리 인류는 고귀한 유산 하나를 갖지 못했을 것이다.

그런 의미에서 오늘날 우리가 향유하고 있는 위대한 지적, 예술적 유산은 거의 모두가 그걸 이룩해놓은 선인先人들의 뼈를 깎는 괴로움이란 대가를 지불하고 얻은 공짜선물인 셈이다. 그러므로 우리가 그들이 겪어낸 괴로움으로부터는 되도록 눈을 돌리고 '결실'만을 공짜로 향유하려 한다면 그건 너무 뻔뻔스러운 생각이다. 우리가 진정으로 그들이 남긴 유산을 물려받을 자격을 가지려면 우리 또한 그와 맞먹는 괴로움을 겪을 수 있어야 할 것이다.

생각건대 이들은 괴로움을 그저 묵묵히 견디는 데 그치지 않고 적극적으로 고뇌를 긍정하고 사랑한 데에 진실로 범용한 인간과 구별되는 이들의 위대성이 있지 않나 싶다. "몇 번이라도 좋다. 이 끔찍한 생이여, 다시!"라고 절규한 니체의 「운명애」를 생각해보라. 이 외침 속엔 몸서리나도록 숭고한 고통에의 능력이 있는 것이다.

그러나 슬프다. 확실히 현대엔 이와 같은 종류의 위대한 심혼을 지닌 인간은 사라지고 없다. 모든 것이 평준화, 규격화, 컴퓨터화되는 현대엔 인간의 괴로워하는 능력도 점점 마비돼가는 모양이다. 언젠가는 인류사의 우뚝 솟은 거탑과도 같은 소수의 위대한 천재, 위대한 영혼, 위대한 고통 같은 것이 아무런 의미가 없게 될 날이 올지도 모른다.

따라서 진실로 우리의 심금을 울리고 우리 영혼의 심부에까지 와닿는 작품도 이젠 영원히 나타나지 않을지 누가 알겠는가?

천재들의 죽음

19세기 이탈리아의 저명한 의학자며 범죄심리학의 대가로, 인류에겐 '범죄형'이 따로 있다는(즉 범죄인은 두개골 구조부터 보통사람과 다르다고 하는) '유전적 범죄인설'로 널리 알려진 체사레 롬부로조는 유명한 『천재론』의 저자이기도 한데, 그 자신 의심할 바 없는 한 사람의 천재로서, "천재란 필경 일정한 궤도에 따라 운행되는 유성遊星이 아니라 우연히 지상에 나타났다가 홀연히 소실돼버리는 유성流星과도 같은 존재"라고 말했다. 또한 역사상 유례없는 천재로서 정신병원에서 죽은 프리드리히 니체는 "천재란 무엇인가? 높은 목표와 거기에 도달하는 수단을 원하는 자"라고 천재의 정의를 내리고 있다.

우선 우리에게 익히 알려진 몇몇 천재들의 이름을 머리에 떠올려 봐도, 이들이 남긴 업적은 말할 것도 없고 이들의 성격이나 생애가 보통사람들과는 판이했다는 사례를 얼마든지 열거할 수 있다.

확실히 천재란 보통사람과는 '다르게' 태어났고 '다르게' 살았던 것은 의심할 여지가 없다. 그러나 과연 그들의 죽음마저 보통사람들과는 한결같이 '다른' 것이었을까? 혹은 그들이 단순히 천재였다는 이유로 후세 사람들이 그들의 죽음에 대한 신화를 만들어낸 경우는 없었을까?

흔히 특별한 예외를 제외하고는 인간의 삶이란 대동소이한 것이지만, 아무리 범용한 인간이라도 죽음만은 각자가 '고유한 죽음'을 겪는다는 말이 있다. 그러한 점에서 본다면 천재들의 죽음만이 특수한 것이라고만은 할 수 없지 않을까? 따라서 후세의 전기작가들에 의해 전해지고 있는 천재들의 임종장면의 묘사는 사실 자체보다 그걸 '전설화하려는' 의지가 의식적이건 무의식적이건 간에 다분히 작용했다고 볼 수 있다. 또한 비록 사실 그대로 기술해놓았다고 하더라도 그걸 읽게 되는 후세 사람들이 다소 윤색해서 받아들이는 경향은 없는 것일까?

이를테면 괴테가 임종시에 외친 "좀 더 빛을!"이라는 말은 너무나 유명하게 되어 여러 경우에 인용되기도 하지만, 실상 따지고 보면 그것이 괴테가 말했기 때문에 유명한 것이지 그 말 자체만으로선 하등 심오한 철학을 대변하고 있는 것은 아니지 않은가. 그것은 "좀 더 밝게 해주게" 혹은 "불을 좀 더 켜주게나" 따위로 표현될 수도 있을 것이고, 임종의 침상에서 단독으로 죽음을 대면하는 사람이면 누구나 (죽음은 곧 암흑일 것이므로) 본능적으로 외칠 수 있는 말이기 때문이다.

또한 베토벤의 경우 그가 임종 때 한 말은 "벗이여, 박수하라, 희극은 끝났다"라고 전해져오지만, 정확히 말하면 이것은 베토벤이 죽기 하루 전인 3월 23일에 한 말이었음이 그의 만년에서 죽음에 이르기까지 그와 함께 있었던 그의 전기작가 쉰틀러에 의해 밝혀지고 있다.

"그는 영혼의 완벽한 평화와 참된 소크라테스의 지혜로써 죽음을 바라보고 있습니다"라고 쉰틀러는 같은 날 음악가 모셜레즈 앞으로 보낸 편지에서 쓰고 있다. 그리고 정작 베토벤이 숨을 거둔 순간에 쉰틀러는 베토벤의 장지를 물색하느라 베링크 촌에 가 있었기 때문에 베토벤의 눈을 감겨준 사람은 작곡가 휘텐브랜너였던 것이다. 그것은 1827년 3월 24일 오후 6시 1분이었으며, 그때 베토벤의 나이 57세였다.

그리고 또 릴케의 경우는 어떤가? 흔히 그는 '장미가시에 찔려' 죽은 것으로 전해지고 있지만 실제로 그를 죽음에 이르게 한 사인死因은 백혈병이었다. 즉 그는 혈액암으로 죽었던 것이다. 물론 가시에 찔린 게 간접적인 원인이 될 수는 있었지만 비록 생체生體 저항력이 거의 없는 어린애라 할지라도 장미가시에 찔려 죽지는 않는다. 그런데도 사람들은 릴케의 죽음을 말할 때 백혈병 소리는 쏙 빼버리고 '가시 운운'만 하니 마치 그가 장미가시에 찔려 그 자리에서 꼴깍 숨이 넘어간 것처럼 일반적으로 오해하기에 딱 알맞은 것이다. 하긴 그래야 릴케가 생전에 자신의 묘비명을 심사숙고 끝에 "장미, 오오, 순수한 모순이여, 환희여, 그 많은 눈꺼풀 아래 누구의 잠도 아닌 잠이여"라고 써둔 시구가 더욱 신비로운 매력을 지닐 것임엔 틀림없지만. 장미는 생전에 이 위대한 시인에겐 매혹과 사색적인 경건성의 근거로서, 순수한 모순에 대한 비유의 의미를 지녔던 것이니까.

물론 천재들의 죽음이 하나같이 이런 식으로 각색 내지 미화됐다는 것은 아니지만 이같은 사례를 얼마든지 열거할 수 있다는 말이다. 그러나 우리가 익히 알고 있는 천재들은 보통사람들과는 '다른' 죽음을 한 경우가 숱하게 많다.

우선 천재 가운데는 요절한 사람들이 대단히 많다. 때론 요절은 천재가 되는 한 조건이라는 설이 우세했을 정도였으니까.

아마도 예술사에 남은 천재들 중에선 레이몽 라디게가 가장 젊어서 죽지 않았나 싶다. 그는 23세의 젊은 나이로 요절했지만 19세에 이미 거의 완벽한 심리소설 『육체의 악마』와 『도르젤 백작의 무도회』를 썼던 것이다.

낭만주의 시인의 꽃이라 할 키츠는 26세에 폐결핵으로 죽었고, 바이런은 35세에 그리스 독립전쟁에 참전했다가 그 이듬해 열병으로 죽었다. 슈베르트는 31세에 티푸스에 걸려 숨졌고, 쇼팽은 39세에 폐결핵으로, 고흐는 37세에 권총자살로 각각 생을 마쳤다.

그리고 이 밖에도 모차르트, 멘델스존, 벨리니, 라파엘, 파스칼, 번즈 등이 모두 40세 이전에 죽었던 것이다.

그러나 요절은 결코 천재에 부수되는 일반적인 현상은 아니다. 천재에 대한 연구에 열중했던 베야드라는 학자는 천재 5백명에 대한 평균 연령은 55세라고 발표한 적이 있다. 근대의 천재는 1백명에 대해 평균 70세의 나이를 지키고, 음악적 천재 35명에 대한 평균 연령은 63세 8개월이라고 했다. 또한 롬부로조도 143명의 천재에서 장수의 특징을 발견했노라는 보고를 내고 있다.

사실 우리가 잘 알고 있는 천재들만 해도 괴테와 톨스토이 및 위고가 83세, 헨델이 74세, 하이든이 77세, 미켈란젤로가 89세, 채플린이 88세, 그리고 루 살로메가 76세란 장수를 누렸다. 바흐와 들라크루아도 각각 65세, 다빈치는 67세까지 살았으며 소포클레스, 페트라르크, 훔볼트 등은 모두 90세에 죽었다. 홉스는 92세, 티티안은 99세까지 살았다. 그리고 볼테르와 프랭클린, 와트도 모두 80세를 넘겼으며 이밖에 성 아우구스티누스, 꼬르네이유, 갈릴레오, 스타니슬라프스키, 로시니, 디즈레일리 등도 전부 70세를 훨씬 넘게 살았던 것이다.

이렇게 열거해보면 오히려 통계학적으로도 천재들 중엔 요절한 쪽보다 장수한 쪽이 확실히 더 많은 것 같다. 다만 사람들이 장수는 범인凡人에게도 흔한 일이라 문제삼지 않는 데 반해 요절하는 경우는 거기에 특별한 의미를 붙여 강조한 결과 마치 요절이 천재의 한 특성인 것처럼 오해돼온 게 아닌가 싶다.

어쨌든 간에 천재들 중엔 자살한 사람이 꽤 많으며 우리가 감히 상상할 수도 없는 기발한 죽음, 비극적인 죽음으로 삶을 끝마친 예가 허다하다. 역사상 자살자의 제 1호로 알려진 사람은 그리스 시대의 영웅 테세우스의 아버지 아이게우스 왕으로 돼 있지만,

아마도 견유학파의 철학자 페레그리노스만큼 이상한 자살을 한 사람도 없을 것이다. 그는 올림픽 경기 때 사람들이 말려주리라고 기대하고서 불 속으로 뛰어들 수 있다고 공언하고 바로 실천했는데, 실은 아무도 안 말려 그만 죽고 말았던 것이다.

또한 고대 이탈리아의 철학자 엠페도클레스는 사람들로 하여금 자기를 신神이라 믿게끔 하기 위해 애트나 화산의 분화구 속에 투신자살한 것으로 전해지고 있다. 근대에 와선 프랑스의 철학자 쥘르 르뀌에가 모든 지식의 근원에는 '자유의지'가 있다고 주장하면서 그 증거를 보이기 위해 대양 한가운데로 헤엄쳐나가 죽었다.

우리 세대에게 한결 친숙한 반 고흐는 전술한 대로 권총자살을 했거니와 가장 광적인 천재시인으로 유명한 프랑스의 시인 제라르 드 네르발은 거리에서 목매달아 자살했다. 근대 독일문학사에서 아마도 가장 독창적인 시인의 하나라 할 하인리히 폰 클라이스트는 34세에 베를린 근처 반 호에서 한 여자친구를 먼저 권총으로 쏘아죽이고 나서 자기 자신의 두골을 정확한 솜씨로 쏘아 자살했으며, 같은 독일의 낭만파 작가 스테판 츠바이크는 2차대전 중 나치를 피해 망명생활을 하던 중 젊은 부인과 함께 남미의 브라질에서 자살했다.

음악가 슈만도 정신병이 발작했을 때 라인 강에 투신했는데 그때 그의 나이 44세였다. 물론 그는 구출되었으나 2년 뒤 정신병원에서 결국 죽게 된다. 샤또부리앙, 루소, 라마르띤느 등도 걸핏하면 자살을 기도했다. 물론 번번이 결행 직전에 중단했지만. 이사도라

덩컨도 자살을 결행할 뻔했다는 것은 본인이 자전에서 고백하고 있는 바다.

참으로 이사도라 덩컨만큼 이상한 죽음을 한 예도 없을 게다. 1927년 니스에서의 어느 저녁 이사도라는 저녁식사 후 남자친구들과 스포츠 카로 드라이브할 약속을 하고선 친구들을 기다리는 동안 레코드를 틀어놓고 (당시 유행했던 〈바이 바이, 검은 새여〉란 노래였다) 거기에 맞춰 춤을 추고 있을 때 친구들이 도착했다. 그녀는 붉은 빛깔의 긴 스카프를 목에 걸치고 한 쪽 자락은 땅에 끌면서 차에 올랐다. 그리고는 남아 있는 친구들에게 손을 흔들었다. "안녕! 근사한 데로 갔다 올게 ……" 이것이 그녀의 최후의 음성이었다. 좌석이 낮은 2인승 차가 움직임과 동시에 긴 스카프의 한 자락이 뒷바퀴의 살에 걸려 단숨에 그녀의 목뼈가 꺾어지고 말았다. 그때 그녀의 나이 49세—아마 스카프가 바퀴에 감겨 죽은 예는 역사상 이사도라의 경우뿐일 것이다. 근대 무용의 혁신자로서 가장 독창적인 자기만의 춤을 창조했던 그녀는 역시 죽음마저 가장 독창적인 케이스로 남겨놓은 셈이다. 물론 그녀가 스스로 불러온 죽음은 아니었지만.

이사도라가 생전에 겪어야 했던 극심한 고뇌와 숱한 불운(물론 그 반대도 겪었지만)을 생각할 때 이런 식으로 그녀에게 찾아온 죽음은 오히려 크낙한 은총과도 같은 것이었다는 견해를 그녀의 많은 친구들이 품고 있었던 것으로 전해지고 있다.

이에 못지않게 비극적인 죽음으로 하이네의 경우를 들 수 있다. 젊은 시절의 방탕으로 인해 얻게 된 매독 때문에 하반신 불수가 되어 거의 10여 년이나 '침대무덤' 위에 누워 고통받으면서도 시작詩作을 멈추지 않았던 그는 임종의 순간에도 이 집념을 버리지 못했다.

> "써야지—써야지" 마침내 그는 숨을 헐떡이면서 말했다. "종이 …… 연필!" 황급히 간호원은 그가 원하는 것을 가져다 주었다. 힘은 하나도 없었지만 그는 가까스로 연필을 잡았다. 그러나 그 연필은 금세 바닥에 떨어졌다. 무서운 경련이 일어나 야위고 창백한 얼굴은 마지막 고통에 일그러졌다. 경직현상이 지나가고 그의 얼굴은 다시 평온해졌다.

그의 전기작가는 이렇게 그의 임종을 묘사하고 있다.

이와 가장 유사한 예가 니체의 경우로, 그도 매독으로 인한 진행성 마비 때문에 10년이나 정신병원에 있다가 최후를 마쳤다(55세). 보들레르 역시 마취제, 흥분제 과용으로 인한 실어증失語症과 반신마비증세로 쓰러져 1년 뒤 병상에서 숨졌다(46세). 흔히 '아라비아의 로렌스'로 알려진 사막의 영웅으로 대영박물관의 장서 3만 권을 독파했다는 T. E. 로렌스는 사막의 전투 한가운데서도 살아남았지만 아찔할 정도의 고속으로 오토바이를 달리다 언덕의 막바지에서 달려오는 두 소년을 피하려고 급커브하는 바람에 그만 울타리에 충돌해서 두개골 파열로 죽었으며, 푸시킨은 아내의 불의에 얽힌 스캔들로 인해 야기된 결투에서 총에 맞아 희생되었다. 또한 17세기의 이탈리아 철학가 조르다노 브루노는 반反교회적, 범신론적 신학을 표방했다는 이유로 종교재판에 회부되어 17년 동안 감옥살이를 한 후 결국 화형을 당했던 것이다.

그러나 이와는 반대로 생전에 극단적인 예외자 생활을 했으면서도 가장 일상적인 방법으로 죽은 천재들도 물론 상당히 많다. 스스로 '오식誤植 활자'란 슬픈 의식을 가지고 영원한 우수 속에 살다 간 예외자 키르케고르는 자신이 주도했던 종교적인 간행물 『순간』 최종호 작업을 하던 중 의식을 잃고 마루에 쓰러졌다가 곧 의식이 회복되었으나 그 후 또다시 길거리에서 쓰러져 병원으로 옮겨진 후 40일 뒤에 죽었다(43세). 그는 막연히 척추병이란 진단을 받았는데, 그 자신 일반적인 법칙에서 벗어난 존재로 살아온 자기가 흔한 방법으로 죽는 건 어울리는 일이라고 생각했다.

키르케고르의 임종에 참여했던 그의 조카는 훗날 숙부의 임종순간을 회고하면서 "그의 시선은 숭고하고 축복에 넘친 빛을 발산하고 있었다"고 적고 있다. "온갖 것이 흡사 빛의 근원인 듯이 눈에 집중돼 있었다"고.

또한 가장 완전한 광狂천재의 전형이며 모순의 권화權化라 할 쇼펜하우어는 알뜰하게 장식된 책장 앞에서 진수성찬을 들며 진지하게 자살을 찬미했지만 그 자신은 평생토록 죽음의 공포에서 벗어나지 못했다. 그는 두창痘瘡을 겁내어 나폴리에서 달아나고 냄새맡는 담배에 의해 독살되리란 공포 때문에 베로나를 떠나고, 콜레라를 무서워해서 베를린을 떠났다(그의 숙적宿敵인 헤겔은 자살을 찬미하진 않았으나 오히려 베를린에서 콜레라에 걸려 죽었다).

게다가 그는 징병을 기피했으며 길거리에서 하찮은 소리만 나도 칼에 손을 대곤 했다. 이발사를 무서워해서 이발소에도 가지 않았으며 병이 옮을까봐 자기 잔이 아니면 결코 술을 마시지 않았다. 이러면서도 그는 장장 72세까지 살다가 결국 폐렴이란 흔한 병에 걸려 마지막엔 유언집행인까지 불러 재산상속까지 처리하는 등 일반적인 모든 절차를 다 밟은 후 죽었던 것이다.

이와는 다른 얘기지만 세계 무용사의 신화적 존재로서 '무용의 신神'으로 널리 알려진 바슬라브 니진스키는 〈장미의 정령〉 공연 땐 공중 높이 날아올라 한 몇 초 동안 떠 있었던 일(이걸 니진스키의 '날아오름'이라 해서 자주 인용된다)을 비롯해서 온갖 믿을 수 없는 전설을 남겼지만, 29세 때 정신의 붕괴를 겪고 이후 30년간을 정신병원을 전전하는 불행한 만년을 보내다가 마지막엔 신장질환으로 눕게되어 처와 친지가 지켜보는 가운데 조용한 임종을 맞았다.

한편 삶에서와 마찬가지로 죽음 자체도 완전한 예술의 권화라 할 수 있을 만큼 끝까지 '예술가답게' 죽은 희귀한 천재의 경우도 꽤 많이 발견된다.

세계 연극사상 최대의 비극배우며 신비가로서 유례없는 의지의 천재였던 엘레오노라 두제는 그녀의 명성이 절정에 있던 51세 때 돌연 무대를 떠났으나 12년 후 다시 돌아와 이후 죽을 때까지 3년 동안 보여준 그녀의 연기는 거의 기적과도 같았다고 전해지는데, 그녀는 피츠버그의 공연(〈닫힌 문〉) 때 진눈깨비 퍼붓는 사나운 날씨에 허약한 노구를 가지고 무리한 공연을 한 결과 폐렴에 걸려 죽었던 것이다. 그의의 마지막 말은 다음과 같았다.

"짐을 꾸려라. 우리는 떠나야 한다!"

평생 순회공연을 다니던 그녀는 아마도 다른 공연지로 떠날 꿈을 꾸고 있었는지도 모른다.

그러나 뭐니뭐니 해도 모차르트의 죽음만큼 감동적인 것은 달리 없으리라. 뭐라 비견할 수 없는 찬란한 광휘와 유례없는 명성으로 막을 열었었던 모차르트의 생애가 닫힐 무렵에 그의 주위를 둘러싸고 있던 어둠침침하고 슬프고 막막했던 환경을 상기한다면 어떤 의미로 모차르트의 전기는 그의 출생보다 차라리 죽음을 강조함으로써 시작하는 것이 올바른 태도일지도 모른다.

"모차르트가 그의 생애에서 최후로 시도한 일은《레퀴엠》가운데 나오는 팀파니의 음향을 내려고 안간힘을 쓴 것이었다"고 그의 임종을 지켜본 처제 소피는 증언하고 있다.

모차르트는 죽음을 두려워하지 않았다. 프리메이슨 회원이었던 그는 '죽음이야말로 우리의 진정한 행복의 열쇠'란 신념을 지니고 있었다. 그리고 그 죽음은 너무나 빨리 그를 찾아왔다. 프리메이슨 회관 신축기념으로 그가 작곡한 칸타타 〈우리들의 기쁨을 널리 알리소서〉를 지휘(연습)하다 티푸스에 걸려 쓰러져서 2주일 뒤 그는 죽었던 것이다.《레퀴엠》은 영원히 완성하지 못한 채. "저 눈물의 날에(Lacrimosa dies illa)—" 모차르트의 자필은 여기서 멎어 있었다.

1791년 12월 5일 새벽이었다. ㊥

키르케고르의 섬광

스물한 살 때 나는 키르케고르의 『일기』를 읽고 그때까지 내가 신주神主처럼 모시고 있던(실히 한 상자나 되는) 나의 일기장을 깡그리 태워버린 적이 있다. 그가 일기 속에서 다루고 있는 주제, 그걸 전개해나가는 철두철미 변증법적인 서술방식, 또한 그의 사상의 깊이와 고원高遠함에 나는 그만 질려버렸던 것이다. 더욱이 그는 청년시대에 이미 그같은 영역에 도달해 있었음에랴!

그래서 그의 천재에 대한 동경의 한숨과, 나는 도저히 따라갈 수 없을 것 같은 절망, 그리고 '내가 쓴 모든 것'은 아까운 종이와 시간만을 허비한 한갓 허접쓰레기에 불과한 것 같은 자기경멸감이 혼합된 일종의 발작으로 나는 결연히 일기장 소각燒却 작업을 벌였던 것인데, 이같은 발작은 청년시절의 정신의 발전단계에서 흔히 일어나는 법이다. 즉 우리는 인생의 어느 시기에 자신의 일기장을 비롯해서 편지와 작품 등 아무튼 문자로써 고정된 자신의 정신세계의 일부를 깡그리 말소抹消해버리는 때가 있는 것이다. 나로썬 이때가 지금까지 내가 수없이 되풀이한 소각작업의 제 1호였던 셈이다. 자기 자신이 다루고 있는 문제가 마치 인류 전체의 안위安危에라도 관계될 정도로 가치가 있고, 자기의 사상이 세상에서도 독창적일 거라는 과대망상이 흡사 망치에 한 대 꽝! 얻어맞은 것처럼 와지끈 무너지는 체험을 하게 되는 때가 있는데 키르케고르가 바로 젊은 시절의 내게 이와 같은 역할을 했던 것이다. 말하자면 그는 내게 정신이 번쩍 들게 한 '각성의 나팔'이었던 셈이다.

흔히 청년시절엔 사물을 과장해서 느끼거나 이 삶에 대해 과장된 제스처를 나타내기가 일쑤다. 그래서 당시의 일기 속에서 그렇게도 숱한 감탄사의 남용을 발견하고 후에 나는 미소를 금할 수가 없었다(물론 지금은 그 당시의 어떤 기록도 보존하고 있지 않지만). 마치 나이를 먹을수록 감탄사를 점차 잃어버리게 되는 걸 아쉬워하는 것처럼. 나는 그때 일기장들을 태우면서 다시는 이따위 허접쓰레기를 위해 시간과 종이를, 또한 정력을 낭비하진 않겠다고 스스로에게 다짐했지만(그리고 그대로 실천했던들 문제는 간단했을 텐데) 실은 단 사흘도 그걸 지킬 수가 없었던 것이다. 최소한도 내가 쓴 것이 허접쓰레기에 불과하다는 자기경멸과 다시는 그 짓을 안 하겠다는 비장한 결심에 대한 사실만은 일기장에 쏟아놓지 않을 수가 없었기 때문이다.

그래서 나는 새로 일기장을 사가지고 와선 겉장에다 「자기 성찰을 위하여」란 제목을 엄숙하게 쓰고 나서 자신의 고백을 쏟아놓는 대신 키르케고르에 대한 경의를 표하기 위해(그리고 그를 자기 성찰을 위한 사표師表로 삼기 위해) 제 1면에다가 그의 23세 때의 다음과 같은 일기를 베껴놓았던 걸 똑똑히 기억하고 있다(물론 그 노트도 옛날에 이미 불더미 속에 들어가 버렸다).

> 참으로 내가 필요로 하는 것은 '내가 무엇을 해야만 하는가'에 대해서 나 자신의 마음속에 뚜렷이 아는 것이지 내가 무엇을 인식해야만 하는가의 문제가 아니다 …… 물론 인식이 모든 행동보다 앞서야 한다는 사실만은 예외다. 내가 어떤 사명을 짊어지고 있는가를 이해하고 하나님께서는 '내게' 무엇을 하라고 요구하는가를 아는 것이 가장 중요한 것이다. 요컨대 '내게' 진리가 되는 진리를 발견하는 것이고, '내가 그것을 위해 언제라도 죽고 살 수 있는 이념'을 발견하는 것이 문제이다.
>
> 진리가 싸늘하게 벌거숭이로 내 앞에 서서 내가 그걸 인정하건 않건 개의치 않고 믿음직한 헌신보다는 오히려 불안한 전율을 자아내게 한다면 그것이 내게 무슨 소용이 있겠는가? 나는 물론 나 자신이 '이성理性의 지상至上 명령'을 인식하고 사람들이 그것의 영향을 받을 것이라는 사실을 인정한다. 그러나 "그때 그것은 생생하게 내 속에서 체험돼야만 한다" …… 그리고 '이것이야말로' 내가 중요한 것이라고 인정하는 바로 그것이다. 이것이 바로 내 영혼이 마치 아프리카의 사막이 물을 갈망하듯이 갈망하고 있는 그것이다. …… 내게 결핍되어 있는 것은 '완전한 인간생활'을 영위하는 체험이지 단순한 인격의 생활이

아닌 것이다. 그러므로 나는 이 인격의 생활을 지닌 채 사람들이 객관적이라고 부르는 그 무엇에다 또는 일언이폐지一言以蔽之하고, 나 자신의 것이 아닌 그 무엇에다 내 사상의 발전의 터전을 장만할 수는 없다. 이를테면 그것을 통하여 내가 신神 적인 본질 속에서 자라났고, 또 비록 전체 세계가 무너질망정 내가 고수해 마지않을 나의 영혼의 가장 깊은 뿌리와 연결된 그 무엇에다 나는 내 실존의 생활터전을 마련해야만 한다. 이것이 내게 '결핍된' 것이다. 그리고 이것을 지향하여 나는 노력하고 있다.

23세의 젊은이로서 이렇듯 신중하고, 이렇듯 완벽하고 이토록 슬기롭게 자기 자신을 검토한(일기의 실제의 길이는 여기 인용한 분량의 네 배가 넘는 장황한 기입이다) 글을 나는 일찍이 본 적이 없었다. 그리하여 키르케고르의 이 같은 자기 성찰은 흡사 섬광과도 같이 내 영혼을 꿰뚫고, 한 순간 내 삶의 지표를 조명해주는 것처럼 나는 느꼈다. 이렇게 키르케고르는 내 존재의 정신적 편력에서 일종의 전환점 역할을 했던 것이다.

키르케고르의 저작을 어느 정도 알고 있는 사람이라면 누구나 위에 인용한 일기에서 후년 이른바 "주체성은 진리다", "자기 것으로 만드는 것" 같은 말로 대변하게 되는 그의 사상의 요체要諦를 발견할 수 있을 것이다.

오늘날 키르케고르란 이름은 '실존주의의 원조'란 레텔이 붙여져 사방에서 팔리고 있지만, 흔히는 가짜 상표가 더 많이 보급되고 있는 격이다. 그가 후년 그리스도교를 위해 저버린 초기의 심미적 저작이 훨씬 더 인기가 있고, 더욱이나 그의 방대한 저서『이것이냐, 저것이냐』의 일부인 (그것도 키르케고르가 거부해 마지않았을) 「유혹자의 일기」만 따로 떼어져 세계 각국어로 번역되어 아마도 키르케고르의 저작 중 가장 많은 독자들을 흡수하고 있음은 그 좋은 예다. "사람들은 나를 저희 뜻대로 마구 괄호 속에 가둘 것임에 틀림없다"고 생전에 그가 미리 분격해서 예언한 바와 같이 그가 제일 두려워하고 혐오하던 일이 일어나고 있는 것이다.

실상 키르케고르의 사상을 한갓 다이제스트식으로 요약하는 것이 얼마나 많은 오류의 위험을 내포하는가는 그 자신 누구보다 잘 알고 있었다. "내가 죽고 난 다음 사람들은 내 일기를 철저히 연구할 것이다"라고도 그는 예언했다. 그리고 이 예언 또한 실천되었다. 그러나 그의 사후 1세기 이상이 훨씬 더 지난 오늘날까지 그의 일기는 물론 이루 헤아리기 힘들 정도로 방대한 그의 저작들이 세계 각국어로 번역되고, 수많은 그의 전기와 연구서가 나오고 있지만 참으로 그를 이해하기란 너무나 어렵다. 그는 '엄청난 균열과 수심水深을 측정할 수 없는 심연'과도 같은 인물이었기 때문이다. 그가 스스로 자기를 일러 '오식誤植 활자'라고 표현했듯이 참으로 그는 '일반적인 법칙에서 벗어난 존재로 살아간 예외자'였던 것이다.

외모로 보면 키르케고르는 여위고 몸이 좀 굽은 듯이 보이는 사람으로서 테가 넓은 모자를 쓰고, 많은 조소의 대상이었던 비상하게

긴 바지에다 우산을 팔 밑에 끼고선 종종 코펜하겐의 매혹적인 가로를 거닐었다. 약간 옆으로 젖힌 총명한 머리 아래론 두 개의 푸른 눈이 날카롭게 빛났다. 이 두 눈은 금발의 머리와 더불어 그가 전형적인 덴마크인이라는 것을 드러내었다.

키르케고르의 연구가 발터 니그는 이렇게 그를 묘사하고 있다. 그는 철두철미 스칸디나비아적 천성을 지닌 참다운 북구적 인물이었다. '북구적 고통이 그의 모습에 인상 깊은 프로필을 새겨 모든 명랑성을 어두운 진지성으로 그늘지웠다'. 오늘날 사람들은 즐겨 그에게 '우수의 철인'이란 칭호를 주고 있지만 참으로 이 우수는 그의 생애와 사상을 이해하는 데 결정적 요인이 되고 있다. "나는 생애를 두고 어떤 순간에도 자기가 하고자 마음먹은 바를 할 수 있다는 신념을 잃어본 적이 없었다. 단 한 가지를 제외하고는 그 나머지 것들은 모두가 무조건이었다. 그러나 내가 사로잡혀 있던 우수만은 나는 절대로 내동댕이칠 수가 없었다"고 그는 『저작가로서의 나의 작품에 대한 관점觀點』이란 저서 속에서 고백하고 있다.

또 다른 기회에 그는 다음과 같이 기술하고 있다.

나는 가장 깊은 의미에서 불행한 개성을 가진 인간이었다. 어린 시절부터 나는 정신이상과 가장자리를 맞대고 있는 온갖 고민에 꽉 붙박혀 있었다. 아마도 그 깊은 근거는 나의 영혼과 육체의 불균형에 있었을 것이다. 왜냐하면 이 고민은(이것은 또 나의 한없는 쾌활성과 결합된 뚜렷한 일이기도 한데) 나의 정신과는 아무런 관계도 없는 것으로, 나의 정신은 아마도 반대로 영혼과 육체 사이의 긴장으로 인해 드문 팽창력을 가졌을 것이었기 때문이다.

죄얀 키르케고르는 1812년 5월 5일 코펜하겐에서 대규모 잡화상을 하는 부유한 상인 미카엘 키르케고르의 일곱 형제 중 막내로 태어났는데, 아버지가 56세, 어머니가 45세 때 였다. 어머니는 아버지의 먼 친척으로서 이 집의 가정부로 있다가 본처가 죽자 재취로 들어앉은 사람이었다. 이같은 어머니의 출신과 부모의 지적 불균형은 키르케고르가 생모에 대한 자연스런 애정과 존경심을 갖지 못하게 된 요인이 되었다. 이 사실은 확실히 그의 비극의 중요한 원인의 하나였다.

그런데 키르케고르의 형제들은 하나같이 단명하여 맏형 페터(후에 교회감독이 되었다)와 막내 죄얀을 제외하고는 모두가 33세를 넘기기 못하고 잇따라 죽어버렸다. 그리고 키르케고르가 스물두 살 때 모친마저 세상을 떠나고 드넓은 집엔 단 세 명의 가족만 남게 되었는데, 부친은 죄얀에게 유난히 집착했을 뿐 아니라 자신도 모르게 자기 영혼의 시름을 이 막내아들에게 물려주게 되었으니, 그는 흡사 구약성서의 시대에서처럼 이 아들을 하나님에게 희생으로 바치려고 했던 것이다. 그 결과 그는 현대감각으로는 도저히 참을 수 없는 방법으로 아들들을 교육했다. 이같은 부친의 우울과 독특한 종교교육은 키르케고르의 생애와 사상을 이해하는 데 있어 중요한 관건關鍵이 되고 있다. 이 점은 확실히 강조돼야만 한다.

키르케고르의 부친은 어린 시절 히스가 무성한 죳트란 황야에서 양치기로 있을 때 극한의 추위와 굶주림을 참다못해 하나님을 저주한 적이 있었는데, 후에 그가 행운을 만나 부유와 안락 속에서 남의 존경을 받으며 살게 되었을 때(그리고 그가 하나님을 저주한 바로 그 순간부터 하나님의 은총이 자기 위에 현세적인 축복을 보여준 것을 깨달았기 때문에) 그같은 행운의 한가운데서 마치 하나님의 벌이라도 내린 것처럼 다섯 아이가 차례로 죽자 그는 자신이 어릴 때 하나님께 퍼부은 저주 때문에 심판을 받고 있는 것이라고 느끼게 되었다.

그리하여 그 자신이 지니게 된 깊은 시름과 불안은 그의 종교에다 엄격성과 침울성이란 특징을 부여했지만 이것이 아이들에겐 비참한 짐이 되었음엔 틀림없다. 특히나 죄얀에겐 격심한 영향을 미쳤다.

요컨대 이 가정을 지배하는 전체적 분위기는 부분적으로는 감상적이고 부분적으로는 인습적인 종교가 지니고 있는 불쾌한 냄새가 났으며, 막연한 불안과 거의 병적일 정도로 엄격한 종교적 억압이 무겁게 내리덮인 상태였음은 페터나 죄얀의 일기를 통해서도 능히 짐작할 수 있다.

키르케고르는 부친에 대한 깊은 존경심과 애정을 지니고 있었지만 그의 자유분방하고 반항적인 기질이 이같은 가정의 분위기와 부친의 권위에 대해 맹렬이 반항했음은 물론이다. 그리고 그가 스물네 살 되던 무렵 미덕과 권위의 화신으로 여겼던 부친에게서

'과거의 죄', 즉 하나님을 저주했던 사실과 하녀였던 모친을 결혼 전에 범했던 일을 비로소 알게 됐을 때 그것은 문자 그대로 그에겐 '대지진'과도 같은 것이었다.

그 당시의 그의 일기나 단상斷想 속에서 우리는 그가 얼마나 이 사실에 충격을 받고 그것 때문에 절망적인 고뇌를 맛보았던가를 알 수 있다. 이때의 체험은 그로 하여금 인생에서 결단코 누구와도 친밀한 교제를 하지 않겠다는—최소한도 여성과는 절대로 그런 교제를 하지 않겠다는 비장한 결심을 하도록 만들었다. 왜냐하면 그는 "수년 내로 죽게끔 운명지워져 있고, 부친의 '비밀'과 그 자신의 '죄'(창부를 찾아갔던 어느 날 밤의 일)로 말미암아 결혼이 금지돼 있다"고 믿고 있었기 때문이다. 키르케고르의 생애에서 이때가 가장 위기였다. 빈번한 음주와 끊임없는 정신적 흥분에 젖어있던 이 시기에 그는 여러 번 발광 직전상태에까지 이끌려갔으며 또 자주 자살의 충동을 받기도 했다. 그것은 자신이 다짐한 마음속의 결심에도 불구하고 그만 그가 사랑에 빠져버렸던 때문이다.

상대는 레기네 올센이란 열네 살의 처녀로 덴마크의 명망있는 은행가의 딸이었는데, 그는 '그녀를 처음 본 순간 맹렬한 사랑에 빠져버렸다.' 이것은 그의 첫사랑이었다. 또 그것은 그의 최후의 사랑이기도 했다. 레기네와의 사랑은 그에게 있어선 믿을 수 없는 행복이었으리라. 그는 그녀와 약혼을 했고, 그로 인해 '일반적인 것과 화해될 수 있으리란 희망'을 품고 있었던 것이다. 그것은 이 지상에서의 행복하고 정상적인 생활에 대한 그의 유일한 희망이었고, 필사적인 희망이었다. 그럼에도 그는 1년 뒤에 파혼을 하고야 말았다. 약혼녀가 절망에서 자살해버리겠다고 협박했음에도 불구하고(레기네는 오래지 않아 후에 서인도제도의 총독이 된 스레겔과 결혼했다).

그것은 '결혼이란 절대로 공명정대함을 요구하는 것'이라고 그는 굳게 믿고 있었는데, 자기는 '부친의 비밀'과 '자신의 죄'에 대한 고백을 도저히 약혼자에게 할 수 없었기 때문이고, 또 한 편—아마도 이것이 더욱 본질적인 이유였는데—그는 너무나 철두철미 정신적이었기 때문에 그의 시름과 고독에의 징후 및 이질성이 필경 그녀와의 결혼생활을 망쳐버리리라는 것을 너무도 날카롭게 예감했었기 때문이다.

키르케고르는 소년시절에 이미 자신이 정신의 규정 밑에서 태어난 존재란 사실을 절감하고 그 이질성 때문에 괴로워했다. "어떤 세대에 있어서도 몇몇 인간만이 도달할 수 있고 마음=육체라는 종합의 요소 속에서만 사는 대부분의 인간은 결코 도달하지 못하는 경지, 즉 정신이라는 규정에서부터 시작해야 한다는 것, 이것은 가장 큰 고통이다"라고 한 그의 말을 상기하라.

그리하여 그는 또다시 '혼자'가 되었다. 그러나 아마도 그는 레기네를 생애의 최후까지 사랑했다. "그녀를 역사에 속하게 하련다…… 나의 생존은 절대적으로 그녀의 생애를 강조해야 한다"라는 고백을 봐도 알 수 있다. 실상 그도 단테처럼 천국에서의 재회를 기대하고 있었다. 이후로 그는 자신의 온갖 저작을 그녀를 향해 썼으며 평생 동안 그녀를 그는 '나의 단독자'라고 불렀다. 그녀와의 매듭이

끊어졌을 때 그는 자신에게 다음과 같이 말했다. “너는 거치른 환락에 몸을 맡기든가, 아니면 목사 같은 종류와는 다른 범주의 종교적인 영역 속에 몸을 던질 것이다.” 그가 후자를 택했음은 그의 생애가 증명하고 있다.

“그녀와의 약혼과 그 약혼의 파혼은 진정 하나님에 대한 나의 관계이고, 하나님과의 나의 약혼이다“라고 그가 단언한 것처럼 이후의 그의 생애는 오로지 ‘주主를 위하여, 주께 봉사한’ 열렬한 그리스도교도—라기보다 ‘그리스도교도로 되는 것’으로 일관된다. “홀로 서 있다는 이 거만한 만족감이 저주스럽습니다.” 이렇게 그는 절규했지만 그 대신 그는 ‘천국의 사닥다리’를 볼 수 있었고, ‘육 만길 물 위에서도 익사하지 않고 떠 있게 해주는’ 신앙을 지니고 있었다.

그리고 이같은 확고하고도 정열적인 신앙이야말로 그로 하여금 위선에 가득 찬 덴마크 국립교회에 홀로 대항해서 죽을 때까지 지치지도 않고 싸우게 한 원동력이었던 것이다. 그리하여 그가 국립교회에 대항하여 싸우는 수단으로 사용한 팜플렛 『순간』의 최종호 작업중 그는 마침내 의식을 잃고 쓰러졌다. 다행히 곧 회복되긴 했으나 10월 2일 또다시 거리에서 쓰러져 병원으로 옮겨졌다. 그는 막연히 척추병이란 진단을 받고 40일 후 병원에서 숨을 거두었다. 1855년, 그의 나이 43세였다.

그의 아버지가 예언한 수명보다 10년이나 더 산 셈이다. ㊅

들라크루아의 불가사의

미술사가들은 흔히 다작多作의 경우를 논할 때 루벤스를 예로 들어 그가 1천 5백점이나 되는 그림을 남긴 것을 '이해할 수 없는 다작의 신비'라고 표현하곤 한다. 또한 음악의 경우에선 안토니오 비발디가 2천 곡 이상의 음악을 작곡한 것으로 전해지고 있다. 그러나 외젠 들라크루아는 무려 1만 2천점 이상의 작품을 제작했던 것이다! 여태까지 밝혀진 것만 해도 (그렇다는 것은 앞으로 더 발견될 가능성이 있다는 의미에서) 유화(장식화는 제외하고)가 1천 점 이상, 수채화와 파스텔화는 2천 점 이상, 그리고 다양한 도구로써 그린 선화線畵와 스케치들은 무려 9천 점을 헤아리는 것으로 평가되고 있다.

게다가 이렇게 엄청난 수에다 또 24세에서 죽을 때(65세)까지 쓴 일기와 편지(실제로 쓰여졌던 양에 비해 극히 일부만 수록됐는데도) 그리고 옛날 잡지에 실렸던 걸 모아서 출판한 두 권의 에세이집을 덧붙인다면 누구나 이 예술가 속에서 비등沸騰하고 있는 에너지를 생각하고 압도당해버릴 것이다. 그뿐이랴. 그는 음악을 사랑해서(그는 바이올린과 피아노에도 재능이 있었으며 틈틈이 연주도 했다) 오페라에도 자주 갔고 특히나 치마로사와 모차르트를 공연할 땐 빠지는 법이 없었다. 또한 살롱 연주에도 자주 갔거니와 그와 쇼팽의 친교는 유명하다. 말하자면 그는 단지 '그림만 그리고' 살지는 않았던 것이다. 이러한 점에서 그는 대부분이 단순한 화가 이상도 이하도 아니었던 여타餘他의 근대화가들과는 판이한 존재이다. 20대에 이미 들라크루아의 천재를 맨 먼저 알아보고 그를 열광적으로 찬미했던 보들레르가 들라크루아의 관심이 전반적인 데에 걸치는 것을 그 특질의 으뜸으로 꼽고 있는 것처럼, 그는 모든 것을 사랑하고 무엇이나 다 그릴 줄 알았으며 또한 온갖 종류의 인상에 마음을 경주傾注했던 것이다. 그런데 그의 신체는 너무도 섬약해서 하루 한 끼의 식사를 겨우 소화시킬 수 있는데다 폐결핵으로 시달리고 있었으며, 한 달에 몇 번은 침대에서 일어나지도 못할 정도로 앓곤 했다는 사실을 상상해보라.

이 최고로 허약한 육체에, 이다지도 어마어마한 양의 창작—이 두 모순된 개념 사이의 불가사의를 해명해주는 열쇠는 결국 정신의 에너지란 말밖에 없다. 들라크루아 스스로 자신의 일기 속에서 이 점을 밝히고 있다.

> 나는 다르게 태어났다—라기보다 차라리 내 에너지가 별개의 질서 속에서 태어났다고 함이 옳을 것이다. 나는 위대한 일을 성취하는 사람

들의 나팔수가 되리라. 내 속에는 종종 내 신체보다 훨씬 강력한 것이 있어 오히려 내 육체가 그것에 의해 활기를 얻게 된다. 어떤 사람들에게 있어선 내적內的 불꽃은 거의 존재하지 않는다. 내 속에선 그것이 지배적이라는 사실을 나는 알고 있다. 그것 없이는 필경 나는 죽어버릴 게다. 그러나 그것은 또한 나를 소진시키기도 하리라(의심 없이 내가 말하고 있는 것은 나를 지배하고 인도하는 상상력에 대해서이다).

이렇게 그는 스물네 살 때 이미 자신의 힘을 완전히 자각하고 있었다. 이와 비슷한 기술은 그의 일기 도처에서 산견散見된다. 사실 들라크루아의 「일기」는 그 솔직함과 자아 계시에 있어 루소의 『고백록』에 필적한다 할 수 있으며, 아마도 오늘날까지 간행된 예술과 문학의 가장 심오한 비평의 한 부분을 저장한 보고寶庫라 할 만한 것이다.

이 방대한 일기를 읽어보면 들라크루아는 자신의 힘을 일찍부터 자각하고 있었을 뿐 아니라 자기 내부에서 분출하는 힘의 단 한 방울인들 헛되게 소모하지 않았다는 사실을 알게 되는데, 항용 천재에게 부수되는 내적 힘은 너무나 자주 헛되이 소모돼버리는 경우를 생각할 때 실로 경탄할 일이 아닐 수 없다. 섬약한 육체에 깃드는 초인적 정신력의 예는 들라크루아 이외에도 수다하게 매거枚擧할 수 있지만—프루스트, 키르케고르, 니체, 하이네 등등—그러나 들라크루아 같은 경우는 거의 유례가 없는 것처럼 보인다.

그는 처음부터 자기가 원하는 것이 무엇인지를 분명히 알고 있다. 이거야말로 그의 위대한 다작의 신비를 풀어주는 열쇠가 아닌가 싶다. 즉 다름 아닌 한 작품을 시도할 때마다 번번이 성과를 계산하게 만드는 정신의 명징성과 전체를 통일하는 목적의 강도—그리하여 극도로 집중된 시간 속에서 그는 자신의 힘을 최고로 효과있게 사용할 수 있었던 것이다. 이를테면 그의 최초의 걸작(24세 때)인 「단테와 버질」은 불과 수개월의 집중된 노력의 결과였다. "나는 오로지 상상력으로써만 그린다"고 그는 고백하고 있지만, 그러나 이같은 방법으로 데코레이션이나 캔버스를 채우기 위해서 그는 헤아릴 수 없이 많은 무한한 양의 스케치를 준비했다는 사실을 알아야만 한다.

그는 자신의 작품을 너무나 철저히 계획하고 준비했기 때문에 실제로 그가 최종적 작업을 하게 됐을 땐 마치 스케치를 성급하게 휘갈기는 것처럼 보이는 방법으로 붓을 휘둘렀던 것이다. 따라서 우리는 "체계화하고자 하는 나의 욕망에도 불구하고 본능은 언제나 나보다 상위에 있다"고 한 꼬로의 말에 만족했노라는 (그는 꼬로의 찬미자였다) 그의 고백을 이해할 수 있게 된다. 어느 땐가 그는 한 젊은 친구에게 다음과 같이 말했다고 한다. "창으로 몸을 던지는 한 남자의 크로키를, 그가 5층에서 땅바닥으로 떨어지는 데 필요한 시간 동안에 완성할 수 있을 정도로 능숙하지 못하다면 당신은 위대한 기계들을 결코 생산해내진 못할 거요." 이 말 속에서 "바로 그의 전생애의 집념—행동과 생각의 농도로부터 아무것도 사라지게 내버려두지 않기 위해 신속히 그리고 정확히 제작하겠다는 그의 집념을 나는 다시 한 번 확인했다"라고 보들레르는 쓰고 있다.

그는 일에 대한 무한한 정열을 지니고 있었다. 따라서 진종일 화실에서 제작에 전념하거나 그외 대부분의 시간을 채운 대벽화에 몰두한 다음, 밤에도 여전히 쉬지 않고 창작열에 파묻히기 일쑤였다. 게다가 그는 제작중에는 반드시 홀로 떨어져 은밀히 일했던 것으로 유명하다. "만일 정말로 철창과 자물쇠로 잘 보호된 자신의 상아탑을 소유했던 인간이 있었다면 그건 바로 다름 아닌 외젠 들라크루아였다"고 보들레르도 밝히고 있다. 다른 사람들이 방탕을 위해 비밀 독방을 찾듯이 그는 착상을 얻기 위해 비밀스런 독방을 찾았고 그곳에서 그는 진정한 노동의 로봇으로 몸을 던졌던 것이라고.

좌우간 그는 등불에 의해 스케치하거나 꿈과 계획으로 종이를 메우거나 혹은 그의 생활에서 우연히 얻은 인생의 모습을 기록하거나 때론 그와 동떨어진 다른 예술가의 디자인을 모사模寫하거나 하면서 노변爐邊에서 저녁을 지내지 않은 날은 헛되이 보낸 하루라고 생각했던 것이다. 어떠한 토막시간에도 노트하거나 스케치하는 정열을 가지고 있었던 그는 심지어 친구를 방문했을 때조차도 그 일을 멈추지 않았으니, 우리는 그의 「일기」 속에서 그가 그린 흥미진진한 삽화나 수많은 스케치들을 얼마든지 볼 수 있는 것이다.

"사실은 그의 만년에는 그의 삶에서 즐거움이라고 할 일체의 것은 사라지고 오로지 단 하나의 탐욕스러운, 가혹한, 무서운 정열이 그것에 대치되었으니, 그것은 즉 제작이었다. 그리하여 그에게 있어

제작이란 마침내 단순한 정열이 아니라 차라리 분노라고 하는 편이 옳았다"라고 보들레르는 쓰고 있다. 아마도 그는 '격노'로써 그렸다 함이 마땅하리라. 그리하여 1863년 8월 13일 심충혈로 그가 마침내 붓을 놓았을 때 그는 테오필 실베스트르로 하여금 다음과 같이 말하게 했던 것이다.

> 이렇게 해서 위대한 인종人種의 화가 페르디낭 빅토르 외젠 들라크루아는 죽었다. 두뇌 속엔 태양을 지니고, 가슴 속엔 폭풍을 품고 있었던 인물—그는 40년 동안이나 인간 정열의 건반을 연주 했으며 그의 붓은—장대하고 무시무시하며 혹은 상냥하기도 한—성자들로부터 전사들에게로, 전사들에게서 연인들에게로, 연인들로부터 호랑이들에게로, 그리고 호랑이들로부터 꽃들로 옮아갔던 것이다.

로시니의 위대한 단념

로시니는 거의 40편이나 되는 오페라를 작곡했지만, 오늘날 오페라 팬들이(무대나 음반을 통해서) 쉽게 접할 수 있는 작품은 얼마 되지 않는다. 세계의 모든 오페라 무대에 가장 자주 등장하는 일급 레퍼토리라 할 《세비야의 이발사》를 포함해서 《라 체네렌톨라(신데렐라)》, 《알제리의 이탈리아인》, 《세미라미데》 및 《기욤 텔(윌리엄 텔)》 정도가 그나마 친숙한 작품에 속하지만 로시니 당대엔 몇 편의 경우를 제외하고 그의 오페라는 공연 때마다 대성공을 거두었으며 최고의 인기를 누렸다.

1792년(2. 29.) 교황령인 페사로에서 가난한 트럼펫 주자의 아들로 태어난 조아키노 로시니는 학생시절(볼로냐 리세오 필하모니코)인 열다섯 살 때 첫 오페라 《데메트리오와 폴리비오》(1812년 로마에서 공연)를 작곡했으며 1810년 베네치아에서 공연된 희가극 《결혼 각서》가 성공을 거둔 후 본격적인 오페라 작곡가로 나서게 된다.

이후 그는 1년에 서너 편의 오페라를 생산하면서 거의 20년에 걸쳐 서른여덟 편의 오페라를 완성했는데, 1829년 파리에서 공연된 《기욤 텔》을 끝으로 그는 돌연 오페라에서 영원히 손을 떼고 말았다. 이후 로시니는 거의 40년을 더 살게 되지만 다시는 한 편의 오페라도 작곡하지 않았다.

로시니가 《기욤 텔》을 작곡했을 땐 아직 마흔도 되기 전이었고(37세), 볼로냐에 정착해서 다시는 오페라를 작곡하지 않겠다고 결심했을 때 그의 나이 불과 마흔네 살이었다! 그리고 이때 그는 삶의 전성기요 명성의 절정에 있었던 것이다. 대체 왜 그랬을까?

어떤 예술분야에서건 창조적인 예술가의 경우 오직 죽음만이 그들의 창조를 멈추게 할 수 있는 게 보통이다. 음악의 영역에선 언뜻 떠오르는 사례만 해도 모차르트는 죽음을 눈앞에 둔 상태에서 《레퀴엠》 작업을 계속했으며, 푸치니는 결국 죽음의 침상이 되고만 브뤼셀의 병원으로 후두암 수술을 받기 위해 작업실을 떠나야 했을 때 가방 속에 《투란도트》의 리브레토와 작곡 스케치가 담긴 서류들을 챙겨갔던 것이다.

또한 베토벤은 네 차례의 끔찍한 수술 끝에 형언할 수 없는 고통 속에서 넉 달 이상이나 침대에 누워 있으면서도 거의 마지막 단계까지 회복에 대한 희망을 버리지 않았다. 그리고 창작에 대한 넘치는 계획과 뚜렷한 복안을 심중 가득 품은 채, 사실상 그의 머릿속에선 작품이 완성된 상태로 무덤으로 가야만 했다.

이런 식으로 아마도 몇 페이지나 계속할 수 있겠지만, 드물기는 하나 그 반대의 경우도 지적할 수 있다. 이를테면 하이든은 아직도 충분히 일할 수 있는 나이에 자신의 자유의지로 창작을 그만 둔 대가의 대표적인 예인데, 그의 마지막 작품은 1803년(71세)에 작곡한 《현악 4중주 83번(Op.103)》으로 남아 있다. 이것은 가운데 두 악장뿐인 미완성 작품이지만 완성된 두 개의 악장은 완전히 대가다운 기량을 과시하고 있다는 게 정평이다. 이후 하이든은 6년을 더 살게 되지만 다시는 작곡에 손을 대지 않았다. 또한 아흔한 살까지 장수한 시벨리우스는 60대에 들어와선 드물게 작곡에 손을 대긴 했으나 사실상 죽음에 이르기까지 뚜렷한 이유도 없이 거의 30년 동안을 완전히 침묵으로 일관했다. 그의 마지막 중요한 작품은 61세에 작곡한 음시(tone poem) 《타피올라》로 남아있는 것이다.

한편 브람스는 때이르게 자신의 과업이 끝났다고 생각하고 은퇴를 결심했다가 다시금 창조의 충동에 굴복한 예술가의 전형이라 할 수 있다. 그는 57세 때인 1890년에 《G장조 현악 5중주(Op.111)》를 완성한 후 자신의 창조력이 고갈되었음을 느끼고 이 작품으로 창작활동을 마무리지을 작정이었으며, 이듬해엔 유언서까지 작성해서 출판업자에게 넘기기까지 했다. 그러나 오래지 않아 그는 갑자기 저항할 수 없는 창조력의 분출을 느끼고 다시 작곡에 착수했던 것이다. 이후 6년을 더 살면서 브람스가 생산해낸 만년의 걸작들은 많은 점에서 이전의 그의 작품들과는 같지 않은 것이었다.

또한 베르디 역시 브람스와 비슷한 나이에 은퇴를 생각했다. 그는 1871년(58세)에 초연된 《아이다》의 대성공 이후 사실상 오페라에선 손을 뗄 작정이었으며, 1873년에 〈현악 4중주〉 한 곡을 작곡하고, 이듬해 이탈리아의 국민적 시인 만초니를 추모하는 《레퀴엠》을 완성했을 땐 이것이 '마지막 작품'이라 생각했다. 그러나 오랜 침묵 뒤에 베르디는 정녕코 그의 최고걸작이 된 두 편의 오페라, 《오텔로》(74세)와 《팔스타프》를 창조했던 것이다. 일찍이 존재한 가장 경이로운 노년의 창조라 할 《팔스타프》를 작곡했을 때 베르디는 80대의 노인이었다. 게다가 《팔스타프》의 창조는 단지 그의 작품목록에다 오페라 한 곡을 더 첨가한 정도가 아니라 여태까지의 모든 그의 작품에 새로운 빛을 던져주는 필생의 대작이었던 것이다. 뿐만 아니라 그는 여기서 창작을 그만둔 것이 아니었다. 거의 90세까지 살면서 죽기 직전까지 그는 노년의 창조를 계속했던 것이다. 그의 마지막 작품은 《네 개의 거룩한 소품》으로 남아 있다. 참으로 시벨리우스의 경우와 이 얼마나 대조적인가!

그렇다면 로시니는?

《기욤 텔》은 로시니의 마지막 오페라가 되었지만 그렇다고 이후 로시니가 작곡에서 완전히 손을 뗀 것은 아니었다. 게다가 《기욤 텔》 이후 13년이 지나서 발표된 《성모애가》에서도 작곡가로서의 그의 기량이 쇠퇴했다는 징후는 전혀 보이지 않았다. 뿐만 아니라 로시니가 죽기 4년 전인 1864년(72세)에 초연된 《작은 장엄미사》(제목과는 달리 대곡이다)는 당대의 극찬은 말할 것도 없고 오늘날에도 역시 로시니의 중요한 작품 가운데 가장 성공적이고 빼어난 것으로 평가되고 있다.

이 미사곡의 초연을 참관했던 마이어베어는 너무나 열광한 나머지 로시니를 주피터로까지 치켜세웠다. "만약에 이 사람이《기욤 텔》이후 오페라 작곡을 계속했다면 극장의 왕좌는 의심 없이 그의 것이 되었으리라 …… 보라! 두 달 안에 그는 전 세계를 창조하지 않았는가! 그는 우리 시대의 주피터요, 우리 모두를 완전히 장악하고 있다."

한편 비평가들 역시 이같은 '아침의 찬가' 못지않게 열광을 나타냈는데, 특히 이들은 학자풍의 창의성과 진솔한 표현의 절묘한 결합에 깊은 감명을 받았다. 무엇보다 그들은 멜로디의 아름다움과 하모니의 독창성 및 대담성을 찬탄해 마지않았다.

이같은 사례들로 미루어볼 때 로시니는 죽을 때까지 예술적 영감이 고갈되었거나 음악적 기량이 무디어진 것이 아니었음이 확실하다.

그러나 로시니의 본령은 어디까지나 오페라였다. 당대에 그가 눈부신 명성과 부를 쌓은 것도 오페라에 의해서였고, 음악사에 뚜렷한 족적을 남긴 것도 바로 이 예술 장르에서였다. 풍부하고 매혹적인 선율의 천재였던 그에게서 흘러나온 가락은 진정 이탈리아적인 불꽃과 부글거리는 술의 거품과도 같은 맛을 지니고 있어 그걸 듣는 사람은 누구나 저항할 수 없는 흥취에 젖게 되는 것이다. 그는 자신을 '타고난 희가극 작곡가'라고 느꼈으며 그 어떤 거창한 풍미보다 단순한 흥겨움을 우선시했다. 따라서 로시니는 심각한 독일인들이 음악의 풍미를 망쳐놓았다고 생각했으며 그들에 의해

'멜로디가 교살당했다'고 까지 주장했다. 그리고 이것은 로시니에겐 최악의 '예술적 범죄'였던 것이다.

로시니의 오페라 창작은 이탈리아 시기(1810~1822)와 파리 시기(1823~1829)로 나뉘는데, 《결혼각서》를 시발로 《탕크레디》(1813), 《알제리의 이탈리아인》(1813), 《이탈리아의 터키인》(1814), 《영국의 여왕 엘리자베스》(1815) 및 《세비야의 이발사》(1816)와 《라 체네렌톨라》(1817) 그리고 《세미라미데》(1823) 등을 포함한 서른세 편의 오페라를 작곡한 이탈리아 시기와 《오리 백작》(1823)과 《기욤 텔》과 같은 작품을 생산한 파리 시기의 오페라들은 여러모로 구별된다.

이주 시초부터 로시니는 '오페라 부파'의 전통적 형식을 깨뜨린 혁신자였다. 그는 멜로디를 아름답게 장식했고(참으로 그는 화려한 가창 스타일인 벨칸토의 진정한 창조자였다), 앙상블과 피날레에 생생한 활기를 불어넣었으며 유별난 리듬을 사용했다. 또한 그는 오케스트라에게 합당한 지위를 회복시켜주었으며 가수들로 하여금 음악에 봉사하도록 길들이는 데 두드러진 공헌을 했다. 인성人聲에 대한 빼어난 지식과 애정을 지니고 있던 그는 사실상 그의 오페라에 의해 성악의 표준을 설정했다고 할 수 있다.

로시니의 파리 시절 오페라는 겨우 다섯 편에 지나지 않지만, 결과적으로 그의 마지막 오페라가 된 《기욤 텔》은 음악사가들에 의해 로시니의 가장 위대한 업적으로 평가되고 있다. 온갖 가능한 분석을 통해 음악가와 음악학자들은 《기욤 텔》을 로시니의 천재성이 최고로 돌출된 걸작으로서 그의 모든 다른 오페라들을 능가하는 것으로 단정하고 있지만, 당대에도, 그 후에도 이 오페라는 일반대중의 열광과 이해를 얻는 데는 실패했다. 다시 말해 그의 다른 인기있는 오페라인 《탕크레디》나 《세비야의 이발사》 및 《라 체네렌톨라》 등이 누렸던 엄청난 대중적 성공을 거두지는 못했던 것이다. 그럼에도 로시니의 생전에 파리 오페라 극장에서만도 500회의 공연을 기록했다. 이 오페라는 그에게 레종 도뇌르 훈장을 안겨다 주었으며 초연 날 지휘자 아베넥과 오케스트라 단원들은 열광적인 찬미자들 떼와 더불어 작곡가에게 세레나데를 바치기 위해 몽마르트르 대로를 가득 메웠으므로 외식을 한 로시니는 귀가길을 트기 위해 경찰의 도움을 요청해야만 했다. 그리고 당연히 아무도, 필경 로시니 자신조차도 《기욤 텔》이 그의 마지막 오페라가 되리라고는 예상하지 못했던 것이다.

로시니의 때이른 은퇴는 생전에 본인이 공식적으로는 한 번도 그 이유를 밝히지 않았기 때문에 갖가지 추측과 억측을 불러일으켰으며 사후에도 그의 전기작가들이나 연구가들에게 흥미있는 주제를 제공했다. 그의 침묵에 대한 해답을 얻기 위해 숱한 사람들이 그에게 접근했지만 어떤 명확한 해명도 그에게선 들을 수 없었고 그는 동문서답을 하기 일쑤였다. 그것은 무엇보다 로시니가 가장 피하고 싶어하는 화제였던 것이다.

이를테면 로시니의 가장 가까운 친구요 관대한 재정적 후원자였던 은행가 아구아도가 어느 땐가 그에게 제발 파리를 위해 다른 오페라를 작곡해달라고 애원하는 편지를 보냈을 때 은퇴하여 볼로냐에 있던 로시니는 단지 다음과 같은 답을 보냈을 뿐이었다. 즉, 그는 볼로냐에서 구할 수 있는 가장 맛있는 소시지 두 개를 아구아도의 요리사에게 보내는 자세한 조리법을 첨부해서 막 그에게 부쳤노라고. 아구아도가 이런 대접을 받았다면 통상의 다른 사람들은 더 이상 말할 필요도 없다.

생애의 말년에 이르러 비로소 로시니는 친지들에게 이따금 은퇴의 진정한 이유를 단편적으로 털어놓았는데, 예컨대 1866년(74세)의 동포 작곡가인 파치니에게 그는 이렇게 썼다.

"오직 감정과 관념에 바탕을 둔 이 (음악) 예술은 우리가 살고 있는 시대의 영향을 피할 수 없는 것인데, 오늘날의 감정과 관념은 온통 증기선과 약탈 및 바리케이드 따위에 쏠려있지요. 1822년에 이탈리아 이력을, 1829년엔 프랑스 이력을 포기한 나의 철학적 결심을 상기해보시오. 이와 같은 선견지명은 누구에게나 혜여되는 건 아니지요. 신은 내게 그걸 주셨으니, 거기에 대해 나는 항상 감사해 왔답니다."

이보다 13년 전 로시니는 어떤 젊은 리브레티스트에게 그의 작품이 시대의 정신에 정확히 부합하는 걸 찬미하지만 이 시대정신은 삶과 예술에서 모두 자기에겐 전적으로 반감을 불러일으킨다면서 파치니에게 쓴 것과 같은 성향의 얘기를 써 보냈다. 또한 이보다 1년 뒤 모종의 음악을 작곡해달라는 주문을 받아들일 것인지의 여부를 묻는 어떤 통신원의 요구를 거절하면서 로시니는 자신의 침묵이 진행되고 있다고 단언했다. 그리고 그 침묵의 일부는 시대의 사악한 경향을 따르는 게 싫기 때문에, 부분적으로는 좋은 본보기를 제공하고 싶은 욕구 때문에 고수하는 것이라고.

또한 1852년에 로시니가 가장 친한 친구인 테너 돈젤리에게 쓴 편지에선 점차 심화되는 정신의 무기력과 어떤 음악도 작곡할 수 없는(설사 강요당한다 해도) 극도의 무력감이 강조되고 있다.

"내 말을 믿게나. 내게 돈과 명성을 포기하도록 이끈 것은 허영심이라기보다 오히려 허약한 심정이었다네. 그렇지 않았던들 나는 그토록 일찍 나의 리라를 벽에 걸어버리지는 않았을 걸세. 음악은 참신한 아이디어를 필요로 하는데 나는 그저 나른하고 짜증만 날 뿐이라네."

시인이며 번역가인 안드레아 마페이의 단도직입적인 질문에 대한 로시니의 대답 역시 같은 주제의 변주라 할 수 있다. "멜로디가 나를 찾아왔을 때 나는 오페라를 작곡했더랬소. 하지만 내가 멜로디를 찾아나서야 할 때가 되었다는 걸 깨달았을 땐 게으름뱅이로 유명한 나로선 여행을 거부하고 작곡을 그만두었던 것이지요."

다분히 정치적이고 미학적이며 심리적인 성격을 띤, 위에 제시한 이유들 이외에 잡다한 이유들이 있는데, 이를테면 로시니가 화가인 데 상티스에게 한 말 같은 것이다. 즉 그는 만약에 자신에게 아들이 있었다면 그의 타고난 게으름에도 불구하고 작곡을 계속했을 것이라고 말했던 것이다. 또한 바그너가 조심스런 어조로 그의 작곡 중단을 비난했을 때 그가 한 대답은 특히나 흥미롭다. 20년도 안 되는 기간에 거의 40편의 오페라를 작곡했으니 확실히 그에겐 피로를 느낄 권리가 있다고 말한 후 로시니는 이젠 더 이상 자신의 음악을 해석할 능력이 있는 가수들이 없다는 말을 덧붙였던 것이다. 이에 바그너가 놀란 반응을 보이자 로시니는 카스트라토 가수들이 사라진 것을 이유로 들었는데, 이들은 은퇴해서 보통 성악을 교수하고 있었지만, 음악원의 신식방법에 의해선 결코 이들의 능력에 접근할 수 없다는 것이었다.

다음으로 힐러에게도 역시 그는 이미 인용한 이유의 대부분을 말했는데, 다만 한 가지 프랑스의 1830년 혁명과 그로 인한 파리 오페라 극장의 행정적 변화에 대한 혐오감을 덧붙였다. 또한 그는 연로한 부친의 만년 동안 부친 곁에 있고 싶다는 강한 욕망을 피력하기도 했다.

사실 로시니는 1830년 7월의 혁명으로 인해 깊은 심적 타격을 입었던 것이다. 《기욤 텔》이 초연된 다음해 7월, 파리에서 일어난 혁명의 결과 샤를르 10세가 퇴위하고 루이-필립이 즉위했는데, 그 때문에 샤를르 10세 치세 때 오페라 극장과 맺은 그의 계약이 무효화되었고 그의 미래가 온통 위험에 처하게 되었기 때문이다. 결국 6년에 걸쳐 진행된 지겨운 법정투쟁 끝에 로시니가 승소하게 되지만, 자신을 그토록 비열하게 대우한 파리를 위해 다시는 오페라를 작곡하지 않겠다고 결심하기에 이른다.

사실 혁명이 발발하기 직전까지 로시니는 《기욤 텔》의 다음 작품이 될 오페라의 리브레토를 기다리고 있었다. 5월 4일에 이어 7월 7일에도 로시니는 테아트로 이탈리앵의 디렉터에게 리브레토를 독촉하는 편지를 보냈는데 그것은 괴테의 『파우스트』에 바탕을 둔 오페라가 될 것이었다. 당시 로시니가 지향한 창작노선과 거창한 야심을 짐작할 수 있게 하는 이 오페라의 탄생은 결국 무산되고 말았지만, 그가 무대와의 결별을 결심한 1836년에도 만약에 적절한 소재를 적절히 다룬 리브레토가 수중에 있었다면, 그리고 적당한 때에 그에게 적절한 압력을 가했다면 로시니의 마음이 변할 수도 있었음은 충분히 가능한 일이 아니었을까 싶다. 실제로 잔 다르크의 주제는 로시니의 상상력에 특별한 호소력을 발휘했는데, 1832년 그는 열정의 첫 분출에 이끌려 같은 제목의 칸타타를 작곡하기까지 했던 것이다.

생전에 로시니가 은퇴의 이유를 공개적인 대화에서 직접적으로 언급한 것은 슈발리에 노이콤이란 사람과의 대담에서 밝혀진 것이 거의 유일한 것으로 알려져있는데, 이것은 영국의 전기작가 H. S. 에드워즈에 의해 기록된 것이다. 노이콤은 로시니에게 활동 없는 삶이란 그에겐 상상할 수도 없는 것이라고 말했다. 이에 대해 로시니는 "당신은 근면에의 열정을 지니고 있지요. 나는 항상 나태에의 열정을 지니고 있다오"라고 소리쳤다.

"당신이 작곡한 40편의 오페라는 그 말을 거의 믿을 수 없게 하는데요."

노이콤이 대꾸했다.

"그건 오래 전 일이지요. 우린 신경 대신에 노끈을 가지고 태어나는 게 나을 걸요 …… 하지만 이 얘긴 그만둡시다."

사실 로시니는 기회 있을 때마다 자신이 게으름뱅이라는 걸 강조했는데, 그럼으로써 은근한 기쁨을 느끼는 것 같았다. 결국 '게으름뱅이'라는 명칭은 로시니의 상표가 되었지만 이건 대부분 로시니 자신의 산물이라 할 수 있었다.

게다가 어떤 영국의 비평가는 어느 땐가 로시니를 가리켜 너무나 게으른 나머지 "침대에서 작곡을 하는 작곡가"라고 결론짓기까지 했다. 뿐만 아니라 그는 사교생활을 즐기고 식탁의 쾌락을 맛보기 위해 이른 중년에 은퇴를 했다는 것이었다! 로시니에 대해 떠도는 온갖 헛소문들을 거의 전부 담고 있는 이 뻔뻔스런 글이 발표된 이래 이같은 종류의 이야기들이 자주 되풀이되어 나타났지만 그건 거의 대부분 사실이 아니었다.

무엇보다 탐식과 폭주에 대한 이야기만큼 로시니를 훼손하는 험담도 없을 것이다. 아주 젊었을 때 이외엔 로시니는 엄청나게 많이 먹지도, 마시지도 않았다. 그는 음식과 술에 까다로운 취향의 미식가였지 대식가는 아니었다. 그리고 사교생활에 대해 말하자면 그가 활동하던 시기엔 대체로 실제적인 일과 관련된 것이었고, 은퇴후엔 오히려 현저히 줄어들었던 것이다.

그러나 정작 로시니 자신은 이 모든 악의에 찬 소문과 분분한 의견에 대해 침묵으로 일관하거나 기분좋게 웃어넘겼다. 오히려 로시니 자신이 조장한 것 같은 이런 헛소문은 그가 감추려고 노심초사하던 마음속 비밀로부터 세상의 관심을 돌릴 수 있는 과녁이 되어주었으니 말이다. 당시 그를 짓누르고 있던 '육체적 고통과 마음의 비통함'을 숨길 수만 있다면 나태나 탐식 및 냉소주의에 대한 명성을 얻은 들 어떠랴—이것이 로시니의 진심이었고 그래서 그는 세상의 험담을 오히려 즐겼던 것이다.

이제 로시니가 그토록 조바심치며 숨기려 한 그의 마음속 고통과 육체적 쇠락에 대해 이야기할 때가 된 것 같다.

로시니는 이탈리아 시대의 마지막 작품이 된 '오페라 세리아' 《세미라미데》(1823)를 기점으로 이탈리아의 작곡가에서 일약 세계적인 인물로 부상했는데, 그의 너무나 놀랍고도 신속한 승리는 음악사에서 그와 비견될 수 있는 사례가 거의 없을 정도다. 당대 오페라의 세계에서 그의 역할은 위대한 황제의 그것에나 비견될 수 있었으니, 이를 가리켜 스땅달은 "이 사람의 영광은 오직 문명 그 자체의 한계에 의해서만 제한될 뿐"이라고 썼던 것이다. 이때 로시니는 아직 서른두 살에 불과했다.

어쨌든 이 해(1823)에만 적어도 로시니의 오페라 스물세 편이 여러 나라에서 공연되었으며 스페인과 포르투갈에선 그의 음악 이외엔 거의 귀를 기울이지도 않았다. 러시아와 남미 및 멕시코에선 쉽사리 그 시대의 가장 사랑받는 작곡가가 되었으며, 문명국가치고 이른바 '로시니 선풍'의 세례를 받지 않은 곳은 없을 정도였다.

그러나 그로부터 10년도 지나지 않아 변덕스런 관객들의 취향은 완전히 변했다. 당시 세계문화의 중심이요 예술의 메카로 통하던 파리는 온통 '마이어베어 열풍'에 미쳐 돌아갔다. 로시니는 이 작곡가와 평생 좋은 친구관계를 유지했지만, 그의 음악은 아주 싫어

했다. 왜냐하면 그가 경멸과 혐오에 찬 냉소를 쏟아붓고 있던 당대의 음악적 이상이 마이어베어의 오페라 속에서 빼어나게 구현되고 있었기 때문이다. 게다가 마이어베어 오페라의 공연에 쏟아부은 온갖 호사스런 배려에 비해 《기욤 텔》을 홀대한 혁명후의 오페라 극장 당국의 무성의한 태도는 그에게 참을 수 없는 굴욕감을 안겨주었던 것이다.

이처럼 쓰라린 마음의 상처에 덧붙여 육체적 고통이 간단없이 그를 괴롭히기 시작했다. 주변에선 눈치채지 못했지만 《기욤 텔》 이후 그는 거의 소진된 상태였고, 보이지 않게 육체의 붕괴가 서서히 진행되었던 것 같다. 물론 1930년대 후반과 1940년대 초까지는 심각한 병증이 드러나지 않았으나 그 씨앗은 잠복하고 있었다. 그리고 1848년 무렵엔 어떤 중대한 활동도 할 수 없는 지경이 되었으며 이 같은 상태는 수년간 계속되었다. 시대의 정치적 소요는 이미 악화된 그의 병을 더욱 악화시켜 그는 극심한 불면증과 신경쇠약에 시달렸다. 후에 나타난 방광과 요도의 질병뿐만 아니라 그의 때이른 대머리(일찍부터 그래서 가발을 썼다)와 이빨이 빠지게 된 증세들을 볼 때 이 모든 질병의 원천은 그가 젊었을 때 감염된 매독 때문이었던 것으로 추정된다.

결국 로시니의 때이른 은퇴는 육체적 질병과 예술적, 정치적 풍조의 변화 그리고 재정적 안정과 전반적인 피로 및 미묘한 심리적 요인 등이 복합적으로 작용한 결과였다. 일반적으로 유포된 '게으름'은 어떤 중요한 동인도 되지 못했던 것이다.

음악사가들은 로시니의 조기은퇴를 종종 '위대한 단념'으로 부르고 있지만, 과연 그의 결단은 현명한 것일까? 만약에 그가 시대의 풍조에 맞서 끝까지 자신의 길을 고수했다면, 그래서 《세비야의 이발사》에 필적하는 오페라 부파를 더 작곡할 수 있었다면?(오늘날 마이어베어의 오페라는 무대에서 거의 사라진 반면 로시니의 《세비야의 이발사》는 전천후 인기품목이 되어있지 않은가?) 하는 아쉬움을 금할 수 없다.

하지만 영국의 음악비평가로 로시니의 전기작가인 프랜시스 토이의 말은 한결 설득력이 있어보인다.

"로시니는 결코 자신이 돈을 벌기 위해 작곡하지 않는 척 가장하지는 않았다. 그래서 살기에 충분한 돈을 벌었을 때 그는 보통 군소작곡가들이 품고 있는 환상—즉 세계가 자기 없이 굴러갈 수는 없다는—에서 벗어나 은퇴할 완벽한 자유를 느꼈던 것이다."

또한 하이네 역시 로시니의 은퇴를 그가 "다시 한 번 재능과 구별되는 천재를 보여준" 현명한 결단이라 평했다. 독자들의 생각은 어떤가?

인간연구

공간 왕국의 황제

건축 예술가 김수근金壽根

위대하신 공자께선 나이 열 다섯에 학문에 뜻을 두고, 서른 살에 그 기초가 확립되었다지만, 건축가 김수근씨는 열 네 살이란 나이에 건축가가 되기로 결심한 이래 40년이 되는 오늘에 이르기까지 단 한 번도 천직天職에 대한 신념이 흔들려본 적이 없다. 흔히 어렸을 때의 꿈은 좌절되기가 일쑤고 장래 희망이란 것도 자주 변하기 마련이며, 또 일단 '되고자 한' 목표에 도달하고 나서도 오랜 세월 삶의 우여곡절을 겪는 동안 가끔은 신념이 흔들리게 되는 게 보통이다. 직업과 천직은 일치하지 않는 경우가 허다하고, 자신의 직업에 완전히 만족하는 사람은 퍽이나 드물다는 것을 경험은 우리에게 가르치고 있다. 그런 뜻에서 김수근씨는 확실히 축복받은 소수의 예외자에 속한다.

한국의 문화계에서 이제 '건축가 김수근'은 어느덧 우뚝 솟은 하나의 거목 같은 존재가 되었지만, 그 옛날 열 네 살의 소년으로 하여금 이 길로 들어서게 만든 동기는 지극히 우연적이고 동화적인 것이었다. 해방되던 해, 그가 경기중학 2학년이었을 때 덕수궁 앞에서 젊은 건축학도인 GI를 만나 '초콜릿도 얻어먹고 영어도 배울 겸' 집으로 데려간 것이 말하자면 그의 운명을 결정해준 계기가 되었던 셈이다. 이 스물두 살의 미군 병사에게서 처음으로 그는 '아키텍트'란 말을 들었고, 그가 그려보여준 일종의 건축 디자인 스케치에 깊은 감명을 받았던 것이다. 하여간 이야기는 이렇게 시작되는데, 이것이 이른바 '김수근 신화'의 제 1장을 이루는 유명한 에피소드로서, '공간'과 김수근씨에게 관심이 있는 사람이라면 누구나 다 알고 있는 이야기이다. 그를 다룬 기사에서 이 에피소드를 밝히지 않은 경우는 거의 없기 때문이다. 아무튼 그는 '세상에서 가장 높은 사람이 '아키텍트'란 미군 병사의 말에 끌려 건축가가 되기로 결심했다지만, 이 말의 순수한 뜻에서 어린 시절의 그의 바람은 십분 이루어진 셈이다. 그는 소위 '김수근사단'의 총수로서 '공간' 그룹을 지휘하면서 자신이 설계한 미궁 같은 '공간왕국'에서 황제처럼 군림하고 있으니 말이다.

참으로 김수근씨만큼 수없이 인터뷰 대상이 되는 문화계 인사도 드물 것이다. 그만큼 자주 그는 논란의 대상이 된다는 뜻이다. 하여간 본인의 말을 빌리면 이젠 지겹다 못해 그런 것에 이미 '초탈했다'. 게다가 비슷한 질문, 비슷한 대답을 반복하는 데 지쳐 그는 자신에 관한 기존의 기사와 필요한 자료들을 모조리 복사해뒀다가,

찾아간 인터뷰어에게 한아름씩 안겨주는 수법을 쓰고 있을 정도다. 사실 그를 직접 만나지 않더라도 이같은 자료만 가지고도 그에 관한 기사를 쓰기엔 충분하다. 그럼에도 불구하고 여전히 숱한 인터뷰어들이 좀처럼 열리지 않는 그의 방을 끈덕지게 노크하기를 그치지 않는 것은 대체 무슨 까닭일까?

연주의 명인名人은 엉성한 악기를 가지고도 신묘한 가락을 연주할 수 있는 것처럼 빼어난 명기名器는 서투른 연주가나 다루어도 절묘한 소리를 낼 수 있는 법이다. 이러한 명기는 누구나 한 번쯤 퉁겨보고 싶은 것이고, 그럴 때마다 다른 가락을 뽑아내곤 한다. 아마도 그와 마찬가지로 사람들은 김수근씨를 한번 건드려보고 그에게서 퉁겨져 나오는 다양한 소리를 듣고싶어하는지도 모를 일이다. 달리 말하면 그것은 인간 김수근의 매력일 것이다. 철저한 에고이스트인데다 아집이 세고 카리스마적 군림형으로 오만한 예술가적 신념을 한 치도 양보하지 않는 그는 독설과 궤변 때문에 세상에서 욕도 많이 먹지만, 아무도 그의 매력을 부인하지는 못한다.

저명한 출판업자 H씨는 그를 가리켜 '멋의 덩어리'라고 찬양했는가 하면 권위있는 고고학자 C씨는 그를 평하여 '한국에서 1백년에 한 번 나올 수 있는 인물'이라고 공언했다. 세계적인 유력지 『타임』지에서까지 그를 인물난의 주제로 다룬 적이 있다. 노련한 『타임』지의 기자는 '한국 건축의 슈퍼스타요, 한국의 로렌초 데 메디치'란 찬사로 그의 인물론을 요약했다.

게다가 김수근씨가 여성에게 특히 인기가 있다는 것은 소문난 사실이다. 누구보다도 본인이 그 점을 가장 잘 알고 있다. "여자에게 인기가 있다는 건 즐거운 일이니까 그것 자체가 흐뭇합니다. 맛있는 음식은 나누어 먹으랬다고, 멋있는 사람의 멋을 어떻게 한 여자에게만 바칩니까? 집사람이 들으면 섭섭할지 몰라도 남편이 여자에게 인기가 있으면 저도 즐거워해야지요." 어느 땐가의 인터뷰 기사에서 그가 털어놓은 말이다. 사실 그는 상당한 페미니스트로 정평이 나 있고, "이 세상에서 여자가 모두 없어지는 날이 있다면 하루만 기다렸다가 자살하겠다"고 공언할 만큼 '여자 없이는 못 살겠다'는 사람이지만, 실상 그의 다양한 취미(음악, 운동, 요리, 골프 등) 가운데 '여자'도 한몫을 차지한다고 고백한 걸 보면 그의 여성관을 알 만하다.

"사랑은 주는 것이라고 흔히 말하지만 그렇게 말하는 사람은 위선자입니다. 그렇다고 사랑은 받는 것만도 아니지요. 사랑은 철두철미 주고받는 상호 행위입니다."

그에게 있어 사랑은 환상이 아니다. 대체로 자기통어력이 강하고 철저히 에고이스트적인 유형의 남성이 흔히 그렇듯이 자기 존재를 송두리째 사랑에 던져본 적이 그에겐 한 번도 없다.

그는, 이 세상에서 가장 매력있는 존재가 여성이라고 말하고 있지만, 어디까지나 그것은 자기중심적인 사고의 소산으로, 여성이란 그의 삶에서 2차적인 존재에 불과한 것 같다. 심하게 말해서 여성은 그의 삶에 필요한 활력소의 역할을 할 뿐이다. 숱한 여성들이 그를 따르고 또 그에게서 사랑을 받고 있노라고 느꼈겠지만, 과연 그의 내면의 '핵심'에까지 도달할 수 있었던 여성이 단 한 사람이라도 있었을지는 의문이다. 사랑은 그에게 성취감을 안겨줄 때만 의미가 있는 것이다. 따라서 그는 원하는 대상을 손에 넣든가 아니면 불가능한 대상은 단념하든가, 둘 중에 하나를 취할 뿐이다. 이런 사람은 결코 여자 때문에 불행해지는 법이 없다. 왜냐하면 여성은 그의 삶을 근본적으로 뒤흔들 만큼 중요한 존재가 될 수 없기 때문이다. 그토록 수많은 여성들로부터 그가 사랑을 받을 수 있었던 것은 바로 이 점 즉, 타고난 열정가로서 뜨겁게 사랑을 할 수 있되, '결코 정복되지 않는' 그의 본질 때문이 아니었나 싶다.

남성적인 강인함과 여성적인 섬세함이 묘하게 혼합된(사색적인 이마와 날카로운 눈매와는 매우 대조적인 정교한 입술 등) 그의 용모가 풍기는 매력이나, 여성들이 혹하기 쉬운 부와 명성 같은 것은 오히려 이차적인 요소에 불과하다. 진정으로 그가 여성들을 사로잡은 비밀은 바로 이 소유할 수 없는 부분, 그네들이 절대로 도달할 수 없는, 그의 내면의 본질에 있었다. 그리고 그는 이 가장 내밀하고 핵심적인 부분은 오로지 '자신의 일'을 위해 유보해두는 것이다. 참으로 그의 마음을 사로잡을 수 있는 것은 일뿐이다. 그에게 참다운, 단 하나의, 불변의 정열이 있다면 그것은 일에 대한 것이요, 그에게 영원한 애인은 '건축예술'뿐이다. 종교도 그에겐 의미가 없다. "내겐 종교가 따로 없어요. 이게(즉 건축예술) 바로 내 종교이지요."

건축은 그의 일이자 놀이이기도 하다. 그리고 이 놀이는 바로 여유를 의미하며 그것은 곧 멋의 근원이기도 하다. 그가 건축에서 끈덕지게 추구하는 것이 다름 아닌 이 여유, 즉 인간을 인간답게 만들어주고 사색과 창조를 가능케 해주는 '공간空間'(그는 이걸 '제3공간'이라 부른다)인 것이다. 즉, '소박한 인간공동체를 위한 공간이면서도 개인 생활을 위한 모태적 공간(womb space)'을 창조하는 것이 그의 건축철학이요 꿈이다. 그래서 그가 편안하게 깃을 틀고 앉아 자신의 내부에 고여 있는 무한한 에너지를 끊임없이 방출하는 '창조의 산실'이 되고 있는 사옥도 이름하여 '공간'이라 하였다. 그리고 그 속에 연극, 미술, 무용, 음악 등 다양한 예술의 수용 공간을 마련해두고 거기서 정신적 자양분을 양껏 섭취하고 있는 것이다.

"연극과 시와 음악과 무용이 한데 어우러지는 공간소극장, 미술전시장 등은 여러 가지 예술의 놀이마당과 나의 작업의 조화를 위한 잠재력을 마련해주는 공간입니다."

그는 60년대에 이른바 르 꼬르뷔지에 풍의 현대건축을 도입해서 한국 건축계에 새 바람을 일으킨 혁신자로 인정되고 있지만, 사실 건축예술에 대한 안목이 없는 사람일지라도 시내 곳곳에서 접할 수 있는 그의 건축을 한 번 척 보기만 해도 대번에 '김수근 건축'임을 알 수 있을 만큼 그 속엔 강렬한 개성과 독특한 분위기가 스며 있다. 르 꼬르뷔지에의 건축이 독특한 서정성과 시적 특질을 가지고 현대 세계의 도시의 면모를 바꾸어놓았듯이 아마도 그는 자신의 독특한 포에지가 깃든 건축을 가지고 한국 도시의 면모를 바꾸고 싶었는지도 모른다.

"포에지가 없는 건축은 건축예술이 아닙니다. 건축은 음악에 비유하면, 베토벤이나 모차르트가 아니라 바하와 같지요. 미로써 뭉쳐진, 무료로 들을 수 있는 교향곡이 바로 건축입니다."

따라서 그는 건축가를 음악의 지휘자에 비유하기를 즐긴다. "건축가는 어디까지나 제너럴리스트이지 스페셜리스트가 아닙니다. 그러니까 건축가는 남이 취미라고 하는 건 몽땅 해야 ……"

'건축가 중에 시 소설 모르는 놈 별 볼일 없는 것'으로 치부하고 있는 그로선 통합된 지식이 없고 자기 분야밖에 모르는 대부분의 한국 문화인들에게 이따금 분통을 터뜨리는 것도 무리가 아니다.

그는 모든 것에 관심이 있고 무엇이나 다 알아야 한다. 따라서 그는 자신에게 허용된 일생의 시간(몇 년이 될지는 알 수 없지만)을 단 한방울이라도 헛되이 쓰지 않기 위해서 지독한 시간의 구두쇠가 될 수 밖에 없다. 그러기 위해서 그는 일본에서 귀국했던 60년도에 '40년을 한 단위로 내일 죽어도 후회 없을 일생의 마스터플랜'을 짜 놓았다. 그때 그의 나이 서른이었다. 6·25의 발발로 서울 공대 건축과를 2년 중퇴하고 일본으로 밀항해서 동경 예대 건축과를 거쳐 동경대학 대학원을 졸업한 뒤였다. 1930년대 서울 장안에서 빅크차를 굴리던 부유한 집안에서 궁핍이라곤 모르던 그가 일본에선 '최대 소원이 초밥을 한 번 배불리 먹어보는 것'이었을 만큼 반 거지 신세로 지낸 적도 있었지만, '미산 야마나시'로 뽑힌 미녀로 디자인을 전공하던 일본 여인(金道子 여사)과 결혼까지 했다.

그의 작품이 맨 처음 한국에 알려진 것은 1960년 자유당 말기 때, 국회의사당 건물 설계공모에서 당선된 것이었지만, 이건 애초의 저작권이 인정되지 않아서 실제로 완성되진 않았다. 이때의 당선을 계기로 화려하게 귀국한 후 워커힐 힐탑비와 다글라스 호텔을 필두로 그가 손댄 건물은 일일이 열거할 수 없을 정도로 많다. 부여박물관, 엑스포70 한국관(일본 대관), 공간 사옥, 서울대 예술관, 남서울대 운동장, 문예진흥원 문예회관, 마산 양덕성당, 그리고 국외론 수단의 대통령 영빈관, 미국 워싱턴 한국대사관, 이란엔 아주 많고. 그러나 아직까지 정말로 마음에 드는 작품은 하나도 없다. 언제나 완성하고 나면 불만만 남는다. 인도 주재 한국 대사관이 그런대로 마음에 들지만, 그건 완공된 모습을 직접 보지 않았기 때문이다. 이거야말로 창조자에게 공통된 아이러니가 아닐까. 자신의 마음속에 있던 것이 밖으로 나왔을 때, 즉 소설 또는 음악이나 그림의 형태로 '형상화'됐을 때 그걸 보고 만족을 느끼는 예술가가 과연 몇이나 될까? 진정한 예술가는 한 작품이 완성되자마자 또다시 다음 작품에의 태동胎動으로 괴로워하기 마련이다. 그와 같이 그에게 있어서도 가장 사랑하는 작품은 'next one'이다. 그의 속에 있는 창조의 '악마'가 한시도 쉬지 않고 그를 창조에의 열기로 몰아가기 때문이다. 그나마 보람을 느끼는 때가 있다면, 자신이 만들어 놓은 집을 보고 좋아하는 사람들을 옆에서 볼 때뿐.

"건축가는 영수증 받는 돈이 아니라 금일봉이면 됩니다. 돈 많이 준다고 해서 감사하는 게 아니라 좋은 집 만들어 줘서 감사하다고 생각하는 마음이 고마운 거지요."

돈에 대해서 그는 퍽 담백한 편이다. 1966년 종합예술지로 창간한 잡지 『공간』은 매월 적자 3백만 원을 감수하면서도 지난 2월로 1백호를 기록했고, 파격적인 상금의 공간미술대상, 음악대상을 이미 17년째 운영해오고 있다. 그의 꿈은 도자기, 미술, 건축 등 한국의 안목을 가르치는 '예술 아카데미'를 세우는 일이다. "내 개인은 돈을 못 벌더라도 공간 그룹은 한국의 르네상스를 위해 영원히 남았으면 합니다." 그래서 그는 아들, 딸(2남 1녀)들에게도 재산 같은 것 만들어줄 생각은 해본 적이 없다.

흔히 사람들은 그의 일하는 방법을 보고 슈퍼맨 같다고 말하지만, '공간' 연구소 대표이사에 국민대학 조경대학장, 올림픽위원회 문화위원, 한국은행 총재 고문 등 어마어마한 직위에, 1년의 4분의 1은 비행기 속에서 보내면서, 아라비아 왕자와 스페인 대사를 비롯한 기라성 같은 국제적 고위인사들과 끊임없이 만나고, 요컨대 삶이 제공하는 온갖 매혹과 쾌락을 거부하지 않으면서도 기념비적인 '대작'을 계속 생산할 수 있었던 것은 그의 타고난 재능과 집념 때문만이 아니라 그의 치밀하게 계획한 '일생의 마스터플랜'에 맞추어 자신의 에너지를 한 방울도 헛되지 않게 최고로 효율적으로 사용한 때문이 아니었나 싶다. 그는 자신의 한계를 분명히 알고 있고 일에 대한 무한한 열정을 가지고 있다. 따라서 은퇴 같은 건 있을 수도 없다고 생각한다. 사람들은 흔히 명사들의 화려한 생활 이면의 외로움에 대해서 말하지만 이 공식도 그에겐 적용되지 않는다.

"나는 외롭지 않습니다. 내겐 일이 있으니까요."

그러나 이렇게 필요 이상으로 강하게 부정하는 그의 어조 속에서 오히려 반어적反語的인 메아리가 울려옴은 대체 무슨 까닭일까?*

* 이 원고가 월간 『멋』에 발표된 지 얼마 안돼 단행본 (저자의 '산문집') 작업을 하고 있던 (1986) 중 선생이 암으로 타계했다는 소식을 접하게 되었다. (향년 55세)

활과 칼, 두 삶의 불꽃

의학박사 민병철閔丙哲

어느 땐가 T. S. 엘리어트는 야유적인 단시短詩 속에서 자기 자신을 아주 재미있게 묘사한 적이 있다.

엘리어트씨와 만나는 것은 불유쾌하다
성직자와도 같은 용모와
이마는 침울하고
입은 새침하고
말은 언제나 엄밀히
쓰는 말을 제한하여 …… 바로 그래 ……
말일 …… 아마 …… 그러나.

한 사람의 초상을 몇 마디 말로 정의하는 것처럼 위험한 일은 없다. 그러나 민병철 박사를 마주하고 있으면 엘리어트의 패턴에 맞춘 다음과 같은 시구가 저절로 떠오르게 된다.

민병철 박사를 만나는 것은 유쾌하다
테너 가수 같은 용모와
이마는 밝고
입은 부드럽고
말은 언제나 명쾌하게
쓰는 말은 서슴없이 …… 그렇지, 그래 ……
물론 …… 아니, 그러나.

사실 그의 용모는 부드럽고 정열적인 눈매와 육감적인 입술, 화려한 웃음으로 해서 오페라 주역 가수 같은 인상을 풍기지만 결코 뚱뚱하지는 않다. 게다가 그의 음성은 오히려 걸걸한 편이라 후리후리한 몸매에 흰 가운을 걸치고 있는 모습은 이른바 '러프'한 외과의사의 전형처럼 보인다.

흔히 민박사라면 '한국 도규계刀圭界의 멋쟁이'로 소문나 있지만 실제로 그를 아는 많은 사람들에게 "대체 민병철 박사가 어떤 사람이냐"고 물으면 한마디로 '멋있는 사람'이라는 게 한결같은 그들의 대답이다. 그는 의학계의 '베스트 드레서'로도 손꼽히지만 그렇다고 그에게 특별한 의상철학이 있는 것은 아니다. 다만 유행엔 꽤 민감한 편이다.

"젊은 시절엔 옷차림에 세심하게 신경을 썼지요. 지금도 결코 무심한 편은 아니지만 지나치게 유행에 구애되지는 않습니다. 사회적 신분과 직책 관계상 할 수 없이 정장을 하지만 원래 나는 캐주얼을 무척 좋아합니다. 의상엔 무엇보다 색감이 가장 중요한 게 아닙니까?"

젊은 때부터 지금까지 싫증내지 않고 즐겨 택하는 색깔은 감색紺色과 황색. 그리고 회색도 무척 애용한다. 실제로 그가 가장 좋아하는 빛깔은 빨강인데도 그것이 의상선택에 반영되지는 않는다. 다만 골프를 할 땐 예외이다. 파란 잔디 위를 누비는 골퍼들의 의상은 울긋불긋한 원색이 한결 어울릴 테니 당연한 일이다. 민박사의 골프 실력은 핸디 10. 얼마 있으면 핸디 싱글(즉 핸디 9~1)을 보유하게 될 모양이니 대단한 실력이다.

그가 골프를 시작한 것은 1966년 서울대학병원에 몸담고 있으면서 개인병원(신영新英병원)을 개업했을 당시로, 그땐 매주 목요일과 일요일은 '천하 없어도' 골프장에서 보냈지만, 지난 4월 1일부터 고려대 부속병원 구로병원 원장으로 부임하고부터는 일요일밖에 시간을 낼 수 없게 되었다. 현재 그는 '서울 컨트리 클럽'의 이사요, 에티켓 위원장으로 있기도 하지만, 처음 골프를 시작했을 당시만 해도 이 스포츠에 그는 거의 미치다시피 했었다.

하긴 대상에—그것이 인간이건 사물이건 간에—미치다시피 몰두하는 경향은 일찍부터 그의 기질에 나타났다. 대학(경성의전) 예과시절 그는 바이올린에 미쳤었다. 한국인으로선 미국 외과전문의 자격을 딴 제 1호요(현재 국내에서 활약하는 미국 외과전문의 자격을 가진 한국인 의사는 5명뿐이다), 외과를 지망하는 의과대학생들에겐 '외과의로서 도달할 수 있는 최종목표'의 상징적 존재가 돼있는 그가 한때 음악가가 되려고 했다는 사실을 아는 사람은 많지 않다.

열다섯 살 때부터 그는 바이올린을 시작했다. 2년 동안은 학교(경기중학) 교사에게서 배우다 열일곱 살부터는 지금도 생존해 있는, 홍난파씨의 조카 홍지유씨를 본격적으로 사사했지만, 부유한 지주였던 엄격한 부친의 반대로 의과대학을 지망할 수밖에 없었다. 그러나 음악을 도저히 단념할 수 없었던 그는 예과시절 의과공부보다도 오히려 바이올린에 매달려있었다.

"명륜동에 하숙하고 있을 땐데 허구헌 날, 낮이나 밤이나 바이올린 소리가 울려나오니 주인은 으레 내가 음악대학생인 줄 알았던 거죠. 그런데 어느 날 가운을 들고 뛰어나가는 나를 본 주인이 그제사 깜짝 놀라 의과대학생이냐고 묻더군요."

한국 최초의 오케스트라였던 경성의전 오케스트라에서 그는 제 1 바이올린 주자로 활약하기도 했지만, 그와 바이올린과의 '밀월'은 6·25와 더불어 종언을 고했다. 6·25가 터지자 그는 부산으로 피난을 했고, 그곳의 전시연합대학에서 대학과정을 마친 후 곧이어 군의관으로 복무했었기 때문이다. 그 이래 그는 다시는 바이올린을 잡아보지 못했다.

수많은 사람의 배를 가르고, 사경에 이른 숱한 목숨을 이 삶의 언덕으로 되돌아오게 할 수 있었던 그의 이른바 '기적의 두 손'이 만약에 외과의의 메스 대신 바이올린의 활을 택했던들 오늘날의 한국 외과학계의 판도는 상당히 달라져 있었으리라고 상상하는 것도 지나친 일은 아닐 것 같다.

여러모로 그는 서울대학병원을 현대화시켰다는 평가를 받고 있거니와 장기臟器 이식을 비롯해서 일반외과계통의 많은 영역에서 개척자적 스타트를 끊은 그의 공적은 널리 알려진 사실이기 때문이다. 이따금 그의 내부에서 '좌절된 음악가'의 혼이 불쑥 고개를 들 때도 있지만, 자신이 바이올린 대신 메스를 택했다는 사실을 그는 백번 잘한 일이라고 생각하고 있다.

민병철 박사만큼 자신의 직업에 만족하고 있는 의사도 흔치 않을 것이다. 흔히 직업은 그 사람을 만드는 것인지 그는 흡사 타고난 외과의의 전형처럼 느껴지는 것이다.

"만약에 내가 음악가가 됐다면 아마도 형편없이 무궤도한 삶을 살았을 것입니다. 내 속에 걷잡을 수 없는 기질을 다스릴 수 있었던 것은 오로지 의학 덕분이었어요."

생각건대 의학은 걷잡을 수 없는 그의 열정에 절도를 부여해주고, 자칫 무궤도로 치달려가려는 그의 정신에 질서를 부여해준 것 같다. 대부분의 사람들에겐 결핍된, '정열에 불꽃이 붙으면 온갖 관습과 영예를 집어던질 수 있는 희귀한 자질'을 갖추고 있었던, 타고난 열정가인 그가 젊었을 때 방향을 바꾸어 현실적이고 냉엄한 의학도의 길을 걷지 않고, 음악의 광기 속에 그대로 머물러 있었던들 그의 인생은 파멸로 치달려 갔을지도 모른다. 마치 격렬한 활의 떨림으로 마지막 카덴자까지 연주한 뒤 마침내 끊어져버리는 바이올린의 줄과도 같이. 그는 마침내 자신이 원하는 것이 진정으로 무엇인가를 깨달았던 것이다. 탁월한 외과의사가 되는 것—그리고 그는 '성공'했고 아마도 그 이상인지도 모른다.

사람들을 민박사를 가리켜 '인생을 참으로 즐길 줄 아는 사람'이라고들 말하지만, 그에게 이같은 찬사를 듣게 해준 것은 다름 아닌 바로 '외과의로서의 성공'이었다. 왜냐하면 성공은 그에게 부와 명성을 가져다 주었고 인생을 즐기는 데 있어 부란 필수적인 것이기 때문이다. 부란 그 자체가 행복을 만들지는 못하지만, 부유하다는 것, 그것은 하나의 특권이고 행복의 조건이 되는 것이다. 그리고 그것은 최대한의 자유를 확보해주고 원하는 많은 것을 손에 넣을 수 있게 해준다.

누구보다도 민박사는 이 점을 잘 알고 있는 것 같다. 그에게 있어선 명성과 부도 '참으로 인생을 즐기기 위한 기반'에 지나지 않는다. 성공 자체에 집착했던들 그는 한갓 '우수한 외과의'에 그쳤을 것이고 결코 '한국 도규계의 멋쟁이' 소리를 듣지는 못했을 것이다. 언제나 젊은 마음을 지니고, 사물을 있는 그대로 이해하며 인생의 온갖 대상에 마음을 열어놓고, 아무리 사소한 것에서도 기쁨을 발견하는 사람은 진정으로 삶을 즐길 줄 아는 사람이다. 그리고 우리는 이러한 사람을 멋있는 사람이라 부른다.

현재 민박사는 의사로선 더 이상 바랄 수 없는 정상에 도달해 있지만, 물론 그건 공짜로 얻어진 것은 아니다. 그에 맞먹는 대가를 충분히 지불했고 그 사실을 그는 한 번도 잊어본 적이 없다.

"명색이 의대를 졸업했다지만 전시라 옳게 공부를 할 수 있었겠어요? 미국에서 다시 인턴 과정을 거쳤는데 지금 생각해도 그렇게 한 것이 백 번 잘한 일이었어요."

민박사가 도미한 것은 1954년—전시에 해군병원의 군의관으로 근무할 당시 해군 고문관의 권유로 보스턴에 있는 탑스(Tufts)대학 부속병원인 뉴잉글랜드 메디컬 센터로 간 것이 그의 일생에 일대 전기를 만들어준 것이었다. 말하자면 이 병원은 오늘날 민병철 박사를 있게 해준 산실이었던 셈이다. 그걸 기념하기 위해 그는 66년부터 구로병원 원장으로 오기 직전까지 삼일로에 개업하고 있던 병원 이름을 신영新英(즉 뉴잉글랜드)병원이라 명명하기까지 했다.

"정말 죽기를 각오하고 공부를 했지요. 워낙 한국에서 기초가 허술했기 때문에 처음엔 고생이 말이 아니었죠. 글쎄 우리가 얼마나 엉터리였던가는 6·25 당시 내가 해군병원에 근무할 때에 이런 일이 있었어요. 어느 날 환자의 맹장수술을 해야 하는데—그러니까 그것이 내가 맡은 첫 수술이었지요—개복을 해놓고 나서 아무리 찾아도 맹장이 어디 있는지 알 수 있어야지요. 땀을 뻘뻘 흘리면서 쩔쩔매고 있는데, 지금은 고인이 된 이승택 박사님이 들어오시더니 한눈에 맹장을 쓰윽 집어내더군요. 그때 난 속으로 생각했죠. 명의란 바로 저런 것이구나! 라고."

이승택 박사는 민박사가 미국 외과전문의 자격을 얻은 후 미국에 남아 있을 것인가, 귀국할 것인가를 결정하지 못한 채 갈림길에서 고민하고 있을 때 적극 귀국을 권유한 장본인으로, 어떤 면에서 민박사의 생애에서 두 번째 전기를 마련해준 사람이다. 그때 만약 그의 간곡한 권유가 없었던들 민박사는 미국에 주저앉았을 것이고 그랬었다면 한국의 의학계는 커다란 손실을 면치 못했을 것이다.

민박사가 미국에 있었던 시기는 1954년부터 1960년—만 6년 동안은 문자 그대로 '일체를 외면한 채' 죽자고 공부만 했다. 이미 그는 결혼한 몸이었지만 가족은 한국에 있었다. 한 가지 목적을 위해 철저히 몰입하는 그의 타고난 기질이 이때에도 큰 몫을 했다. 25세부터 30세까지의 가장 중요한 시기를 그는 의학공부에 송두리째 바쳤다. 그는 언제나 자신이 원하는 것이 무엇인가를 확실히 알고, 그리고 그 목표에 도달하기 위해선 다른 것은 제쳐놓는다.

아마 그가 삶에서 원하는 거의 모든 것을 손에 넣을 수 있었던 것은 이러한 그의 삶의 방식 때문이 아니었나 싶다.

그는 까다롭고 거추장스런 형이상학 같은 것엔 관심이 없다. 그는 추상을 싫어하고 환상을 뒤좇지 않는다. 사랑에 대해선 그는 본질적으로 낭만주의자이나 그가 추구하는 대상은 언제나 구체적인 것, 명쾌한 것, 확실한 것이다. 영원히 도달할 수 없는 대상, 피안, 신비같은 것엔 관심이 없다. 그는 철두철미 현실주의자이고 골수까지 외과의사이다. 그리고 주어진 삶을 '엔조이' 할 줄 안다. 6년만의 각고 끝에 목표물을 손에 넣은 후(즉 미국의 외과전문의 자격을 딴 후) 그는 자기 앞에 제공된 1년이란 세월을 마음껏 즐겼다. 오랫동안 억눌렸던 삶에의 거센 열기가 흡사 둑이 터진 시내처럼 마구 흘러

넘쳤다. 온갖 아름다움 대상에의 탐닉—오페라에, 발레에, 여인에—그리고 술과 쾌락. 1년 뒤 그는 귀국했다.

일찍이 바이올린을 포기하고 메스를 잡은 이래 30년 이상을 그는 외과의의 외길을 걸어왔지만 음악에의 사랑마저 그의 속에서 죽어버린 것은 아니었다. 쉴 새 없는 수술에, 강의에, 회의에, 연구에 정신없이 쫓기면서도 용케도 시간을 내어 그는 요즘도 중요한 연주회나 공연은 거의 빠지지 않는다. 미국에서 공부할 당시—1958년도였는데—뉴욕에서 마리아 칼라스의 《노르마》 공연을 본 후(밤 11시에 끝났다) 새벽 1시에 출발해서 3시에 보스턴에 돌아와 새벽 6시에 병원에 출근했을 정도로 오페라에 대한 그의 열광은 거의 전설적인 것이다. 요즘도 많이 완화되긴 했지만, 이같은 열정에 이따금 휩쓸릴 때가 있다.

이미 50의 문턱을 넘어섰건만, 아직도 '센스있고 쾌활한 여성'을 대하면 마음이 끌리고, 한 잔의 포도주를 마시고 마음에 드는 음악을 듣고 있으면 '아름답고 진실한 사랑'에 대한 동경이 불현듯 눈을 뜸을 느낀다. "다시 한 번 그런 사랑이 가능하다면 얼마나 좋겠어요?"

이런 마음을 지닌 사람은 영원히 늙지 않는 법이다. 부인 허영애許英愛 여사(53세)와의 사이에 2남 3녀를 둔 가장으로 사위를 둘이나 본 그이지만, 나이에 거역해서 그토록 신선한 분위기를 풍길 수 있는 비밀은 다름 아닌 이 고갈되지 않는 열정의 샘이 그의 속에 있기 때문이었음을 새삼 확인하게 된다. ㊍

꽃과 춤과 귀거래사

무용평론가 조동화趙東華

언젠가 무용전문지 『춤』이 화제가 됐을 때 동석했던 누군가가 불쑥 던졌던 질문이 생각난다.

"춤의 발행인 조동화趙東華씨와 꽃박사 조동화씨가 같은 사람은 아니겠죠?"

물론 둘은 같은 사람이다. 그러나 이 두가지 명칭이 워낙 동떨어진 분야에 속했던지라 이 질문자는 실은 두 사람을 동명이인同名異人으로 생각했다는 것이다. 40대의 이 불문학자는 사춘기 때 조동화씨의 저서 『꽃과 사랑』의 특별한 애독자였다. 그는 이 책을 줄줄 외다시피 탐독했는데, 그건 이 책 속의 많은 부분을 '밤을 새워 쓰는 러브 레터'에 써먹기 위해서였다. 실상 그는 이 책 덕을 톡톡히 본 셈이다.

"그래서 나는 저자인 조동화씨를 꽃 연구하는 식물학자로 알았다니까요!"

『꽃과 사랑』이 처음 세상에 나온 것이 1953년이었으니 이미 30년 전의 일이다. 이를테면 이것은 조동화씨의 첫 저서였던 셈인데, 출판되자마자 의외로 반응이 매우 좋아 5~6판을 거듭했고, 『꽃과 소녀』란 제목을 달고 새로운 판형으로 S출판사에서 다시 냈을 땐 당시로선 드물게 1만 부를 돌파한 기록을 세우기도 했다. 그리고 그후에도 주욱, 책 내용이 수정·보완되긴 했지만, 제목만 바꾼 채 계속 판을 거듭하고 있으니(가장 최근의 것은 Y출판사의 『꽃, 꽃 ……』) 저자인 조동화씨를 가리켜 '꽃박사'라 부른다 해도 무리는 아닐 성싶다.

그러나 정작 '꽃박사'가 된 저자 자신은 지극히 우연한 동기에 의해 이 책을 쓰게 되었다. 아직 20대였던 젊은 시절, 생약학을 전공하는 대학생으로서 당시 서울대학교 교수였던 한국 식물학의 태두泰斗 이민재 박사의 조교 노릇을 한 조동화씨의 경력을 알고 있는 사람은 드물다.

이북이 고향인 그는 해방 후 망토와 콘사이스, 그리고 책 몇 권만 가지고 단신 월남했다. 20일 동안의 우여곡절 끝에 겨우 서울에 도착해보니 이미 대학 입시가 끝난 뒤였다. 1946년 3월이었다. 결국 그는 25세가 되어 비로소 대학생이 될 수 있었다. 일제시대 많은 젊은이들이 경도傾倒한 바 있는 일본의 철학자 우치무라 간조內村鑑三의 저서를 탐독하며 중학시절을 보냈던 그는 한때 철학을 전공할까도 했으나 "철학을 하면 굶어죽는다"는 한 선배의 말에 자극되어 '아무래도 배를 곯리지는 않을 것 같은' 약학과를 택해 서울대학에 들어갔다. 그가 고향 선배인 이민재 교수의 조교로 일하게 된 것은 바로 이같은 경위에 의해서였다.

조교의 신분으로 그는 교수 앞으로 오는 원고청탁에 대해 바쁜 교수를 대신해서 필자 노릇도 했다. 주로 꽃과 식물에 대한 원고를 처음엔 교수 이름으로 대필했으나 "아예 자네 이름으로 쓰라"는 교수의 권고에 따라 계속 글을 쓰다보니 어느덧 그 방면의 유명한 필자가 되었고, 주위의 권유로 책도 내게 되었으며 결국 '꽃박사'란 칭호까지 얻게 되었다.

그러나 애초부터 학문에 대한 진지한 관심이나 뚜렷한 소신이 있어 약학을 택한 것이 아니었으니, 편의상 대학 1년부터 생약 조교 노릇을 했을망정 전공학문에 차분히 몰두했을 리가 없다. 그나마 조교의 직책도 한 학기만 채우고 그만뒀다. 어쨌든 '당장 먹고 살아야 했으므로' 2학기부터는 교수의 배려로 한성고등학교의 교원이 되어 생물과 화학을 가르쳤다. 이전에 그는 중등교원양성소에서 1년반 코스로 교사 자격을 획득했기 때문이다. 해방 직후의 엉성한 대학체제에선 요즘과는 달라 학교에 적을 두고도 직업을 갖는다는 것이 전혀 무리가 아니었다. 당시의 사정이 그에겐 크나큰 행운이었던 셈이다.

대학에 적을 둔 약학도로서, 고등학교 교사 노릇을 하면서도 그는 또다시 한눈을 팔았으니 즉, 느닷없이 춤을 배우기 시작한 것이었다. 어느 날 우연히 신문에 난 '모집 광고'를 보고 그는 호기심이 동해 명동에 자리잡은 '무용연구소'로 찾아갔다. 여기서 2년간 '교육

무용'을 이수하고 수료장까지 받았는데, 이때 함께 어깨를 부딪치며 춤판에 어울린 인연으로 지금까지 교우관계를 지속하고 있는 인사 가운데 김경옥, 차범석, 최창봉 제씨를 들 수 있다.

이렇듯 그가 무용계에 발을 들여놓게 된 계기는 무슨 심각한 소명召命 의식이나 진지한 열의에 의한 것이었다기보다 왕성한 지적 욕구에서 나온 단순한 호기심 때문이었다. 중학교 때 주요한의 시 「빗소리」에 감명을 받은 이래 매일처럼 진지하게 일기를 쓰면서 문학청년다운 감수성을 키워왔던 그는 단신 월남 직후 경황없는 상황에서도 신문에 발표된 대학생 글짓기 대회 기사를 보고 주저없이 대회장인 비원으로 달려가 참가했을 만큼 만사에 호기심을 발동했다('가을'이란 주제였는데, 유감스럽게도 낙선되긴 했지만).

아무튼 어떤 한 가지 대상에 관심을 국한시키고 고정적인 일에 자신의 능력을 집중시키기보다 온갖 것에 관심을 갖고 여러 가지 일에 손을 대보는 일종의 호사가好事家의 기질이 일찍부터 그에게서 두드러지게 나타났음은 명백하다. 이와 같은 호사가 기질이 그로 하여금 많은 분야에 정통해 있되 어느 한 가지 영역에 대해서도 직업적 전문가가 되는 것을 막았는지도 모른다. 누구보다도 본인 자신이 어디까지나 영원한 아마추어임을 자처한다.

"그것이야말로 바로 위대한 올림픽 정신이지요. 나는 평생 아마추어에 머물렀지, 프로급이 돼보질 못해요. 그래서 오히려 편하죠. 종로 바닥에 떨어진 담배꽁초를 주워 피운다 해도 나무랄 사람이 없는 자유인이니까."

약대를 졸업하고 약사 자격증까지 소지한 터이지만(당시엔 약자 자격시험이란 게 없었고 졸업과 동시에 자격증도 부여되었다), 그는 오히려 약학하고는 담을 쌓은 편이다. 일단 유사시엔 약국을 개업할 수 있는 면허증이 있긴 하지만, 아마도 바다가 변해서 뽕밭이 된다 해도 그가 약국을 개업해서 약사 노릇을 하게 될 날은 절대로 오지 않을 것이다. 왜냐하면 그는 '감기약을 원하는 손님에겐 설사약을 내주고, 배가 아파서 왔다는 사람에게 맨소래담을 내줄지도 모르기 때문'이다.

한땐 생계를 위해 고등학교 교사도 지냈고, 대학(건국대학과 경기대학)에선 생물학 강사 노릇도 했지만, 그는 교육자나 학자도 아니다. 한동안 '제작극회' 회원으로 연극운동도 활발히 했지만 연극인이라 할 수도 없다.

6·25 이후 우리나라에서 실상 최초로 무용평을 쓰기 시작했고, 9·28 땐(피난을 위한 편법으로 조작된 것이었지만) 한국무용단의 단장으로 활약했으며, 서구에서도 그 운영이 지난至難한 걸로 알려져 있는 무용전문지 『춤』(월간)을 1976년부터 지금까지 한 호도 거르지 않고 계속 발간하고 있지만, 그렇다고 무용평론가나 잡지발행인이란 직함이 생계의 수단이 되는 것은 아니다.

어쨌든 적어도 여섯 가지 이상의 직장을 전전했지만 어느 것이나 잠시였고, 1975년 봄에 부득이 그만뒀을 때까지 13년 동안 봉직했던 동아방송국이 그가 그 중 오래 몸담았던 곳이다.

사회생활을 영위함에 있어 성명 석 자 이외에 반드시 뚜렷한 직함을 가지고 있어야만 '행세'할 수 있는 한국적 풍토에서 확실한 소속이나 일정한 칭호를 내세울 수 없는 아마추어나 예술애호가만큼 불리한 존재도 없을 것이다. 따라서 진정한 아마추어나 예술애호가에 대한 학자나 전문가의 근거없는 경멸이나 우월감이 터무니없이 과시되는 이 나라에서 스스로가 영원한 아마추어임을 공언한다는 것은 확실히 용기 있는 일임에 틀림없다. 실속은 없으면서 알량한 간판만 내세워 전문가의 보도寶刀를 마구 휘둘러대는 횡포를 당연시하는 어떤 종류의 사람들에 대항해서, 실제로는 전문가 이상의 자질을 지녔으면서도 어디까지나 자신이 아마추어임을 자부하는 것은 얼마나 고귀한 태도인가.

전문적인 무용비평가의 감식안을 지녔으면서도 스스로가 '춤의 고급 관객', '무서운 감시자'로 머물려 하는 위대한 아마추어 정신—우리가 인간 조동화 속에서 발견하는 진정한 가치는 바로 이것이 아닌가 싶다. 학문이나 예술에서 사랑과 기쁨을 얻기 때문에, 즉 사물을 알고자 하는 사랑 때문에 대상을 탐구하고 즐길 뿐, 그로부터 어떤 보상도 바라지 않는 것—이것이 진정한 아마추어 정신이라 한다면, 60평생을(그는 1922년 7월 12일생이다) 한결같이 이같은 아마추어 정신으로 일관해온 인물은 비범한 자질의 소유자임에 틀림없을 테니 말이다.

순전히 그리스 문명에 대한 사랑 때문에 유적발굴의 모험에 뛰어들었고, 실제로 유명한 트로이의 유적을 발굴하여 인류에게 그리스의 선사시대를 직접 보여줌으로써 세계 고고학에 일대 혁명을 이룩한 하인리히 쉴리만이 고고학자가 아닌 열광적인 아마추어였던 것처럼, 인류문화의 유산을 살펴본다면 전문가를 제쳐놓고 기념비적인 위대한 발견을 해서 인류역사에 획기적인 발전을 가져온 아마추어나 비전문가들은 숱하게 많다. 왜냐하면 그들은 어떤 보상도 바라지 않고 오직 사물에 대한 순수한 호기심이나 열정 때문에 대상을 추구하고 그렇게 하는 데에 즐거움을 느꼈었기 때문이다. 위대한 발견이나 불후의 업적은 다만 그 결과에 지나지 않았던 것이다. 그것은 그가 누린 즐거움에 따라온 덤이었을 뿐이다. 아마도 바로 그 때문에 세상의 전문가들과 대중들은 이같은 비전문가나 아마추어 또는 예술애호가들을 무조건 비하해서 불신하는지도 모른다.

그러나 이와 같이 터무니없는 경멸과 불신은 이미 1세기도 훨씬 전에 위대한 쇼펜하우어가 통렬히 공박했던 것처럼, "궁핍이나 굶주림 또는 탐욕 때문에 어쩔 수 없이 매달리는 사람이 아니고는 아무것에도 진지하게 전념할 수 없을 것이라는, 비열한 확신에 근거하고 있다". 사실 예술애호가에게는 주제가 목표 자체이지만, 전문가에겐 주제는 다만 목표에 이르는 수단일 뿐이다. 따라서 어떤 것 자체를 좋아하고 사랑으로 행하는 사람은 아주 진지하게 일을 할 것임에 틀림없다. 가장 위대한 업적은 언제나 돈을 받고 일하는 사람보다 이러한 사람들이 이룩했던 것이다.

세상에선 조동화씨를 일러 무용평론가라 한다. 그러나 교육가, 방송 언론인, 수필가, 잡지인, 골동품수집가 따위의 다른 명칭으로도 불리고 있는 그가 무용전문지 『춤』을 시작한 것은 무슨 거창한 사명감에서라기보다 오히려 자신이 그걸 즐기기 위한 것이 일차적인 목적이었다고 보아 마땅하다.

동아방송을 그만둔 후 그는 "이제 뭣을 하면 가장 즐거울까?"를 궁리한 끝에 '내가 춤 잡지를 만들면 날 엉터리로 볼 사람도 없고 욕할 사람도 없다'는 결론을 내렸다. 그래서 우리나라에 신新무용이 도입된 지 50년이 되는 해를 잡아 1976년 3월에 창간호를 내면서 "무용의 사회적 지위를 향상시킨다"고 밝힌 취지대로, 그동안 이 잡지는 허다한 난관에 부딪치면서도 오늘에 이르기까지 '70년대 말에서 80년대에 걸쳐 비약적으로 성장한 한국 현대 무용계에 이론적인 디딤돌 역할을 해온' 것으로 평가받고 있다.

한편 단순히 '놀이'로서만 간주되던 무용을 하나의 '예술'로서 사회에 새롭게 인식시켜 무용문화를 형성하는 데 획기적인 기여를 한 것도 사실이지만, 그 자신이 잡지 만드는 일에 재미를 느끼지 못한다면 '밥도 먹여주지 않는' 이 일을 여태까지 지속했을 리가 없다. 돈이 생기기는커녕 오히려 유지비를 대기 위해 그동안 애써 모아온 값진 그림과 도자기를 골동품상에 내다팔아야 했다. 그래도 그 물건들이 조금도 아깝게 느껴지지 않는다. 왜냐하면 한때 그가 즐기기 위해 사들였던 물건들을 또 다른 '즐거운 일'을 위해 희생하는 것이기 때문이다.

물건에 대한 집착은 아예 없다. 한 때 '내 것'으로 즐거움을 누렸으면 그로써 족하고 이제 다른 사람 손에 넘어간다 해도 미련은 없다. 그와 같이 그에겐 여성에 대한 집착도 없고, 요컨대 인간이나 대상에 탐욕스럽게 집착하는 기질이 그에겐 아예 없다. 타고난 호사가로서 철두철미 관조자의 삶을 살아왔다고나 할까. 그는 세상의 모든 여성들에게서 나름대로의 매력을 찾아내지만 한 여성 때문에 불행해본 적이 한 번도 없다. 젊은 한때 대부분의 사람들이 치르는 청춘의 열병 때문에 영혼이 곤두박질치는 격동을 겪어보지도 않았다. 그래서 부인 전상애田相愛 여사(51세)와의 결혼도 37세에 느지막이 이루어진 것이었다. 게다가 부인은 남편의 호사가다운 기질을 누구보다 잘 이해하고 있는 것 같다. 여성이나 사랑이 그의 삶에서 특별히 중요한 자리를 차지할 수 없다는 것도.

"내가 좋아했던 여성을 여러 번 놓쳤던 것은 그들에 대한 집착이 없었기 때문이었던 것 같아요."

여성도 그에겐 관조의 대상일 뿐이다. 아마도 그래서 그는 세상의 모든 여성에게 공평히 찬사를 베풀 수 있는지도 모른다. 그와 자리를 함께했던 여성 치고 자신이 매력없는 여성이라고 느낀 여자는 아마 한 사람도 없으리라고 나는 확신한다.

명륜동 4가에 자리잡은 동화빌딩의 한 구석, 대여섯 평쯤 되는 그의 비좁은 사무실에는 숱한 사람들이 드나들지만, 무용잡지라는 성격상 특히나 여성들의 출입이 무척 잦다. 아름답고 매력있는 여성이라면 설사 초면일지라도 입구에서 그와 소위 '영국식 인사'를 나눌 각오를 하는 게 좋다. 그가 상대 여성에게 '영국식 인사'를 요청하는 것은 바로 그 여성의 매력을 '증언'하는 것이기에 말이다.

남녀노소를 막론하고 그와 한 번만 이야기하고나면 쉽사리 친구로 만들어버리는 묘한 재주가 그에겐 있는 것 같다. 여성의 매력에 인색하지 않으면서도 그들에게 전혀 애착이 없고, 골동품을 아끼되 거기에 집착하지 않으며, 기분이 나쁜 일이 있으면 빨리 잊어버리고 되도록 유쾌하게, 열심히 그는 살아간다. 온갖 아름다운 대상에 마음을 경주傾注하면서, 초콜릿과 단팥빵을 특별히 좋아하고 술과 담배는 입에도 안 대지만, '단 아름답고 매력있는 여성과 동석했을 땐 사양 않는다'는 신조를 내세우고 있는 그는 철저한 심미가요, 관조의 대가이다.

비록 머리는 하얗게 세었지만, 그에겐 아예 노년이란 존재하지 않는 것 같다. 언제나 젊은이들을 좋아하는 그는 60대의 나이에도 젊은이들의 탈춤을 구경하다 '눈물이 쏟아질 것처럼 감격하며', '적당히 감상적인 것을 사랑하는' 센티맨탈리즘의 옹호자이기도 하다.

수유리에 있는 그의 집, 좁은 뜰은 흡사 소형박물관인 양, 탑과 석상石像이며 크고 작은 이상한 돌들로 가득 차 있다. 대지 85평에서 건평 28평 뺀 나머지 공간은 마당으로 돼있지만, 50여 개의 신기한 돌덩이들이 죄다 차지해버려 그야말로 한 뼘의 공간도 없는 셈이다. "선생님 마당의 돌하고 저희집하고 바꿉시다"고 제의한 이웃사람도 있었다니까 이 돌들의 가치를 알 만하다. 어쨌든 동아방송국에서 받은 퇴직금 중 몇백만 원이란 거금을 세 덩이의 돌을 사는데 아낌없이 쓸어넣었으니까. 그 돌들이 트럭에 실려와 기중기에 끌려 뜰에 내려졌을 때 그가 느낀 벅찬 기쁨은 무엇에도 비교할 수 없다.

게다가 또 마루엔 온통 삼국시대 고분에서나 발굴됨직한 옛날 질그릇들로 꽉 찬 장들이 사방을 가득 차지하고 있다. 골목과 성터와 전설이 유난히 많았다는 고향 회령에서부터 이미 그에겐 역사적 고기물古器物에 대한 관심이 싹텄던 게 아닐까? 마루를 지나 안방에 들어서면 이번엔 온갖 종류의 부채들이 그야말로 고색창연하게 사방 벽을 온통 채우고 있다.

"옛 물건들이 저마다 갖고 있는 소리를 나는 구별할 줄 알지요. 내가 저세상에 가도 남은 식구들이 물건들을 하나씩 다른 물건과 바꾸거나 하는 것보다 고스란히 한곳에 모여 있기를 바라기 때문에 저것들을 박물관에 기증하겠어요." 그의 아이들(2녀 1남)은 아버지의 의견에 절대 반대하고 있지만.

최근 어떤 대담에서 조동화씨는 자신의 만년의 삶을 암시하는, 무척 인상적인 발언을 했다.

"은퇴라는 말, 참 멋있게 들립니다. 죽는 것 말고 인생에서 은퇴라는 순서는 정말 갖고 싶은 프로그램입니다. 은퇴가 없이 곧바로 죽음에 이른다면 결국 자기 정리를 못하고 말 것입니다. 저는 도연명陶淵明의 「귀거래사歸去來辭」에서 은퇴의 미학 같은 것을 느낍니다."

그의 집 마루에는 바로 도연명의 「귀거래사」가 새겨진 족자가 걸려 있는데, 위대한 관조자요, 참다운 인생의 달관자達觀者로서 진실로 삶을 사랑했던 이 중국의 시인은 이렇게 읊고 있다.

實未途基未遠

覺今是而昨非

길은 잘못 들었으되

그리 멀리 떨어진 것은 아니니

이제부터는 옳고 어제까지는 틀렸음을

알겠더라.

흐르는 물에
귀를 씻는다

음악평론가 박용구朴容九

얼마 전 작고한 작가 이봉구씨의 회고록 『명동』은, 1939년부터 삼십 여 년간 명동에 서린 지식인들의 애환을 다룬 일종의 문인 예술가들의, 한 시대의 측면사라 할 수 있는데, 그 속엔 다음과 같은 이야기가 나온다.

> 이날 밤 '명동장'과 '무궁원'에서는 젊은 스타일리스트 신영수申永受와 나란히 돌체를 들르곤 하던 음악비평가 박용구 이야기가 또 화제의 초점이 되었다. "모든 것을 버리고 또 얻기 위해서 낙화암으로 간다는 편지를 남기고 사라져버린 박용구는 그후 어찌된거야? 생사도 모르고 행방불명, 오리무중, 참 이상한 일이다. 왜 그곳으로 갔을까? 회의, 불만, 불화 …… 그 색시 같은 사람에게 얼마나 큰 고통이 있었기에 낙화암으로 떠났을까? 정말 그곳으로 갔을까? 설마 자살은 않겠지.

숨어 살겠다는 게 아닌가 ……" 이 때문에 명동 거리는 술렁거리기도 했다.

이 대목을 읽는 독자들은 필경 낭만적인 사랑의 비극 한 토막쯤을 기대하기 쉽겠지만 이야기는 사뭇 달라진다. 때는 1949년―이때 박선생의 나이 서른셋이었다. 단테는 서른다섯에 일약 붓을 들어 불후의 대작 『신곡』을 쓰기 시작했지만,

한뉘 나그넷길 반 고비에
올바른 길 잃고 헤매이던 나
깜깜한 숲속에 서 있었노라

로 시작되는 「지옥편」 서두가 암시하는 것처럼 그의 서른다섯은 암묵과 위기의 시기였다.

생각건대 서른셋이라는 인생의 반 고비는, 남녀를 막론하고, 한 사람의 생애에서 뚜렷한 분계선이 되는 연령이 아닌가 싶다. 여태까지 그저 앞으로 앞으로만 달려오다 갑자기 발을 멈추고 문득 자신이 달려온 길을 되돌아보며 발자취를 더듬게 되는 나이―아무튼 온갖 가능성으로 열려 있던 길을 더 이상 나아갈 수가 없게 되고, 다만 허용된 한 가지 길만 선택할 것을 삶은 강요하는 것이다. 그리고 대부분의 사람들은 이같은 삶의 명령에 마지못해서이건 순순히건 복종하게 마련이지만, 언제나 소수의 예외자들이 있어 그들은

이 당연한 것 같은 삶의 명령에 거역해서 감히 외로운 '파격破格의 길'을 걸어가게 된다. 그리고 박선생은 바로 이 파격의 길을 일생 동안 추구해온 드문 전형에 속한다.

최근 어떤 칼럼에서 "멋이란 파격에서 생기고 멋의 극치는 또 창조로 이루어지는 것인지도 모른다. 사람들이 이퇴계나 이율곡에게서 멋을 느끼지 못하고, 조선 총독부가 미워서 북향으로 창이 난 집을 짓고 살다간 한용운에게 멋을 느끼는 까닭은 그 파격에 있는 것이 아닐까"라고 선생 스스로 밝히고 있는 걸 보면 평소 선생에게서 풍기는 멋의 품격을 이해할 수 있게 된다.

"요즘도 이따금 생각나지만, 일본의 유명한 조각가(나가레 마사유키流政之씨)가 어느 땐가 이런 말을 했어요. 그분의 부친은 교토京都의 리츠메이칸立命館대학 창설자로 아주 멋있는 신사였는데, 노상 아들에게 충고하기를, 서른이 될 때까지는 아무것도 되지 말라. 그저 아무거나 하고 싶은 짓 다 하면서 열심히 살라고만 했답니다. 지금 그는 세계적인 인정을 받는 조각가로, 1969년에 뉴욕의 월드 트레이드 센터의 광장을 위한 조각작품을 위촉받기도 했지만, 자신은 부친의 충고대로 서른까지는 정말로 아무것도 안 했다는 군요. 하지만 서른이 아니라 차라리 마흔까지 아무것도 안했으면 더 낫지 않았을까, 하고 종종 아쉬운 생각이 든다고 했어요. 나는 이 말을 정말로 의미심장하게 느꼈어요. 그의 말 속엔 풍요하고 멋있는 삶에 대한 지표가 암시되어 있다고 봐요. 파격의 삶에서 우러나오는 멋이랄까 ……"

"낙화암으로 간다"는 의문의 편지를 남기고 홀연 잠적해버린 선생은 그 뒤 어떻게 됐을까? 과연 낙화암으로 갔던 것일까? 대체 왜? 여기에 대한 해답은 바로 선생의 평생의 신념과 생활궤적을 설명하는 열쇠가 된다.

"한마디로 더 이상 발붙일 곳이 없게 된 때문이었지요. 사실 가장 소중한 청춘시절을 피지배민족의 울분과 절망 속에서 보낸 사람이라면 누구나 해방이 됐을 땐 꿈도 많았고 기대도 컸을 것입니다. 기실 내가 음악의 길에 어정쩡 뛰어든 것도 원래는 식민지의 젊은이라면 누구나 그럴 수 있었던 절망감과 그로부터의 도피였던 셈이지요. 물론 약간의 허영도 있었겠지만. 그러나 해방이 돼도 국토는 양단되고 정국은 혼란의 연속이었지요. 1948년 제헌국회가 탄생하고 정부가 수립되고 나서도 특별한 희망을 가질 수는 없었어요. 백범 선생이 암살되고 이승만 독재가 시작될 기미가 보이자 더 이상 참을 수가 없었어요. 워낙 반골 기질이라 독재는 도저히 생리에 맞지 않아서 …… 그래 생각다 못해 이 나라를 뜨기로 하고 밀항해서 일본으로 갔습니다. 굳이 말하자면 자유를 찾아 도피했다고나 할까요."

이렇게 해서 향후 10년간을 선생은 일본에서 보내게 되는데, 이때 그는 연극 연출에 미치다시피 했다. 과거에 신축지新築地 극단을 연출한 오카구라 시로岡倉士朗씨의 《석학夕鶴》, 《갈매기》 등과 배우좌의 총수인 센다 고레야千田是也씨의 《오텔로》, 《벚꽃동산》 등을 위해 독회부터 상연까지의 연출 노트를 만들기도 하고, 때로는 스포트 조명기를 붙들고 무대를 지켜보기도 했다. 해방 전 중국에서 사귄 발레 무용가 고마키 마사히데小牧正英씨(현재 일본 발레계의 거장으로 연전에 한국 초청에 의해 국립발레단의 《세헤라자데》와 《목신의 오후》를 안무, 연출했다)의 동경발레단에서 문예부장으로 재직하면서 처녀작인 발레 《일륜日輪》을 상연했고 이때, 작품 속의 여주인공 히미코의 얘기를 통해 독재에 대한 저항을 표출하기도 했다.

선생의 일본 체류는 이것이 처음은 아니었다. 그러니까 1930년대 초, 이른바 '식민지 청년'의 울분을 품고 '성악가가 되기 위하여' 그는 현해탄을 건넜던 것이다. 평양고보를 졸업한 직후 일본대학 예술과에 입학하기 위해서였다. 이때의 도일渡日이 자신이 평생 지켜온 삶의 신조를 자기에게 심어준 계기가 되었노라고 언젠가 그는 고백한 적이 있다.

"'무엇이 되느냐가 아니라 무엇을 아느냐가 문제다'라는 것이 삶의 신조처럼 되기 시작하기는 20세 때부터가 된다. '무엇이 되려고' 일본으로 건너간 내가 동경에서 처음 하숙한 집에는 두 명의 화가, 게이오대학의 영문학 강사, 일간신문 사회부 기자 등의 동숙자가 있었다. 모두가 나보다는 나이가 많았으나 30세 전후였다. 그런데 그들과 대화를 하게 되면 나는 거의 갈피조차 못 잡았다. 일본말을 몰라서가 아니라 말의 문맥을 이해하기 어려운데다 수시로 튀어나오는 서양 이름이 이해를 오리무중으로 만들었기 때문이다. 지금까지의 '교육'은 헛공부였다는 생각과 함께 '알아야겠다'는 생각이 들었다. 화가를 따라 여체 데생도 해보고 한 동리에 있는 무용연구소에서 뛰어보기도 했다. 학생 예술좌에 끼어들어 연극도 했다. 물론 책도 읽었다. 아마 성악을 전공으로 택했던 내가 끝내 외길을 버리게 된 것도 '알아야 한다'는 욕구 앞에 그 길이 좁게 보였던 탓이리라."

이렇게 해서 선생이 평생 계속해온 이른바 '파우스트적 편력'이 시작된 것이다. 따라서 일본 음악고등학교를 졸업하고 나서도 음악가의 길로 나가지 않고, 일본의 음악전문지인 『음악 평론』사에서 삼년간 기자 노릇을 한 것은 조금도 이상할 게 없다. 현재 그는 한국의 음악과 무용의 비평영역에서 원로급에 속하고 있지만, 그의 비평가로서의 자질은 이때의 기자생활이 밑거름이 되지 않았나 싶다.

1938년에 부친의 타계로 인해 부득이 귀국하게 됨으로써 음악잡지의 기자 경력은 종언을 고했으나 고국에서 동아일보를 무대로 그는 음악평론가의 길을 걷기 시작했다. 그러나 1940년에 동아일보가 폐간되는 바람에 기반을 잃게 된 그는 다시 고국을 떠나 하얼삔으로 가서 방랑생활에 몸을 던졌다. 이때 그는 신문사의 통신원 노릇을 하고 있었는데, 후에 하얼삔 음악학교 교수가 된 러시아의 작곡가 이바노프스키와 친교를 맺은 것도 이 방랑시절 덕분이었고 무용가 고마키씨와의 우정도 이때부터 시작된 것이었다.

해방이 되자 다시 귀국해선 고등학교 교사 노릇도 했고, 1946년도엔 아직 콜 싸인(Call Sign)이 없던 초창기의 KBS에서 음악고문으로 있다가 결국 음악계장까지 되었지만, 육개월을 넘기지 못했다. 도대체 어디에고 얽매이기를 극력 싫어하는 그의 기질이 관료체제를 견디지 못했음은 너무도 당연한 일이다.

무엇이 되기 위해서, 다시 말하면 이 사회내에서(또는 어떤 조직 속에서) '뚜렷한 한 자리를 차지하기 위해서' 악전고투해본 적이 그에게는 한 번도 없다. 스스로 '석양의 방랑자'라 자처하는 그는(그의 호는 입사笠士이다) 한 자리를 차지하기 위해서 아등바등 허둥대는 무리들을 오히려 가증스럽게 여기며 '무엇을 아느냐'를 찾는 길에 평생을 일관해 왔다. 그러고 보니 음악, 무용평론가요, 한국 예술평론가협의회 회장에다 서울시 자문위원과 문예진흥원 심의위원을 겸하고 있는 선생의 명칭과 직함은 오랫동안의 헌신적인 삶의 편력이 그에게 선사한 보너스였나 싶다.

아무튼 1940년대부터 한국의 음악계에서 비평가로서 계몽과 평론, 두 가지 역할을 힘겹게 떠맡아온 음악비평의 선구자였던 그가 해방 이듬해에 쓴 「음악 유산의 섭취의 문제」란 평론에서, 우리가 민족음악의 수립을 위해서 서양음악을 섭취하는 방향을 '개인의 해방이라는 19세기 시민혁명기의 시대정신을 정당히 창작 속에 추구한 베토벤의 음악적 방법과, 세궁민에 대한 계급적 공감, 러시아 민요정신의 체득에서 조성調聲의 파괴라는 현대음악의 길을 선구한 무소르그스키의 음악적 방법'에서 찾으려고 한 점은 한번 음미해볼 필요가 있을 것 같다.

1940년에 처녀 평론을 쓰고부터, 1950년대의 체일滯日 10년을 빼고, 30년이 넘는 동안 선생이 펴낸 저서만도 『음악 입문』, 『음악과 현실』, 『음악의 세계』를 포함해서, 가장 최근에 간행된(81년) 『음악의

문』(스스로 마지막 평론집이라 밝힌)까지 19권을 헤아린다. 결코 적은 숫자가 아니다.

얼마 전부터는 창작에도 손을 대었다. "요즘 나는 창작에 몸이 달아 있어요."

무용극본 『바리 공주』, 『님의 침묵』, 『유사流沙』를 완성해서 공연도 했고, 하룻밤짜리 희곡 『계단 위의 거울』도 내놓았다. 앞으로도 몇 편쯤 더 쓸 소재를 갖고 있다. 오페라 대본으로 『춘향전』(김성태씨가 작곡중)과 『윤심덕』(현해탄에 투신해서 정사했다는 속설을 뒤엎는 내용이다), 그리고 임진왜란 때 고아가 되어 도공陶工의 양녀로 자라나 일본에 끌려가 갖은 박해와 억압 속에서도 끝내 신앙에 투철한 삶을 보냈던 성녀 줄리아의 생애를 그린 『줄리아』와 전봉준의 생애를 극화한 『한울』 등이 있다.

"방랑 끝에 얻은 결론이 있다면 모든 예술은 궁극엔 시정신을 바탕으로 해야 하는 것이고, 시정신은 '한울'의 말씀을 전해야하며, 한울의 말씀은 바로 민중의 에너지라는 것입니다. 따라서 이 에너지를 억압하는 모든 존재는 '한울'을 거역하는 악이라고 봐야지요."

젊은 시절 충분히 방랑할 수 있었던 자는 복되다. 오랜 방랑 끝에 값진 '각성'을 할 수 있는 자는 더욱 복되다. 진정한 방랑의 기쁨을 아는 자만이 참다운 안주의 기쁨이 무엇인지를 안다. 삶에 절망했던 사람일수록 삶에 대한 사랑이 더욱 강렬하듯이. 또한 괴로움을 아는 자만이 진정한 기쁨을 알 수 있는 것처럼.

'석양의 방랑자'는 마침내 둥지를 튼 것이다. 부인 정덕미鄭德美

여사(53세)와 발레를 공부하는 스무 살 된 외딸과 더불어 이제 그는 안온한 보금자리에 묻혀 살고 있다. 공기가 맑고 풍광이 아름다운 세검정 높은 지대에 자리잡은 선생의 저택은 그래서 유난히 더 견고하게 지은 것일까? 저명한 건축가 K씨의 설계로 지은 이 검은 집은 외관부터가 주변의 건물들과 구별되는 특색을 지녔지만, 안으로 들어가면 마치 지하 깊숙이 자리잡은 구중궁궐 속에 들어앉은 것 같은 기분이 된다. 수없는 나선계단을 한없이 내려와 마침내 맨 밑바닥, 비밀의 방 속에 안착해 있는 것 같은 느낌이랄까. 옥인동에 있던 윤비尹妃 동생의 별장이 헐렸을 때 그 돌들을 일부러 구해 와서 집의 벽돌로 삼았다니 건축에 얼마나 신경을 썼는가를 짐작할 만하다. 바깥의 소음에서 완전히 차단된 일종의 피풍지대 같은 느낌이 드는 것은 바로 이 견고한 벽 탓이었나 보다.

고독과 적요寂寥―이것이 선생의 방이 풍기는 지배적인 인상이다. 문득 눈을 들면 "枕流兼洗耳(흐르는 물을 베개삼아 귀를 씻는다)"라는, 당나라 한산寒山의 시가 눈에 들어온다. 시인 김구용씨의 글씨로 된 족자다. 아마도 아침저녁 이 시를 바라보며 세이장洗耳莊(선생댁의 택호)의 주인은 세속에 더럽혀진 귀를 씻는 것인지도 모른다. 이따금 생각나면 《레퀴엠》을―특히 포레의 것을―들으며 천국과 지옥을 편력하고―그러나 그의 정신의 편력은 아직 끝나지 않았다. 요즘은 우주과학과 뇌생리학에 몰두하고 티베트의 음악에 심취해 있다. 그리고 일본의 저명한 성악가 야나기 가네코柳兼子 여사가 85세에 낸 가곡집을 자주 듣는다. "이런 사람이야말로 멋있는 사람이지요!"

그렇다. 늙어서도 삶에 대한 경이감을 잃지 않고, 죽을 때까지 자기 정진에 충실하는 것—그 속엔 영원한 젊음만이 있는 것이고, 그것은 바로 선생이 지닌 멋의 비밀이기도 하다.

영혼 속을 나는 갈매기

외교관 작곡가 변훈邊焄

우리 주변의 이른바 출세한 직업인 가운데는 자신이 한때 음악가가 되고 싶었으나 현실적 이유로 포기할 수밖에 없었다고 고백하는 사람들이 꽤 많다. 또한 예술과는 동떨어진 특정한 분야에서 일가를 이룬 사람이 여기餘技로 음악을 하는 경우도 그리 드물지 않다. 그러나 직업인으로서도 성공하고 음악가로서도 일가를 이루어, 본질적인 천직과 생업으로서의 직업을 완전히 병행시켜 평생을 일관하는 사람은 그리 흔치 않다. 작곡가 변훈은 바로 그러한 사람 가운데 하나이다.

그는 어려서부터 음악적 분위기 속에서 자라 중학생 땐 음악가가 되기로 결심하고 거기에 필요한 수련을 충분히 쌓았지만, 이른바 '현실적 이유'(즉 부친의 반대)로 인해 음악을 전공하는 대신 정치외교학을 택할 수밖에 없었다. 그러나 30년 이상을 해외 각지로 떠돌아

다니면서 전문적인 직업외교관 생활을 했지만, 음악은 그의 삶에서 한 번도 떠나본 적이 없었다.

맨 처음 오르간에서 시작하여 다음엔 정종길(6·25때 피랍)에게서 작곡을, 최봉진(6·25때 피랍)에게서 성악을 차례로 이수한 그의 음악적 기량은 일찌감치 꽃피어 스무 살 때 발표한 그의 첫 작품 〈금잔디〉(김소월의 시에 붙인 곡)에서 이미 장래의 풍성한 열매를 예고하고 있었거니와 6·25때 육군장교로 복무했을 때나 그후 본격적인 직업외교관으로 팽팽히 긴장된 나날을 보내면서도 그는 계속 작품을 생산했으며, 1981년 외교관에서 은퇴한 이후론 마음놓고 숙망宿望이던 작곡에만 전념하게 되었으니, 참으로 먼 길을 돌아 이제금 그는 진실로 자신이 있어야 할 곳에 마침내 도달한 셈이다.

외교관 생활을 청산하고 귀국해서 자신의 작품을 정리한 「변훈 가곡선집」(『갈매기』)을 내놓으면서 그가 쓴 「머리글」엔 이 같은 그의 심경이 여실히 드러나고 있다.

> 오랜 세월을 해외에서 외교계에 몸을 담고 공복公僕으로 일해왔으나 아무래도 창작하는 사람에게는 그 삶이 끝내 고달프기만 했다. 이젠 모든 걸친 것들을 벗어던지고 차가워진 겨레의 마음 한 구석에나마 따뜻한 정서를 불어넣기 위해 한 마리의 갈매기가 되어 저 하늘높이 훨훨 날면서 마음 내키는 대로 노래지어 부르며 살고 싶다.

바리톤 오현명이 불러 유명해진 가곡 〈명태〉는 어느덧 '변훈 가곡'의 대명사처럼 돼버렸지만, 실상 그는 이 〈명태〉에서 한국 가곡의 일반적인 특징 즉 지나치게 서정적인 면, 이를테면 아름다운 가락에만 너무 집착해서 시의 조류나 경향에 무관하게 그저 곱게만 흘러버리려고 하는 풍조에서 대담하게 벗어나, 흔히 멜로디가 될 수 없는 해학시를 작곡의 매개로 택함으로써 독특한 음악정신을 보여줬던 것이다. 대체로 해학시는 가곡으로 작곡하기엔 주저되는 게 보통인데, 그가 시인 양명문이 이 시에서 표출하고자 한 정신을 노래로써 표현하는 데 완전히 성공한 걸 보면, 그의 음악적 기량은 차치하고, 페이소스와 결부된 깊은 해학정신이 그의 속에 있음을 감지할 수 있다.

명태가 살기 좋은 동해바다에서 마음껏 놀다가 어떤 어진 어부의 그물에 걸려 이집트의 왕처럼 미이라가 되어 …… 재벌이나 정치가 또는 노동자도 아닌—외롭고 가난한 시인의 술안주가 되어 그의 시가 된다면 자기 몸은 짝짝 찢어져 없어져도 좋다는 내용의, 이 노래를 들으면서 우리는 어느덧 작곡가의 페이소스어린 해학과 만나게 되는 것이다.

이 노래가 특히나 젊은 대학생층에서 많은 흥을 불러일으킨 것은 바로 그 때문이 아닌가 싶다. 대학생들이 늦은 밤 소주잔을 기울이며 자주 이 곡을 애창한다지 않는가. 어떤 이는 변훈의 〈명태〉를 러시아의 전설적인 저음 가수 샬리아핀이 불러서 유명하게 된 무소르그스키의 〈벼룩의 노래〉에 비유하기도 한다. 하긴 그의 작곡은 대부분 한국적인 가락을 바탕으로 했으면서도 다분히 슬라브적인 분위기가 짙다는 것이 일반적인 평이다.

그가 〈명태〉를 작곡한 것은 육군 연락장교로 복무하던 6·25 당시였다.

"이 곡에다 나는 우리 거렁뱅이들이 부르는 장타령의 리듬을 붙여 보기도 했지요."

그는 완성한 악보를 〈낙동강〉(양명문 시)의 악보와 함께 부산의 오현명에게 찾아가 보였고, 이것을 인연으로 〈명태〉, 〈낙동강〉, 〈귀향의 날〉 등은 이후 오현명의 애창곡이 되었다.

그의 또 다른 해학곡인 〈쥐〉(김광림 시)를 들어보면(바리톤 윤치호가 기막히게 부른다) 그에게서 샘솟는 풍자정신에 어느덧 빨려들어감을 느끼게 된다. "하느님, 어쩌자고 이런 것도 만드셨지요 …… 백주에까지 설치고 다니는 웬 쥐가 이리 많습니까 …… 남을 괴롭히는 것이 즐거운 세상을 살고 싶도록 죽고 싶어, 죽고 싶도록 살고 싶어 ……"로 이어지는 노래를 듣고 있으면 절로 웃음이 하하 솟는다.

"인물다운 인물은 점점 드물어지고 …… 세파에 영합하는 젊은이들이 왜 그리 많은지 …… 계도적인 측면에서 그걸 풍자해보고 싶던 차에 이 시를 발견했지요. 그래서 작곡한 게 이 노래입니다."

해학과 풍자정신은 그의 존재 전체를 흥건히 채우고 있어 작품에서 뿐 아니라 일상회화에서도 자주 분출된다. 아마도 이것은 그의 타고난 기질이기도 하겠지만, 무엇보다 분단국 국민이란 뼈아픈 비애를 심중에 품고 이데올로기의 대결장인 살벌한 국제무대에서 자국의 이익을 위해 아슬아슬한 곡예를 감행해야 했던 오랜 직업외교관 생활에서 닦여진 정신인지도 모른다. 일종의 자위自衛를 위한 무기로서 ……

그에겐 유머가 흘러 넘친다. 우람한 체구에 선이 굵은 윤곽이며 성악으로 닦여진 듣기 좋은 바리톤의 음성, 호탕한 웃음, 활달한 언동, 청산유수 같은 달변 …… 이 모든 외양에서 풍기는 것은 아무래도 예술가에보다 오히려 노련한 외교관에 어울리는 특징이 아닌가 싶다. 예술가의 본질은 그의 보다 깊은 내면에 숨겨져 있어 좀처럼 드러나지 않는다. 하긴 30년 이상을 그와 함께 생활한 부인 석은애 여사조차 "그 활달하고 거침없는 성격 어디에서 그런 아름다운 노래가 나오는지 모르겠다"고 고백하고 있을 정도니까. 그의 보다 섬세한 면, 애상, 비감 같은 것은 오직 작품 속에서만 유출되고 있기 때문이다. 아마도 그는 작품 속에, 오직 작품 속에만 쏟아놓기 위해 그러한 감성들을 용의주도하게 저장하고 있는지도 모른다. 그것들이 일상생활에서 무사려하게 노출되는 것을 신중히 억제하면서 안으로 안으로만 다져 넣는지도 모를 일이다.

이같은 특징이 두드러지게 드러나는 작품이 그의 가곡 가운데서 가장 대중적인 노래가 돼있는 〈떠나가는 배〉(양명문의 시에 붙인 곡)를 비롯해서 〈갈매기 우는구나〉, 〈차라리 손목 잡고 죽으리〉 그리고 자신이 작사도 겸한 〈갈매기〉 등인데, 이들 가락 속에서 우리는 심금을 울리는 애상과 비감, 로맨틱한 정취를 유감없이 맛볼 수 있는 것이다. 특히나 그가 1976년 포르투갈 주재 공관장이었던 시절, 임지에서 장인의 사망소식에 접하고 그 슬픔을 달랠 길 없어 노래를 지었다는 〈갈매기〉는 그가 특별히 아끼는 곡이기도 하지만, 그만이 간직한 애절한 사연이 얽혀 있다. 의사였던 장인은 1.4 후퇴 때 임시 철수라는 당국의 말을 믿고 고향인 평양에 처를 남겨두고 급히 떠나왔다. 그러나 '방위선을 구축할 때까지만' 떠나 있을 줄 알았던 이별은 영원한 생이별이 되고 말았다. 서울에서 장인은 매일처럼 남산 꼭대기에 올라가 북에 두고온 부인을 위해 기도를 드리며 비통한 심사를 달랬다.

"그러던 그분이 돌아가셨지요. 나는 임지에서 그 소식을 듣고 너무도 쓰라린 심경에 그 어른의 혼이라도 위로해드리고 싶은 바램으로 이 곡을 작고했던 겁니다."

따라서 〈갈매기〉는 작고한 장인을 위한 '진혼가'였을 뿐 아니라 북에 가족을 두고 온 모든 실향민의 한恨을 대변하는 엘레지였던 것이다. 그가 은퇴 후 자신의 작품을 골라내어 발표한(1982년 4월) 가곡집 이름을 『갈매기』라 붙인 것도 오랜 세월 그의 속에 맺혀 있었던 한의 발로라 보아 마땅하다. 총 열여섯 곡이 수록된 이 가곡집은 같은 해 5월 3일에 바리톤 윤치호가 국립극장에서 가진 리사이틀에서 전곡을 불러 동호인들 사이에 대단한 반응을 불러일으켰는데, 한 사람의 가수가 한 작곡가의 작품으로 연주회 프로그램을 채운 예는 한국 작곡가의 작품으로는 이때가 처음이었다.

아무튼 50여곡이 되는 그의 가곡 가운데 반 이상이 통일에 대한 염원이 주제가 돼있는 걸 보면 그의 한과 집념이 어느 정도인지 짐작할 수 있다. 얼마 전 국립극장 대극장에서 있었던 테너 임정근 독창회의 밤에서 그의 가곡 〈초혼〉(김소월의 시)과 함께 발표된 신작 〈오랜 기도〉(박남수 시)에선 실향민의 통한痛恨과 통일에의 염원이 정점에 달하지 않았나 싶다.

하늘이여, 이 불륜의 세월을 끊고
아들은 어머니의 무릎에
지아비는 지어미의 품으로
돌아가게 하여라
저들이 함께 웃고
저들이 함께 울도록, 하늘이여 ……

변훈은 1926년 4월 12일, 함경남도 함흥에서 태어났다. 따라서 그도 북에 고향을 둔 실향민에 속한다고 하겠다. 물론 그는 6·25 때 월남한 것은 아니지만 갈 수 없는 고향을 그리워하는 마음은 다른 실향민과 조금도 다를 바 없다. 그가 함흥에서 한남공립중학교를 졸업하자 이듬해 해방이 되었고, 연세대학 정치외교학과를 졸업한 해에는 6·25가 터졌다. 피난 시절 그는 제주도에서 북의 피난민인 현재의 부인 석은애 여사를 만나 부부가 되었다. 부인 석여사(56세)는 동경 우에노 음악학교를 나온 한국 최초의 하프 주자로 한때 말러의 교향곡 4번을 연주하기도 했다.

음악에의 공통된 사랑과 실향민의 아픔을 공유한다는 점에서 이 부부는 유별나게 질긴 끈으로 얽혀 있는지도 모른다. 어느 땐가는 텔레비전의 브라운관 속에서 그는 아내가 두드리는 피아노 반주에 따라 자작곡 〈초혼〉을 열창하기도 했다.

"밤에 잠자리에 들어 있다가도 갑자기 악상이 떠오르면 휘파람을 불어대며 벌떡 일어나곤 하신답니다."

석여사의 말이다. 창작하는 사람의 괴벽을 흔쾌히 받아들일 수 있는 아량을 가진, 예술가 기질의 여성을 반려로 두고 있다는 사실이 그에겐 못내 흐뭇한 일인 것 같다. 한강을 한눈에 내려다 볼 수 있는 고층아파트(빌라 맨션)의 한 방에서 피아노와 세계 각국의 임지에서 모아온 수집품들에 둘러싸여 느긋한 마음으로 작곡에만 전념할 수 있게 된 생활이 그는 생각할수록 기분이 좋은 모양이다.

"이제부터 진짜 일을 시작할 참입니다."

그의 머릿속엔 장차 태어날 새 생명들이 서로 먼저 세상에 내보내 달라고 아우성치며 쉴 새 없이 부글거린다.

"우선 자기 나라의 국토에 대한 사랑을 우리 민족에게 심어주고 긍지를 갖도록 하기 위해 우리나라의 아름다운 산천경개를 찬양하는 노래를 시리즈로 만들어볼 생각입니다."

〈낙동강〉은 이미 1950년대에 내놓았고, 얼마 전 발표한 〈설악산아 ……〉는 성음 레코드사에서 주최한 공연에서 서울시립합창단원이 불러 대번에 많은 호응을 얻었다. 이 노래에서 그는 불교음악에서 느껴지는 우리스러운 가락을 사용했다고 한다. 대중 속에 쉽사리 파고든 종래의 우리 가곡 대부분이 여성적이고 나약하며 섬세하나 애상에 젖어 있는 것과는 대조적으로 이 곡은 씩씩하고 남성적이며 우람한 가락을 지니고 있어 젊은이들의 기상에 한결 어울리는 노래가 될 것 같다. 이제 곧 〈한라산〉을 비롯해서 한려수도를 차례로 작곡할 참인데 마땅한 시인을 만날 수가 없어 고민중이다.

"우리나라는 음악인들과 시인이 서로 너무 모르고 있어요. 그저 자기 분야만 알고 끼리끼리 모이거든요. 자매예술에 대한 이해가 너도나도 너무나 부족해요. 시인이 음악가를 모르고 음악가가 시인을 도외시하는 상황에서 좋은 노래가 나올 리가 없지요."

그래서 생각해낸 것이 음악을 사랑하는 사람이면 누구나 부담감 없이 들러 서로 대화를 나눌 수 있는 광장을 마련하자는 목적으로 1982년 봄, 여의도에 차린 '오페라 하우스'란 살롱이었다. 주식을 들면서 음악도 즐기고 예술가들끼리 의견도 교환하며 새로운 조류도 받아들이는, 이른바 프랑스 식 예술 살롱을 만들자는 것이었다. 매달 한 번씩 '시와 그림과 음악'이라는 주제로 작은 음악회를 열기도 하고 현역 시인들의 시에 곡을 붙여 성악가가 노래부르거나 시인 자신이 자작시 낭독을 하는 등 꽤 활발한 움직임을 보였는데, 이 같은 작업이 본궤도에 올라 상당한 성과를 거둘 즈음 불행히도 건물주가 부도를 내는 바람에 1년만에 문을 닫을 수밖에 없었다. 새 주인이 집세를 터무니없이 비싸게 올렸으므로 도저히 지탱할 수가 없었기 때문이다. 덕택에 재판소에 서너 번 드나드느라 헛된 노고만 치렀을 뿐이지만, 언젠가는 이 같은 살롱을 다시 계속하겠다는 꿈을 그는 버리지 않고 있다.

그 옛날 스무 살의 나이에(1948년) 지금의 성남극장을 빌려 가진 《한국 가곡의 밤》에서 그가 토속적 냄새가 짙은 〈금잔디〉를 처녀작으로 발표한 이래 참 많은 세월이 흘렀고, 그동안 안팎의 문화계 상황도 어마어마하게 달라졌다. 어느덧 그는 세 아이의 아버지가 되었고 하프를 전공한 큰딸은 이미 출가했다. 파키스탄을 최후의 임지로 외교관의 긴장된 업무와 온갖 거추장스런 제약으로부터 벗어나 지금은 아내와 두 아들과 더불어 단조로운 생활 속에서 서민적인 소탈한 삶의 기쁨을 만끽하고 있으면서도, 그 어느 때보다도 격렬한 창작욕이 밤낮없이 그를 들쑤신다.

근대 독일의 대표적 작가의 하나인 르 포르 여사는 나이 50에 창작활동을 시작해서 근 1세기나 장수하는 동안 걸작 『베로니카의 수건』을 필두로 『단두대의 마지막 여인』, 『막데부르크의 결혼』 같은 대작을 계속 생산하면서 90세까지 왕성한 창작활동을 보여줬지만, 그의 경우 지금까지 외교관 업무의 틈틈이 완성한 50여 곡의 가곡은 차치하고, 앞으로 오직 가곡창작에만 전념하게 된다면 40년을 일한다 해도 엄청난 양의 노래가 그의 속에서 쏟아져나옴직하다.

"우리나라에는 민족음악에 대한 인식이 부족합니다. 내 생각엔 분단된 조국의 통일을 위해선 무엇보다도 민족음악이 큰 몫을 담당해야 되리라고 봐요. 마음과 마음을 이어주지 않고서는 진정한 통일을 이루었다고 할 수 없는 것이지요. 바로 이러한 역할을 음악인들이 맡아야 하지 않겠습니까?"

조국 통일은 그의 삶의 주제요 목표이다.

그리고 이같은 주제에 봉사하는 수단이 바로 그의 작곡이라고 해도 과언이 아닐 것 같다. 그러한 뜻에서 작곡가로서의 그의 위치는 음악계에서 단연코 유별난 존재가 될 수밖에 없겠다. 과거엔 실향민의 한과 비애를 노래했으나 이제는 그걸 넘어서 오직 통일에의 염원만을 노래하겠다는 그는 흡사 고정관념 같은 통일에의 기원을 앞으로 어떤 형태로 풀어놓을지, 그리하여 그에게서 나온 노래가 우리 민족의 얼 속에서 어떤 반향을 얻게 될지를 아직은 아무도 단언할 수 없다.[*]

* 변훈 선생은 2000년 8월 29일 74세를 일기로 생을 마감했다.

온갖 동요를 잉태한 잔잔한 수면

화가 이세득

고요 밑의 소용돌이, 또는 얼음 아래 화약고, 혹은 온갖 동요를 잉태하고 있는 잔잔한 수면—이것이 이세득 선생(62세)이 풍기는 지배적 인상이다. 입을 꾹 다물고 있으면 스페인의 총통처럼 근엄해 보이고, 웃음 띤 얼굴은 온후한 영국 신사풍의 세련미를 지녔다. 은연중에 사람의 마음을 끌어당기는 것 같은 너무도 나직하고 부드러운 음성과 날카로운 눈매. 1950년대로 거슬러 올라가 삼십대의 그의 젊은 얼굴을 이 얼굴에 오버랩시켜보면 당시 젊은 화가 이세득 선생이 교편을 잡고 있었던 S여고에서 어째서 그가 그토록 많은 여학생들에게 동경의 대상이 되었던가를 이해할 수 있게 된다. 한 마디로 '묘한' 멋을 지녔다.

— 화가의 입장에서 '멋'이란 걸 어떻게 생각하세요?

"누구나 멋을 추구하지만, 요즘 여성들은 너무 겉멋에만 치중

하는 것 같아요. 자기 개성 플러스 패션이 진정한 멋이 아닐까요? 멋이란 일종의 '내음'이라 할 수 있겠는데, 다시 말하면 조형적 아름다움과 내용미가 합해서 조화를 이루어 풍겨내는 것이 참다운 멋이겠지요. 예술은 아름다움을 추구하는 것이지만 멋은 아름다움의 내용이고, 매력이란 또 멋의 일부라 할 수 있지요. 흔히 아무리 좋은 옷이라도 '옷걸이'가 좋아야 빛이 난다고들 말하지만, 이 옷걸이란 것이 따지고 보면 외양 아닌 내용, 즉 내면의 멋을 의미하는 것이지요."

선생께선 옷차림엔 별로 신경쓰지 않는 편인데도 어딘지 멋있게 보이는 것은 역시 '옷걸이'가 좋아서 그런가보다. 젊었을 적 그를 아는 사람이면 누구나 푸른빛이 날 정도로 새하얀 와이셔츠 칼라와 산뜻한 감색紺色양복의 깔끔한 옷차림을 기억할 테지만, 요즘은 넥타이 매는 걸 아주 싫어하고 주로 캐주얼을 애용한다. 칙칙한 색깔을 기피하고 회색과 감색 같은 밝고 산뜻한 색깔을 즐겨 입는다. 프랑스 사람들 치고 감색 상의와 회색 하의 한 벌 없는 사람 드물다지만, 선생의 이같은 취향은 작가수업을 쌓던 프랑스 유학시절에 은연중 몸에 밴 게 아닐까.

밝은 색조에 대한 그의 기호는 작품에서도 두드러지게 나타난다. 우선 서른 평 남짓의 쾌적한 화실의 여기저기에 널려 있는 대소화포에서만도 노랑, 보라, 백, 녹, 자색 같은 밝고 청신한 색조가 압도적이어서 흡사 현란한 색채의 향연 속에 있는 기분이 된다. 화가 이세득은 생동감 넘치는 적색을 주조로 백, 청, 황, 녹, 자색과 유백색, 갈색, 흑색 등의 여러 가지 색을 자유자재로 구사하는 '색채의 마술사'란 소리를 듣고 있거니와 과연 그의 그림을 대하고 있으면 그의 마음속 깊은 우물 속에는 창조의 두레박으로 한없이 길어 올려도 고갈되지 않는 색채의 원류가 고여 있을 것 같은 느낌을 받게 된다.

자연적 형태의 유사나 모방이 아닌, 선과 색채 및 면으로 이루어진 순수한 추상화인 그의 그림에서 어떤 이는 원색의 황홀경 속에서 어린 시절의 명절을 연상하기도 하고 색동저고리와 시집가는 날 신부의 원삼족두리의 화려한 색감을 떠올리기도 한다. 또한 우리의 옛 건축에서 볼 수 있는 단청이나 고구려 벽화류의 향토적 정취를 읽는다고도 하니, 오랫동안 새로운 감각으로 한국의 팬터지를 조형적으로 영원화시켜 가장 한국적인 것을 가장 국제적인 것으로 만들려고 시도한 그의 노력은 마침내 바람직한 결실을 보았다 하겠다.

"요즘 걸핏하면 '한국적인 것, 한국적인 것'하며 구호처럼 떠들지만 사실 예술가가 구태여 한국적인 것을 찾아 고심하고 집착할 필요가 없다고 봐요. 우리 자신이 한국 사람이니 이미 한국적인 것은 우리 속에 내재해 있는 거니까 '예술가의 진실'에 충실해서 창작을 하면 그게 결국 한국적인 것을 지니게 되는 거지요. 프랑스에 있을 당시만 해도 나는 무언가 한국적인 것을 그려야 한다는 일종의 강박관념에 사로잡혀 있었어요. 참, 태극기만 안 그렸다 뿐이지 한국적인 것이라면 무엇이나 탐욕적으로 추구했지요. 내가 하도 이런 문제에 집착하는 걸 보고 그곳 친구들이 충고하더군요. 네가 무엇을 그리건 결국 네 그림 속에선 마늘 냄새가 나기 마련이니 구태여 한국적인 소재를 찾아 고심할 필요가 어디 있느냐고. 사실 가장 민족적인 것은 가장 세계적인 것이지요. 미의 본질은 동일한 거니까."

그가 파리로 간 것은 1958년.

62년도까지 그곳에서 수업하면서 현대미술의 온갖 세례를 받게 된다. 당시 파리에 있던 한국 화가로는 김환기, 김흥수, 권옥연씨 정도로, 모두가 아직은 그곳에선 무명이었다. 따라서 이들과 더불어, 그는 해방 후 파리로 건너간 선구적 화가에 속한다. 파리 체류 삼 년 만에 그는 파리의 세르크르 보르네 전에 작품을 출품했거니와 파리에서의 그의 활약과 예술의 변모는 뒤에 그의 작품에서 추상표현적인 성과로 나타나게 된다.

화단에서 그는 '지적 모더니즘을 추구해온 작가'로 통칭되고 있지만, 그의 모더니즘은 1940년에서 44년에 걸치는 동경 국제미술학교에서의 수학기간에 형성된 것이었다. 대체로 한국의 근대회화가 형성되기 시작한 것이 1930년~1940년의 기간이었고, 그 운동은 주로 일본에서 수학한 화가들을 주축으로 해서 전개되었다고 볼 때, 선생이 모더니즘 운동이 한창 꽃피고 있던 동경에서 화가수업을 시작한 것은 너무도 당연한 일이었다. 일본의 근대미술에 있어서의 모더니즘은 대부분 자유주의적인 사상을 갖고 있던 파리 유학생들에 의해 이루어진 것이었는데, 이 운동은 대체로 두 가지 흐름으로 대변되었으니 하나는 감성적인 것이요 다른 하나는 지성적인 것으로,

동적이고 힘의 상태를 추구하는 전자의 흐름은 1930년대부터 40년대에 걸쳐 우리나라의 화가들에게도 다대한 영향을 미쳤다. 이와 반대로 입체파를 바탕으로 하는 지적인 예술양식으로 대변되는 지성적 흐름은 이른바 모더니스트로서, 세련되고 정화된 미술양식으로 나타나는데, 선생은 바로 이러한 정적이고 투명하며 규제된 모더니즘에 매료되었던 것이다. 아마도 그의 속에 잠재해 있던 어떤 성향이나 기질이 은연중에 이와 같은 미술양식에 호응했을 것이다.

흔히 '그 사람이 만든 작품은 그 사람과 꼭 같다'고들 말하지만, 사실 이세득 선생만큼 이 말의 진실성을 웅변해주는 경우도 드물지 않나 싶다. 예술가란 비록 작품의 소재를 외부에서 끌어온다 해도 그는 오로지 '자기 속에서 나온'것에 의해서만—시나 음악 또는 그림의 형태로—창조할 수 있기 때문에 이것은 창조하는 모든 자에게 두루 해당되는 말이지만, 어떤 작가의 경우엔 좀체로 작품 속에 얼굴을 드러내지 않거나 위장하고 있기 때문에 쉽사리 작가의 체취를 느낄 수 없는 수가 허다하다. 그런데 그의 작품이 우리에게 주는 인상은 화가를 직접 대했을 때 풍기는 인상과 너무도 흡사하다는 생각이 드는 것은 나만의 착각일까?

주로 직선을 바탕으로 하고 있는 그의 작품의 양식은 전반적으로 '율동적인 구성에 의해서 시각으로 포착할 수 있는 음악의 상태'라고 평가되고 있지만, 그렇듯 현란한 색조와 리듬에 충만한 그의 그림이 우리에게 주는 인상은 어디까지나 차분히 가라앉고 신중히 규제된 질서의 세계인 것이다. 이와 마찬가지로 선생은 흔히

'지적이고 냉철한 사람'이란 소리를 듣고 있지만, 실제로 그의 속엔 무한한 열정과 온기가 가득 차 있다. 다만 내면의 폭발적인 힘과 열정을 지성에 의해 신중하게 규제하고 있을 뿐이다. 그리고 이러한 특성은 그가 풍기는 분위기에 강하게 반영되고 있다. 또한 이같은 면모는 그의 일상생활의 리듬에서도 어김없이 노출된다.

그는 하루도 빠짐없이 아침 아홉시엔 자택에서 길 하나 건너편에 있는 화실에 나타난다. 작업에 임하기 전에 삼십분 정도의 아침 체조와 이백 번의 실내 뜀박질은 하루도 걸러본 적이 없다. 프랑스에서 귀국한 후 중병을 앓은 것 이외엔 한 번도 병에 시달려본 적이 없는 그의 놀라운 건강은 이같이 철저하게 통제된 규칙적인 생활에서 연유한 것임에 틀림없다.

작업은 대개 오후 두시까지 계속되는데 작업 중엔 어떤 방해도 용인하지 않는다. 화실의 문이 거의 언제나 안으로 잠겨 있는 것도 그러니 조금도 이상할 게 없다. 실내엔 '인도어골프'를 비치해놓고 한숨 돌리고 싶을 땐 골프로 기분전환을 한다. 담배는 72년도부터 아주 끊었다. 이따금 독한 술을 즐기지만 결코 과음은 않는다. 골프 경력이 칠팔년 되는 그는 핸디8을 보유한 실력파로서, 일주일에 한두 번은 필드에 나가 7천 야드란 거리를 달리면서 몸과 마음을 자연 속에 내맡긴다.

옛날부터 그는 운동이라면 야구, 탁구, 아이스하키, 축구, 스키 등 안 해본 게 없다. 스위스의 앙글벨에선 반 년 코스의 스키 학교를 졸업했을 정도. 외출은 일주일에 두어 번 정도 하는데, 되도록이면 제자나 동료들의 전람회는 거의 둘러본다. 온갖 공연예술에 흥미를 가진 그가 발레를 종종 그림의 소재로 이용하고 있는 것은 알려진 사실. 외국이라면 프랑스, 이탈리아를 비롯한 유럽 지역과 미국, 남미, 일본, 동남아 등—물론 순수한 관광이 아니라 언제나 전시회나 국제회의 참석을 위해서지만—그의 발이 닿아보지 않은 지역이 거의 없다. 어느 의미로 그는 한국에서보다 일본이나 동남아에서 더욱 유명할 정도로 국제적인 화가가 돼 있다.

이번 1월~2월엔 일본을 비롯해서 동남아, 호주 등지를 2주간 순회할 계획이다. 앞으론 되도록 국내여행을 자주할 생각—물론 혼자, 작품을 위해서, 언제나 작품을 위해서, 모든 것이 작품을 위해 봉사한다. 온갖 생활의 멋을 아쉬움 없이 즐기는 것 같으면서도 사실 그는 언제나 '일' 속에 묻혀있다. 그리고, 그는 언제나 '혼자'다. 모차르트를 사랑하고 ……

대체 이런 남자가 사랑할 수 있는 대상은 어떤 여성일까?

"젊었을 적엔 조형적으로 날씬한 타입에 끌렸는데, 나이 들수록 점차 풍만한 조형미에 기울어지게 되더군요. 하지만 역시 얼굴의 기하학적 아름다움이 문제가 아니라 내면의 미가 중요하지요. 아무래도 우린 지적인 여성에 이끌리는 편입니다. 예술작품 속에선 한때 푸치니의 《라보엠》에 나오는 미미를 무척 좋아했는데 …… 비극적인 사랑으로 끝났지만 ……"

멋있는 여성은?

"뉴욕의 메트로폴리탄 미술관의 코스튬 큐레이터였던 브럼

여사는 정말 멋있는 여성이었어요. 지금은 은퇴했지만, 그만큼 지적이고 멋있는 여성도 드물 겁니다."

어디까지나 그는 걷잡을 수 없이 폭발하는 쪽이 아니라 안으로 꾸준히 타오르는 정열을 지닌 유형인 것 같다. 절도와 이성에 의해 통제된 열정—현실에서 규제된 내적 에너지가 작품 속으로 이입될 땐 동적이 될 수밖에 없다. 하여 그의 작품은 본질적으로 동적이다. 그의 작품이 이른바 색채의 교향악적 효과를 달성하고 있는 것은 현실에서 그가 자신의 힘을 한 방울도 헛되게 낭비하지 않고 안으로, 안으로만 축적해 온 것을 오직 작품 속에서만 발산시켰기 때문이 아닐까? 이렇게 축적해둔 무한한 내적 에너지 덕분에 그는 한국에서 누구보다도 앞서서 공공기관의 벽화(프랑스대사관, 크리스천아카데미, 쉐라톤워커힐호텔의 벽화 등)를 그리고, 극장의 막(국립극장 무대막)을 제작하고, 호텔 같은 공간에 태피스트리를 채우는 등, 수많은 실내장식(국회의사당, 로열호텔, 신·구 국립극장, 영빈관, 타워호텔 등)에 손을 댐으로써 이 방면의 선구자가 되었던 것이다. 이러한 일은 오늘날에 와선 화가에게 보편적인 것이 되어 있지만, 50년대만 해도 상당한 모험이 뒤따르는 선구적 작업이었던 점을 생각하면 어디까지나 참신한 감각으로 새로운 조류에 민감하게 대응하며, 누가 뭐라든 자신의 내적 명령에만 충실히 따르는 선생의 면모를 여기서도 엿볼 수 있다. 처음엔 화가가 실내장식이나 디자인에 종사한다고 빈축을 사기도 했지만, 외국의 화가들이 단순히 평면이라는 이차원의 세계에만 머물지 않고, 삼차원, 때로는 사차원이란 시간에까지 확대해서 폭넓게 활약하고 있는 국제적 조류에 접하고 돌아온 그로선 오히려 고정관념에 사로잡혀 자기를 비난하는 국내의 화가들을 시야가 좁다고 하면서 대담하게 자신의 생각을 밀고 나간 결과 그의 예술은 회화뿐 아니라 태피스트리, 염색, 장식, 구조물 등 무척 다양한 분야를 포괄하게 된 것이다.

지난 여름엔 힐튼 호텔의 실내장식(마감장식)에 온통 시간을 뺏겼다. 아래층 로비에 한 점을 포함해서 자작품 네 점의 그림과 객실 7백80개 중 2백실에 자작 판화를 장식했다. 오는 가을엔 전시회도 가질 예정.

언젠가는 코스튬 디자인에도 손을 대서 한국의 패션계에 새 물결을 일으켜 준다면, 하고 기대해 본다. 53년도에 결혼한 부인 정형택鄭亨澤 여사(57세)와의 사이에 둔 올해 스무 살 난 외아들이 상업 디자인 분야를 지망하고 있다니, 아버지의 재능과 활력이 아들 속에선 어떻게 꽃피게 될지 심히 궁금한 일이다.*

* 이세득 화백은 2001년 4월 7일 향년 80세로 별세했다.

백토白土에 새긴 자연의 시詩

도예가 윤광조尹光照

윤도공尹陶工 얘기를 쓰려니 우랄 지방의 설화에 나오는 유명한 장인匠人 이야기가 생각난다.

우랄 산악에서 취재해온 공작석孔雀石으로 화병을 깎고 있는 이 장인은 준準보석으로 아로새긴 한 송이 꽃으로 화병을 장식할 소망을 품고 있다. 그는 온갖 정성을 기울여 보석꽃을 제작했으나 마음에 들지 않아 화병을 깨뜨려버린다. 그리고는 자신이 완벽한 화병을 만들지 못하는 건 '돌꽃'의 영靈을 붙들지 못했기 때문이라며 어떻게든 이 영을 소유하겠다는 욕망으로 번민한다. 이윽고 그는 늙은 조부의 설득으로 돌꽃의 영을 지배하고 있는 우랄의 코퍼산 여왕을 찾아나선다. 여왕의 장대한 궁전에서 그는 일련의 호된 시험을 우수하게 통과한 뒤 드디어 숙망宿望의 '돌꽃'을 보게 되지만, 그 순간 그는 여왕의 마술에 걸려 돌로 화해버린다. 결국 그를 찾아

나선 아름다운 약혼녀의 진실된 사랑에 감동되어 여왕은 그를 마술에서 풀어주는데, 이때 흡사 오랜 꿈에서 깨어나듯이 다시 인간이 되는 순간 그는 앞으로는 자신이 전혀 다른 목표, 다른 이상을 추구해야 된다는 것을 깨닫는다. 즉 그는 돌꽃의 비밀을 터득한 것이다.

도예가 윤광조尹光照씨를 가리켜 '도자기에 미친 사람'이라고 말하는 소리를 자주 듣지만, 아닌게 아니라 1973년 동아공예대전에서 대상을 받은(공예부문에서 대상을 받은 것은 윤씨가 처음이었다) 이후 끈질기게 분청糞淸(즉 분청사기粉靑磁器) 분야만 추구해 온 그에게 도자기는 그의 생활의 전부요 삶 자체이다.

"술마시는 것, 잠자는 것 빼고는 도자기가 내 생활의 전부이지요."

그는 도자기 이외엔 도대체 아무것에도 관심이 없다. 어떻게 하면 원하는 광택을 낼 수 있을까, 어떻게 하면 흡족한 문양을 새길 수 있을까, 도대체 어떻게 하면 가장 무심한 상태에서 가장 자연스럽고 소박한 도기를 빚을 수 있을까? 이것만이 자나깨나 그의 관심사요 추구의 대상인 것이다.

최근 얼마 동안 이상하게도 일이 마음대로 되지 않아 얼마 전에는 송광사에 가서 두 달 참선參禪하고 왔더니 흙이 제대로 말을 듣더라지만, 그가 내부에서 길이 막힐 때마다 사찰을 찾아 참선을 하는 습관을 기르게 된 것도 어느 땐가 계룡산에서 우연히 만난 어떤 고명한 스님에게서 분청의 정수精髓를 파악한 사람은 스님들이었다는 얘기를 들었기 때문이다. 분청의 비밀을 탐구하다 불교에 심취하게 되었고 자주 참선도 하지만, 그렇다고 불교를 믿는 것은 아니다.

파우스트 박사는 악마 메피스토펠레스에게 양피지 한 장에다 자신의 영혼을 저당잡혔거니와 연금술의 비밀을 터득하기 위해선 악마에게라도 기꺼이 영혼을 팔았다는 중세기의 연금술사들처럼, '분청'의 오묘한 비법을 터득하기 위해선 흙의 영이건 불의 영이건, 아무튼 악마에게라도 주저없이 영혼을 팔아버릴 수 있는 소질이 분명히 윤도공의 핏속에도 흐르고 있음직하다. 정녕코 그는 도자기에 영혼을 팔아버린 사람이라 할 만하다.

소년시절 윤도공의 꿈은 바다에 있었다. 그는 늘상 해병이나 마도로스를 꿈꾸었다. 그러나 해군장교가 되고 싶어 사관학교에 응시했으나 '다행히도' 낙방했다. 함흥이 고향인 그는 해방 후 군정청의 고위관리를 지낸 부친을 6·25 때 사별하고, 여섯 살 때부터 여장부 같은 홀어머니 밑에서 카리스마적인 지배를 받으며 자랐던지라 어머니가 육남매 가운데 막내아들인 그에게 적합하다고 선택해준 연세대학 경영학과를 군소리없이 다시 지망했다. 그러나 이번에도 또 낙방이었다. 마치 그를 도예가로 만들기 위해 '보이지 않는 손'이 은밀히 작용했던 것처럼 보인다.

대학을 두 번이나 낙방한 뒤 그는 집에서 (큰형에 의해) 쫓겨났다. 이를테면 그는 '문제아'였던 모양이다. 집을 나와 친구와 둘이서 자취를 하면서 이른바 '재수'를 한 뒤 세 번째 응시한 곳이 바로 홍익대 응용미술과였다. 홍대에 지망했을 땐 이미 그는 장차 도예가가 될 결심을 하고 있었다. '재수'할 당시 그는 미국에 있는 셋째형에게 장래의 거취를 의논한 결과 고려청자나 조선백자의 세계적 관심에 관해 언급하면서 셋째형은 은근히 도예의 길을 그에게 권했던 것이다. 그리고 이번엔 그는 문제없이 합격했다.

이렇게 해서 그는 일생의 향방이 결정된 것이지만, 만약에 그가 대학의 첫 지망에 실패를 거듭하지 않았던들 그는 아마도 마도로스나 경영학자(혹은 사업가?)가 되었을지도 모르고, 그랬었다면 오늘날 한국의 도예계는 '한국 현대 도자기를 대표하는 대열에 서서 도자기의 실용범위와 예술로서의 한계를 끊임없이 실험하는 진정한 도예인' 한 사람을 갖지 못했을 것이다. 일찍이 바다로 향했던 그의 꿈이 결국 땅으로—흙으로 돌아왔다는 것은 도예계를 위해선 퍽이나 다행스러운 일이었던 셈이다.

1973년도 동아공예대전에서 심사를 맡았던 김원룡金元龍 박사는 "정신은 전통에, 감각은 현대에"라는 두 마디 언표言表로 심사소감을 요약한 적이 있지만, 이 말은 다름 아닌 대상수상자 윤광조씨의 작품을 두고 한 말이라 해도 과언이 아닐 성싶다. 분청에 바탕을 둔 그의 작품은 문방구, 다기茶器, 화병 등 생활과 관련이 있는 기물들이 주류를 이루고 있어 전문적 감식가가 아닌 일반대중에게도 쉽게 친밀감을 느끼게 한다.

그는 도자기가 예술작품으로만 머무는 것을 거부하고 생활 속에 밀착되기를 원한다. 따라서 그는 자신이 만든 작품을 아낌없이 일상생활에 사용하면서 스스로 그 불합리한 점들을 고쳐나가기도 하니, 말하자면 그는 도자기의 본질을 가장 깊이 파악하고 있는 것이다. 그러면서도 한편 그는 도예를 오로지 창작적 차원에서만 파악하려는 고집을 버리지 않는다.

요즘 적지 않은 도예작품이 상품화나 대량생산의 추세를 따라가고 있지만, 그가 절대로 기능공이나 조수를 두지 않고 하나의 도자기가 완성되기까지의 모든 일—흙을 이겨 형태를 만들고, 문양을 새기며 유약을 발라 불에 굽기까지—을 순전히 혼자서 해내는 것은 바로 그 때문이다. 개개의 도예작품이 완성되는 과정은 모두가 일회적이고 독자적인 것인데 어떻게 창작품의 양산이 가능하단 말인가? 이처럼 철저한 예술가적 자세 때문에 윤 도예인은 한국 도예계에서 확실히 소중하고 이색적인 존재가 되어 있다. 그러면서도 그는 자신을 즐겨 '윤도공'이라 부른다.

사실 예술작품 가운데서 가장 추상적이고 가장 비개인적인 특징을 지닌 것이 도자기라 한다면, 개인 공방工房과 공장을 따로 두어 기능공과 조수를 쓰면서 생활에 밀착된 도기들을 얼마든지 양산할 법도 한데, 거부巨富가 될 수 있는 유혹을 뿌리치면서까지 끝내 자신의 신념을 고수하기는 쉬운 일이 아니기 때문이다. 일본의 세계적인 도예가 하마다 쇼오지는 개인 공방과 공장을 따로 두어 작품과 상품의 가격도 합리적으로 매기면서 도기양산을 하고 있다지 않은가.

1976년(30세)에 시인 김광균씨의 권유로 첫 개인전을 가진 이래

수차례의 국내전시회에서 선보인 그의 작품을 두고 평자들은 대체로 '자연스러움과 소박한 아름다움'을 으뜸 특질로 꼽았다.

"듬직한 양감과 아첨없는 장식 같은 면에서 자못 한국인다운 소탈의 아름다움을 발견한다"는 최순우崔淳雨씨의 평은 그의 작품의 진가를 단적으로 말해주는 것이다. '과장이나 호기를 부리지 않은 기형器型, 귀얄붓질로 소박하게 칠해놓은 소지素地와 그 위에 바닥을 긁어 도회陶繪한 기법, 거기다 야취野趣있는 붓자국의 무관심한 방임, 거침없는 선으로 묘사해낸 형상의 간결성' 등은 두루 상통하는 하나의 성향—즉 자연스러움으로 요약된다. 그리고 이같은 성향은 1978년도에 장욱진張旭鎭 화백과의 도예전에서도 두드러지게 나타나 '장화백 예술의 무구성과 윤 도예인의 예술세계가 절묘한 조화를 이룬 합작전'이란 평가를 받았다. 이것은 결국 두 사람의 예술세계가 그 맥을 같이하고 있다는 뜻이 되겠는데, 실상 장화백은 윤도공이 가장 존경하고 친애하는 인물이기도 하다. 이러한 특성을 지닌 그의 작품인지라 지난해 유럽 전시 때 현대도자기에 대해 수준높은 감식안을 지닌 독일인들으로부터 격찬을 받은 것은 조금도 이상할 게 없다.

어느 예술가나 일생에 한두 번씩은 자신의 내부에서 길이 막히는 위기를 겪는 법이다. 한계에 부닥친 그는 자신을 가로막는 암흑을 넘어서 새로운 길을 뚫기 위해 여러 가지 시도를 해보기 마련인데, 물론 윤도공의 경우도 예외는 아니었다.

1974년(28세)에 그가 일본의 가라스唐津로 유학간 것은 이를테면 새로운 출구를 찾기 위한 시도였던 셈이다. 문공부 추천의 3년 기한 비자로 떠난 그가 유학의 표면적인 목적은 임란 때 일본에 붙들려간 한국 도공들의(후손들의) 현황을 알아보고, 그곳의 개인공방에서 1년쯤 수업하면서 그들의 생활자세와 가마운영법 및 작품태도를 견학하겠다는 것이었다. 그리고 나머지 2년은 그곳 대학에서 석사코스나 이수하면서 이럭저럭 하다보면 무언가 새로운 길이 뚫리지 않을까 하는 막연한 기대를 품고 현해탄을 건넜으나 1년 만에 그는 돌아오고 말았다. 왜냐하면 그가 찾던 해답을 그곳에서 발견했기 때문이다. 즉 그의 막혔던 내부에서 길이 뚫렸던 것이다.

재일在日 중에 그는 일본, 독일, 프랑스, 미국의 도공 네 사람과 함께 있었는데, 그들이 만들어내는 도자기들이 하나같이 '일본적'인 것이 되는 사실을 발견했다. 도일한 지 1년이 되는 어느 날 그는 갑자기 이 사실을 깨달았던 것이다.

한국도공의 후예들은 3, 4대까지는 순수한 한국인의 피가 이어져 왔으나 14대손이 된 현재에 이르러선 일본의 양자제도 등으로 일본인이 되어 순수한 혈통은 찾아볼 수 없다는 것도 알았다.

"그때 나는 불현듯 깨달았어요. 그건 마치 섬광과도 같은 각성이었지요. '자기 것'을 만들어야겠다고—내가 태어나고 자란 내 땅에서 내 흙으로 '내 것'을 만들어야겠다고, 불시에 깨달았던 거지요."

더 오래 머물었다간 자기 작품도 필경 '일본화'될지 모른다는 위험을 느꼈다. 그래서 그는 서둘러 귀국했다. 도예란 원래 그 고장 풍토와 민족의 성정에서 어김없이 그 미의 향방이 잡혀지는 것일진댄 윤도공이 서둘러 귀국한 것은 백 번 잘한 일이었다. 그러나 그가 일본에 가지 않았던들 이같은 진리를 관념적으로는 알고 있었겠지만 가슴으로 생생히 체험할 수는 없었으리라. 그런 뜻에서 그의 도일은 도예가로서의 그의 생애에 일대 전기가 된 셈이었다.

윤광조씨의 가마 '급월요汲月窯'는 경기도 광주군 초월면 지월리에 자리잡고 있다. 광주에서 이천으로 가는 국도에서 왼쪽으로 5리쯤 들어가는 산 밑, 이후락씨가 세웠다는 '무명도공의 비'와 그가 만든 '도평요島坪窯'(아스팔트 길은 여기서 끝난다) 앞을 지나 곤지암천을 끼고 도는 산길 끄트머리에 그는 필생의 보금자리를 튼 것이다.

흙을 밟고 살아야 제대로 된 도자기가 나오겠다는 생각으로 6년 전에 서울의 아파트를 처분하고 아예 이곳으로 터전을 옮겼다. 1백평 남짓한 대지 위에 손수 지은 네 칸짜리 기와집에서 역시 도예가인 부인 김정숙 여사와 더불어 세 아이를 시골학교에 보내면서 그는 자연아로서 질박하게 살고 있다. 도자기에 미쳐 직업도 포기했지만 최근 간청에 못 이겨 동아문화센터에 1주일에 한 번씩 출강하는 것이 유일한 서울 나들이일 뿐, 스무 평 남짓 되는 작업실에 파묻혀 흙과 더불어 지내는 것이 그의 생활의 전부라 해도 과언이 아니다.

매일 아침 8시에 식사를 끝낸 후 제작실에 틀어박히면 오후 6시까지는 그의 얼굴을 보기가 어렵다. 주말이면 대개 서울에서 벗들이 몰려와 함께 막걸리판을 벌인다(이곳의 막걸리 맛은 유명하다). 그의 주량엔 한이 없다. 달 밝은 밤 뜰의 오두막에 올라앉아 강물과

산을 벗삼아 술잔을 기울인다면 과연 주선酒仙의 기분을 만끽함직하다. 뜰에선 여섯 마리의 거위가 나란히 달을 보고 울어대고. 그의 작품에서 풍기는 신선한 야취와 천진무애天眞無碍한 단순미를 비로소 이해할 수 있을 것 같다. 어떻게 그것이 가능했었던가를.

이 자연 속에 헐벗고 앉은 그의 오두막집엔 그동안 외국의 도예가들도 숱하게 다녀갔다. 수년 전 자신의 예술에 한계를 느끼고 자살한, 경도예대 교수 곤도 유타카近藤豊를 비롯해서 미국, 프랑스, 스위스 그리고 인도의 도예가들까지. 어떤 사람은 석 달이나 묵고 간 적도 있다. 좋은 제자 하나 얻기 위해 한때는 도예학과를 나온 조수를 써본 적도 있지만, 제자가 다만 윤광조 아류亞流로 그치고 말 것 같아 그것도 그만뒀다.

"득도得道하려면 도사를 만날 땐 도사를 죽이고 부처를 만날 땐 부처를 죽여야 된다잖습니까. 제자가 제 길을 찾으려면 스승을 죽여야지요. 닮으려고 하면 곤란합니다. 하지만 언젠가 하나쯤은 좋은 제자를 만나게 될 것 같은 예감이 드는군요."

그래도 이따금 부인 김정숙 여사가 그의 조수 노릇을 대행하기도 하는데, 그녀는 윤씨와의 대학 동문으로 부군보다 한발 앞서 1972년도에 동아공예대전의 은상을 받았다. 각자 분청자기를 파고들다 그 길목에서 만나게 된 이 부부는 서로가 서로에게 삶의 반려자요, 예술의 동료이며 또한 가장 신랄한 비평가이기도 하다. 그러니까 어떤 대상에도 과히 집착하지 않고 아무리 값진 물건이라도 (특히나 자신의 작품을) 술이 취하면 아무에게나 쑥쑥 집어줄 만큼 욕심이 없는 그로서도 김여사에 대해서만은 어쩔 수 없게 질긴 감정으로 얽혀 있는 것이리라.

"지난 번 큰비 때 홍수가 날까 무서워 나는 한잠도 못 자고 꼴딱 새웠는데, 글쎄, 아무리 깨워도 이인 밤새 태평스레 잠만 잤답니다."

부인의 말이다. 이처럼 그는 무심하고 태평스런 마음을 갖고 있다.

"내가 깼다 해서 홍수날 게 안 날 것도 아닐 텐데 ……"

이 본질적인 무심無心—이것이야말로 윤광조 도예의 바탕이 되고 있는 것이다. 그의 작품에서 일종의 천진무애한 유희를 읽을 수 있는 것은 바로 이 무심의 경지에 도달한 그의 마음가짐 때문이 아닌가 싶다. 흔히 고려청자를 '비색翡色으로 써놓은 자연의 시'와 같다고 하지만, 윤도공이 빚은 도자기야말로 '단순한 점과 선각線刻으로 백토白土에 새겨놓은 자연의 시'라고 할 만한 것이다.

"한 나라의 민족정신의 표현은 그 나라의 도기에서 찾아라"란 말이 있거니와 그와 같이 우리는 윤 도예인의 작품에서 격식이나 형식에 얽매이기 싫어하는 우리 민족의 성정性情과 더불어 소박한 한국적인 아름다움을 발견하게 되는 것이다. 그런 뜻에서 그는 우리 전통의 참다운 계승자라 할 수 있지 않을까. ㊣